O MODELO COOPERATIVO DE PROCESSO CIVIL NO NOVO CPC

Coleção
Eduardo Espínola

Rafael Stefanini Auilo

O MODELO COOPERATIVO DE PROCESSO CIVIL NO NOVO CPC

2017

www.editorajuspodivm.com.br

www.editorajuspodivm.com.br

Rua Mato Grosso, 175 – Pituba, CEP: 41830-151 – Salvador – Bahia
Tel: (71) 3363-8617 / Fax: (71) 3363-5050
• E-mail: fale@editorajuspodivm.com.br

Copyright: Edições *Jus*PODIVM

Conselho Editorial: Eduardo Viana Portela Neves, Dirley da Cunha Jr., Leonardo de Medeiros Garcia, Fredie Didier Jr., José Henrique Mouta, José Marcelo Vigliar, Marcos Ehrhardt Júnior, Nestor Távora, Robério Nunes Filho, Roberval Rocha Ferreira Filho, Rodolfo Pamplona Filho, Rodrigo Reis Mazzei e Rogério Sanches Cunha.

Capa: Ana Caquetti

M689   Auilo, Rafael Stefanini
           O modelo cooperativo de Processo Civil no novo CPC / Rafael Stefanini Auilo – Salvador: Ed. JusPodivm, 2017.
           208 p.

           Bibliografia.
           ISBN 978-85-442-1416-9.

           1. Direito processual civil. I. Auilo, Rafael Stefanini. II. Título.
                                                        CDD 341.46

Todos os direitos desta edição reservados à Edições *Jus*PODIVM.

É terminantemente proibida a reprodução total ou parcial desta obra, por qualquer meio ou processo, sem a expressa autorização do autor e da Edições *Jus*PODIVM. A violação dos direitos autorais caracteriza crime descrito na legislação em vigor, sem prejuízo das sanções civis cabíveis.

"**Messina**
Messina è un teatro,
lo sfondo è il mare
e la città rivale.
I cittadini sono attori,
comparse o spettatori,
ed io forestiero
di questa atmosfera
sento la magia."

Roberto Gradi

"Navegadores antigos tinham uma frase gloriosa:
'Navegar é preciso; viver não é preciso'.
Quero para mim o espírito [d]esta frase,
transformada a forma para a casar como eu sou:
Viver não é necessário; o que é necessário é criar.
Não conto gozar a minha vida; nem em gozá-la penso.
Só quero torná-la grande,
ainda que para isso tenha de ser o meu corpo e a (minha alma) a lenha desse fogo.
Só quero torná-la de toda a humanidade;
ainda que para isso tenha de a perder como minha.
Cada vez mais assim penso."

Álvaro de Campos, heterônimo de Fernando Pessoa

Dedico este trabalho a todos aqueles que de alguma forma puderam fazer com que eu navegasse pelo profundo oceano do Direito Processual Civil. Todos vocês sabem a participação, pequena ou grande, que tiveram para que eu conseguisse chegar ao final dessa tortuosa, longa, mas compensadora jornada.

Especialmente, dedico aos meus pais (Paula e Wladimir), à minha família na figura de meus avós, tios e primos, que tornaram mais leve essa difícil viagem; dedico por fim ao Professor Cândido, mestre e amigo, cuja obra despertou em mim o desejo de desbravar essa ciência infinita.

AGRADECIMENTOS

Já inicio esta pequena mensagem de agradecimento pedindo desculpas; desculpas, pois as palavras e as páginas não são suficientes (e a injustiça da memória também por vezes é implacável) para demonstrar a enorme sensação de gratidão por todos aqueles que sempre estiveram ao meu lado para ajudar a construir essa pequena obra que espero possa ser útil a todos aqueles que se interessem pelo estudo desse tema apaixonante que é em última análise o da busca pela justiça – tão caro ao nosso tempo.

Muito obrigado aos meus pais e à minha família, aos meus colegas e amigos, os quais tornaram mais leve essa difícil viagem; aos meus professores da Pontifícia Universidade Católica de São Paulo, aqui agradecidos na pessoa das professoras Márcia Conceição Alves Dinamarco e Cláudia Haidamus Perri – primeiras críticas de um trabalho científico oficialmente apresentado – e do professor Roberto Quiroga – exemplo de professor e profissional, cuja didática e emoção me fizeram decidir por seguir pela carreira acadêmica e por continuar na apaixonante vida de advogado.

Não posso deixar de agradecer também aos professores que aqui me acolheram no Largo São Francisco, transformando minha nova faculdade em uma prolongação daquele lar que começou a ser construído na Pontifícia Universidade Católica de São Paulo. O meu agradecimento vai diretamente ao meu orientador e amigo, professor Cândido Rangel Dinamarco, principal responsável por este trabalho e por me inspirar a buscar o crescimento intelectual, sem me esquecer que somos falíveis e que algumas vezes erramos e devemos estar prontos para vencer esses percalços. Obrigado também aos professores Antonio Carlos Marcato e José Carlos Baptista Puoli, membros da minha banca de qualificação do mestrado e aos professores Kazuo Watanabe e Ricardo Aprigliano, membros da minha banca de exame definitivo do mestrado, os quais fizeram críticas mais do que construtivas ao trabalho – críticas essas que vieram a ser incorporadas ao texto em forma de revisão, de exclusão e inclusão e chegaram conclusivamente à edição deste livro.

Muito obrigado também aos professores Giorgetta Basilico e Marco Gradi, os quais carinhosamente acolheram-me durante meus estudos na *Facoltà di Giurisprudenza dell'Università Degli Studi di Messina* – a estadia na Itália foi mais do que fundamental para o aprofundamento da pesquisa realizada.

Não posso esquecer o agradecimento também a todos aqueles que me ajudaram durante essa permanência em terras *siculi*: meu muito obrigado à minha *famiglia* e amigos *messinesi*, e ao meu professor de italiano que por longo período me ajudou na compreensão da língua do País da Bota – agradecimento estendido à minha professora de inglês, sem a qual jamais conseguiria o aprofundamento no estudo da *common law* ou mesmo me fazer entender em inglês, quando o italiano não era suficiente.

Obrigado a todos! A sensação é de dever cumprido e, paradoxalmente, inacabado. Tenho certeza absoluta das limitações deste autor e da necessidade de continuar a seguir os estudos para todo o sempre.

PREFÁCIO

Este livro de Rafael Stefanini Auilo é bem uma obra de seu tempo, navegando nas águas de uma tendência da mais candente atualidade, que é a do *processo civil cooperativo*. Está na linha do novo Código de Processo Civil, que, por sua vez haurindo bons exemplos do vigente estatuto português, também se esmerou em conclamar as partes a uma intensa participação na dinâmica do processo mediante um constante diálogo entre elas próprias e delas com o juiz, na busca de caminhos mais ágeis e eficientes para a consecução dos ideais da Justiça. Esse é inclusive um dos superiores propósitos da nova ordem processual brasileira, externados na Exposição de Motivos ao falar na busca de *maior aderência às realidades* trazidas ao trato judiciário. Essa maior aderência é muito mais fácil de ser obtida quando as partes e seus advogados se dispõem a dialogar e a negociar, sem manterem do começo ao fim aquela postura bélica, ou *duelista*, tradicional na vida dos processos neste país. Com esse espírito, o Autor põe em destaque, ao cuidar das "bases do processo civil cooperativo" um binômio representado por *deveres* impostos às partes em equilíbrio com a oferta de *meios para o exercício do contraditório* constitucionalmente assegurado. Na minha visão ali reside o núcleo da obra, com a consciência de que as aberturas para a cooperação constituem em primeiro lugar modos de efetivamente exercer os direitos e faculdades inerentes a essa garantia – para só em segundo plano lançar o foco sobre os *deveres* das partes e seus *direitos* encadeados segundo as *técnicas processuais* adequadas.

Mas a obra vai também ao exame dessas técnicas, equacionando-as segundo as diversas fases do procedimento em processo civil e aos resultados esperados de cada uma delas. Esmera-se o Autor em descrever e justificar a imposição legal das posturas cooperativistas especialmente na fase postulatória, na ordinatória, na instrutória e mesmo na decisória ("uma mudança de paradigma da atuação jurisdicional na fase decisória"). Põe ênfase no *saneamento compartilhado*, que é um dos pilares do estilo cooperativista em processo civil, e traz em si uma severa conclamação ao *diálogo* em todas as fases.

Por outro lado teve também o Autor o cuidado muito realista de questionar a efetividade desses preceitos cooperativos na vida dos processos que virão, advertindo que "a existência dessas normas não garante um processo com uma participação ativa do juiz. Pior, não garante um diálogo – como deveria garantir – entre todos os sujeitos do processo". Com essa preocupação faz seguidos reclamos aos fatores culturais influentes sobre o processo, relembrando a reação oposta pelos juízes brasileiros à *audiência preliminar* inserida no art. 331 do Código de Processo Civil de 1973 por uma das leis reformistas – legitimando-se com isso os temores de igual insucesso das disposições do Código de 2015 sobre a cooperação a ser praticada pelas partes, como manda seu art. 6º e autorizam os arts. 190 e 191. A indagação é sempre essa: os advogados brasileiros estão preparados a estabelecer e praticar esses comportamentos cooperativistas? O futuro dirá.

Com essas preocupações muito realistas mas sempre com a manifestação desse ideário de participação e diálogo, inerente ao contraditório constitucional, a obra de Rafael Stefanini Auilo há de ter o reconhecimento de seu público leitor, com a mesma aprovação que lhe dedicou a Comissão de Concurso responsável por seu exame em concurso de mestrado nas Arcadas de São Francisco.

Arcadas de São Francisco, outubro de 2016.

Cândido Rangel Dinamarco

SUMÁRIO

Capítulo I
INTRODUÇÃO 17

Capítulo II
A INSTRUMENTALIDADE COMO FUNDAMENTO DE UM PROCESSO CIVIL COOPERATIVO 25

1. Os escopos sociais do processo civil e a busca por uma solução justa 28
2. Escopos políticos e participação do sujeito do processo 33
3. Escopo jurídico e a justa aplicação da lei ao caso concreto 35
4. O modelo processual civil brasileiro 36
   - 4.1. O modelo isonômico, simétrico ou adversarial 38
   - 4.2. O modelo hierárquico, assimétrico ou inquisitivo 41
   - 4.3. A escolha brasileira 45
5. A colaboração como um novo modelo de estrutura do processo 48

Capítulo III
AS BASES DO PROCESSO CIVIL COOPERATIVO 55

6. Ética do processo 57
7. Lealdade processual 60
8. Boa-fé processual 63
9. Dever de veracidade 66
10. Dever de esclarecimento 71
    - 10.1. Das partes (dever de informação recíproca) 71
    - 10.2. Do juiz 78
11. Dever de consulta e princípio do contraditório 81

12. Dever de prevenção 85
13. Dever de auxílio 87

Capítulo IV
O PROCESSO COOPERATIVO NA FASE POSTULATÓRIA E A FORMAÇÃO E ESTABILIZAÇÃO DO OBJETO DO PROCESSO ... 89

14. A apresentação da demanda ao Judiciário 89
15. O réu contumaz 93
16. A (quase) estabilização definitiva da demanda 94

Capítulo V
O PROCESSO COOPERATIVO NA FASE ORDINATÓRIA E O SANEAMENTO COMPARTILHADO 99

17. A comparticipação dos sujeitos do processo na delimitação do *thema probandum* 106
    17.1. O (importante) papel da oralidade 108
18. A repartição dos encargos probatórios – o ônus da prova no processo civil cooperativo 115

Capítulo VI
O PROCESSO COOPERATIVO NA FASE INSTRUTÓRIA E A COLABORAÇÃO DAS PARTES NA BUSCA POR UMA SOLUÇÃO "JUSTA, PARTICIPATIVA E EFETIVA" 123

19. Direito à participação no processo (ampla defesa e contraditório) 126
20. Limites ao direito de participação e dever de veracidade 128
21. A colaboração na busca da verdade 130
    21.1. A *disclosure/discovery* como um instrumento na consecução desse fim 133
22. Limites à colaboração 141
23. O modelo cooperativo em matéria probatória: dever ou ônus da parte? 148
24. Consequências em razão do desrespeito à colaboração intersubjetiva 155
    24.1. Multa por litigância de má-fé e medidas coercitivas 155

24.2. Antecipação dos efeitos da tutela (tutela antecipada sancionatória) 159
24.3. Presunções e o valor probatório da conduta processual das partes 162
24.4. Responsabilidade por eventuais prejuízos 166
24.5. Extinção do feito sem resolução do mérito 168

Capítulo VII
A ATUAÇÃO DEFINITIVA DO JUIZ NA BUSCA POR UMA SOLUÇÃO "JUSTA, PARTICIPATIVA E EFETIVA" – A FASE DECISÓRIA 173

25. Uma mudança de paradigma da atuação jurisdicional e a cooperação na fase decisória 174
26. Verdade e coisa julgada 177

Capítulo VIII
CONCLUSÃO 181

Capítulo IX
BIBLIOGRAFIA 195

Capítulo I

INTRODUÇÃO

O presente livro tem sua origem na dissertação de mestrado apresentada no programa de pós-graduação *stricto sensu* da Faculdade de Direito da Universidade de São Paulo.

O objeto de estudo versa sobre a aplicação e influência de um modelo cooperativo[1] processo civil na atuação das partes e do juiz no decorrer do processo. Modelo este adotado de modo explícito no novo Código de Processo Civil (lei n. 13.105, de 16 de março de 2015), tornando ainda mais necessário o enfrentamento do tema nos dias atuais.

A primeira vez em que foi elaborado este trabalho, o novo Código de Processo Civil ainda não havia sido sancionado. Após a sanção, foram incorporadas ao texto final diversas passagens e citações aos novos dispositivos de lei, tentando tornar a leitura a mais atual possível, sem perder o foco de que a elaboração primeva do estudo deu-se sob a égide do Código de Processo Civil, de 1973 – o qual vigeu até o início de março de 2016. Bem por isso, o presente trabalho tenta, sempre que possível, fazer remissão tanto ao Código de 1973, quanto ao de 2015.

Aliás, importante até mesmo destacar de antemão o quanto disciplinado no artigo 6º do novel Código, o qual dispõe que "Todos os sujeitos do processo devem cooperar entre si para que se obtenha, em tempo razoável, uma decisão de mérito justa e efetiva".

---

1. Embora tenham significados ligeiramente diversos as palavras *colaboração* e *cooperação*, no presente trabalho ambas são usadas indistintamente por opção do autor. Nesse diapasão, colaboração e cooperação significam de maneira simplista *trabalhar em conjunto*. Portanto, quando se pensa em um modelo cooperativo de processo civil se pensa em uma estrutura interna na qual os sujeitos do processo atuam de maneira conjunta. Partes e juízes lavoram em conjunto para o alcance ao final de uma solução na qual seja possível o cumprimento dos escopos sociais, políticos e jurídico do processo civil.

Ainda no novo Código de Processo Civil, importantes conquistas foram alcançadas quanto às propostas de realização de um modelo cooperativo de processo civil, principalmente na fase de saneamento e organização da demanda, tornando ainda mais importante as discussões sobre o tema analisado neste trabalho.

Tornando ao tema, não obstante o caráter multifacetado desse modelo, com incidência em diversos ramos do direito (como a própria colaboração em matéria processual pena que muito se discute hodiernamente), delimita-se a análise às discussões contidas na área do direito processual civil e especificamente quanto à atuação das partes e do juiz no decorrer do processo, a fim de que se garanta o alcance dos escopos do processo.

Não se tem a pretensão de esgotar o tema com o presente trabalho – seu estudo é infinito –, mas de tratar do assunto com a profundidade adequada para que novas discussões surjam a fim de aprimorá-lo com o passar do tempo.

Nas próximas páginas, buscar-se-á traçar algumas linhas preliminares capazes de traduzir o sentimento e a vontade do autor de plantar uma ideia a respeito da possibilidade de se enxergar estruturalmente o processo civil de modo diverso como visto atualmente.

O mote que servirá como verdadeiro instrumental teórico e que ajuda na análise da aplicação desse modelo estrutural de processo civil na atuação dos sujeitos do processo é a busca por uma tutela que possa ser realmente chamada de justa, participativa e efetiva, utilizando-se o processo para alcançar os verdadeiros escopos da jurisdição.

O processo civil concebido como o é atualmente decorre em grande parte de novas influências sociais, políticas e econômicas, as quais aos poucos delimitaram suas formas e regras. E a despeito de possuir determinado rigorismo formal – inerente à sua própria característica –, hodiernamente rendeu-se ao caráter instrumental. Ou seja, vê-se ele como um meio para garantir a efetividade da prestação da tutela jurisdicional justa.[2]

---

2. DINAMARCO, Cândido Rangel. *A instrumentalidade do processo*, 14ª ed., São Paulo, Malheiros, 2009, pp. 319–329 e 351–359.

Ato contínuo, a análise passa sobre a concepção de que este ramo do direito sedimentou-se em seu caráter público. O processo, assim, não se realiza somente no interesse *inter partes*, mas também e principalmente no interesse público. Por isso, se diz que o processo não é um negócio combinado em família.[3]

O processo serve à parte enquanto instrumento para o alcance de uma tutela jurisdicional, seja para fazer valer um direito subjetivo, seja para defender um interesse juridicamente protegido. Todavia, o processo não é somente um instrumento jurídico, mas também social e político. O processo possui sua própria vida no sentido de que todos os seus sujeitos devem adaptar-se ao seu mecanismo interno.

De um lado a parte utiliza o processo deduzindo (*mettendo in gioco*) e fazendo valer um direito ou um interesse. De outro lado, essa deve agir segundo certas regras de técnica processual, cujo descumprimento lhe gera consequências negativas.[4]

O processo civil, encarado a partir dessa dimensão, passa a favorecer e a impor um constante diálogo entre os sujeitos do processo, exigindo, principalmente, de todos os indivíduos uma conduta que visa aos fins da jurisdição e não apenas ao quanto esperado pela própria parte da demanda.[5]

E nesse ponto a cooperação encontra substrato concreto para atuar como instrumento de efetivação da tutela jurisdicional, em especial quando se pensa em sua aplicação durante a atuação das partes e do juiz ao longo do processo na busca de uma solução justa, participativa e efetiva.

A visão cooperativa do processo, aplicada às condutas dos sujeitos do processo numa dada relação jurídica processual, efetivamente serve como instrumento para garantir a efetividade e a justiça da decisão.

---

3. LIEBMAN, Enrico Tullio. *Eficácia e autoridade da sentença e outros escritos sobre a coisa julgada*, 4ª ed., 2ª tiragem, trad. port. de ALFREDO BUZAID, BENVINDO AIRES e ADA PELLEGRINI GRINOVER, Rio de Janeiro, Forense, 2007, p. 124.
4. CARNACINI, Tito. *Tutela giurisdizionale e tecnica del processo* in Studi in onore di Enrico Redenti, v. II, Milano, Giuffrè, 1951, pp. 695 e ss.
5. ABDO, Helena Najjar. *O abuso do processo*, São Paulo, RT, 2007, p. 127-134.

Nesse sentido, uma premissa é adotada, sem se esquecer de eventuais críticas que esta possa receber, mas sempre com um pensamento de fazer do presente trabalho um estudo científico focado: a solução justa será aquela que se baseia nos fatos reais e concretos, permitindo-se a aplicação técnica de todo o ordenamento jurídico, inclusive quanto aos princípios máximos constitucionais. A *contrario sensu*, pode-se dizer que uma solução será injusta quando não estiver sacramentada na verdade dos fatos, por mais difícil e subjetivo que isto possa parecer.

E um dos meios pelos quais se pode atingir tal solução justa (não se nega, nem se pretende com este trabalho trazer uma resposta definitiva à problemática colocada) é a partir de um processo que coordene a atividade dos sujeitos do processo com vista à busca da verdade[6].

Nessa perspectiva, a colaboração pode parametrizar e orientar as condutas dos seus sujeitos com o fito de alcançar os escopos do processo. E, se alcançada tal situação, poder-se-á falar de uma tutela jurisdicional prestada de modo efetivo e condizente com os escopos da jurisdição.

> Exemplo disso é a possibilidade de impor a uma parte (ou encarregá-la com um determinado ônus) a colacionar aos autos determinada prova fundamental para o deslinde da controvérsia.

Importante questão, todavia, que será abordada ao longo deste livro e incindível das premissas acima estabelecidas, será aquela relativa aos limites que o modelo cooperativo do processo encontra em princípios de primeira grandeza, como o devido processo legal, a ampla defesa e o direito de não demandar contra o seu próprio interesse. Em outros termos, analisar-se-á até que ponto devem as partes colaborar

---

6. O conceito de verdade é sempre um tema recorrente na doutrina e equivocadamente, muitas vezes, é empregado de duas formas distintas, isto é, como se pudessem coexistir duas verdades diferentes: a verdade material (relacionada com o que realmente ocorreu no mundo concreto) e a verdade formal (aquela ocorrida dentro do processo). Diz-se que no processo é possível encontrar a verdade, desde que seja ela considerada em seus próprios "limites processuais", isto é, que não considere a verdade como algo absoluto, mas relativo e adequado ao conjunto probatório trazido aos autos do processo. Por outro lado, deve-se dizer ser impossível alcançar uma verdade como absoluta, quase um dogma ou uma certeza inafastável. TARUFFO, inclusive, entende que ela nada mais é do que um sinônimo de probabilidade. Pode-se falar, assim, em "verdade provável" como sendo uma "verdade relativa" (TARUFFO, Michele. *Verità e probalità nella prova dei fatti*, in Revista de Processo, v. 154, dez/07, SP, RT, pp. 207 e ss.).

ou não na defesa de seus interesses primários e no interesse público de garantir uma justa prestação da tutela jurisdicional.

O tema também será abordado sob a ótica do diálogo entre o juiz e as partes durante o desenvolvimento do processo, garantindo-se o respeito aos ideais constitucionais programados para o processo civil. Ou seja, que em última análise seja respeitado um processo efetivo e que alcance os seus escopos, principalmente aquele denominado de social. Afinal, o juiz também é ator fundamental na relação jurídico-processual quando se trata de garantir um processo civil de cunho cooperativo.

O juiz no processo civil cooperativo deverá atuar de modo a garantir um tratamento isonômico entre os sujeitos do processo – incluído o próprio juiz. Para se alcançar uma solução tida por justa, participativa e efetiva, o juiz deve durante toda a condução do procedimento colocar-se ao lado das partes, na busca da decisão final de mérito, quando deverá se distanciar dos outros atores processuais a fim de que concretize seu poder estatal.

A obra está dividida em duas grandes partes, sendo que a segunda delas está subdividida em quatro pequenos grupos, com o fito de proporcionar uma leitura mais simples, mas ao mesmo tempo mais profunda.

A primeira parte cuida de estabelecer as bases teóricas que permitem compreender que o processo civil é visto como um instrumento de efetivação dos direitos dos jurisdicionados, buscando sistematizar as suas fases metodológicas. No mesmo passo, a fim de demonstrar que o modelo de estrutura de processo que atualmente se tem não é aquele tido como mais eficaz na busca da instrumentalidade do processo, lançar-se-ão as bases de um processo de cunho cooperativo, sistematizando suas características e especificando suas diferenças e vantagens quando comparados com os modelos isonômico (adversarial) e assimétrico (inquisitivo).

Na segunda parte, a partir do quanto estabelecido de que o processo deve buscar sempre uma solução justa, participativa e efetiva, cuidar-se-á de expor como deve se dar o comportamento dos sujeitos do processo diante de um processo denominado de colaboração, com base na distribuição de trabalho entre partes e juiz.

Nessa mesma segunda parte, a presente obra divide-se em quatro outros grupos em razão do foco que se dará ao comportamento de cada um dos sujeitos do processo ao longo de cada fase procedimental e tradicionalmente traçada (sempre pensando na fase *lato sensu* de cognição do processo sincrético). Na primeira delas, verificar-se-á como deve ser o início de um processo de cunho cooperativo, isto é, como deve ser a atuação dos sujeitos do processo na *fase postulatória*. Na segunda, será analisada a forma como o processo cooperativo se prepara para sua fase mais importante – aquela em que mais se destaca a colaboração dos sujeitos do processo; trata-se de uma fase designada objetivamente a organizar e gerenciar o processo para os próximos passos que deverão ser dados (*fase saneadora*). Na seguinte estudar-se-á como que o modelo cooperativo de processo civil influencia diretamente as situações jurídicas processuais vivenciadas pelas partes na busca de uma solução do litígio justa, participativa e efetiva (*fase instrutória*). No último grupo, o foco é dado ao juiz e em como ele deve desenvolver seu trabalho a partir de uma estrutura de cooperação ao longo de todo o procedimento sempre também no objetivo de alcançar ao final aquilo que se pode dizer por uma decisão justa, participativa e efetiva (*fase decisória*).

Dessa forma, delimita-se o objeto do presente estudo à somente a fase de conhecimento do processo sincrético – e em primeiro grau. Como método de corte científico, exclui-se o estudo da colaboração entre os sujeitos processuais durante a fase recursal, bem como na fase de cumprimento de sentença, ambas as quais, embora não sejam analisadas neste livro, possuem diversos pontos de estrangulamentos relativos ao modelo cooperativo de processo. Veja-se, por exemplo, que na própria lei já vem previsto o dever de colaboração do devedor para com o credor e o Estado-juiz na busca de uma solução efetiva (justa e tempestiva – Código de Processo Civil de 1973, artigos 600, incisos III e IV e 601 e novo Código de Processo Civil, artigos 774, inciso V e parágrafo único).

> Esclarece-se que fica de fora do estudo, não obstante a importância e até mesmo a coincidência entre seus fundamentos com o do modelo cooperativo de processo civil, a questão da colaboração subjetiva durante a realização de atividades relacionadas com métodos alternativos e adequados de solução de conflitos, tal como o próprio instituto da mediação – instrumento muito hábil de pacificação de alguns determinados tipos de conflito.
>
> Apesar de ser importante o crescimento da cultura da "menor judicialização possível", o foco do trabalho é a análise do próprio

processo judicial, por isso a ausência de análises relativas a métodos alternativos de solução de conflitos.

Enfim, lançam-se as bases teóricas na primeira parte do trabalho e que servem como pano de fundo para o seu desenvolvimento, para em sua segunda parte analisar como se deve dar o comportamento dos sujeitos do processo dentro de uma estrutura processual de cunho totalmente cooperativo e que visa ao alcance dos escopos predeterminados ao processo civil.

Em resumo, pretende-se, por meio do presente trabalho, identificar e sistematizar, à luz das situações jurídicas processuais das partes e do juiz, a função do modelo cooperativo do processo civil como ferramenta garantidora de um processo efetivo e de alcance os escopos delimitados constitucionalmente, ao qual todos os sujeitos do processo deverão respeitar e tomá-lo como parâmetro de atuação, sob pena de sofrerem consequências pelo seu desrespeito.

Capítulo II

A INSTRUMENTALIDADE COMO FUNDAMENTO DE UM PROCESSO CIVIL COOPERATIVO

Em geral, a doutrina costuma dividir a história do processo civil em três fases metodológicas fundamentais, salvo algumas exceções advindas de escolas como a gaúcha ou a mineira.[1] Neste livro, adotar-se-á o entendimento da *Escola Processual de São Paulo* quanto à divisão histórica de fases de metodologia do processo civil, passando-se à sua exposição a seguir.

Até meados do século XIX, o processo era considerado como um simples meio de exercício dos direitos, isto é, como se fosse um direito adjetivo. Sua existência estava intimamente ligada ao próprio direito subjetivo material e não era possível separar um do outro. À época, não se cogitava em uma ciência jurídica processual, como ramo autônomo do direito. A esse período deram-se inúmeros nomes tais como *sincretista*[2], *praxista*[3], *imanentista*[4] ou *procedimentalista*.

O processo nessa sua primeira fase metodológica era visto como mero conjunto de regras procedimentais. A ação era identificada como o próprio direito subjetivo material (confusão entre os planos processual e material) e o processo era tido como uma simples sucessão de atos, conduzidos por um juiz um tanto quanto passivo e alheio à vida que se desenvolvia dentro dos autos.[5]

---

1. Jobim, Marco Félix. *Cultura, Escolas e Fases Metodológicas do Processo*, Porto Alegre, Livraria do Advogado, 2011, pp. 77–114.
2. Cintra, Antonio Carlos de Araújo, Dinamarco, Cândido Rangel e Grinover, Ada Pelegrini. *Teoria Geral do Processo*, 23ª ed., São Paulo, Malheiros, 2007, p. 48.
3. Alcalá-Zamora Y Castillo, Niceto. "Evolución de la doctrina procesal" in *Estudios de teoría general y historia del proceso (1945–1972)*, vol. 2, Cidade do México, Instituto de Investigaciones Jurídicas, 1974, p. 308.
4. A concepção do processo era algo inerente ao direito subjetivo material, em razão do pensamento privatístico da ação (Câmara, Alexandre Freitas. *Lições de direito processual civil*, vol. 1, 16ª ed., Rio de Janeiro, Lumen Juris, 2007, pp. 8–9).
5. Dinamarco, Cândido Rangel. *A instrumentalidade do processo*, 14ª ed., São Paulo, Malheiros, 2009, p. 18.

Contudo, na segunda metade do século XIX, mais especificamente em 1868, a doutrina alemã iniciou uma profunda revolução nos moldes a que estava adstrito o processo civil, passando a estudar a natureza jurídica da ação e também do próprio processo. O grande marco da época foi a obra de OSKAR VON BÜLLOW, a qual conseguiu sistematizar[6] *(i)* os pressupostos processuais, dando autonomia ao direito processual em relação ao direito material que se visava tutelar e, principalmente, *(ii)* a existência de uma relação jurídica processual (juiz, autor e réu) totalmente diversa daquela relação jurídica material.[7]

O processo deixou de ser enxergado como uma ferramenta dirigida contra a parte contrária, mas sim ao Estado-juiz.

Foi a partir desse momento que se percebeu que o direito processual civil não era um modo de exercício dos direitos, mas um conjunto de normas destinado a regulamentar os fenômenos que ocorriam na vida dentro do processo.

> Nessa evolução histórica, propagou-se a ideia central de que o processo seria um fenômeno técnico e independente de fatores socioculturais.[8] É nesse sentido que se pode dizer que o processo assume um verdadeiro caráter de ciência, forte no paradigma científico da modernidade fixado à época.[9]

Essas concepções colocaram fim ao período sincretista e deram início ao período denominado como *autonomista* (ou *conceitualista*), o qual se destinou, praticamente, à conceituação dos institutos processuais, sem maiores preocupações quanto aos resultados que poderiam ser extraídos em favor do jurisdicionado ou da sociedade.

A segunda fase metodológica careceu de uma postura mais crítica e voltada à preocupação de realização da justiça e dos resultados

---

6. Como exposto por DINAMARCO, VON BÜLLOW não criou a concepção da relação jurídica processual e a visão tríplice dela (autor, juiz e réu). Ele apenas racionalizou-a e desenvolveu-a, propondo novos desdobramentos (DINAMARCO, Cândido Rangel. *A instrumentalidade do processo*, 14ª ed., São Paulo, Malheiros, 2009, p. 19).
7. VON BÜLLOW, Oskar. *Teoria das exceções e dos pressupostos processuais*, trad. port. Ricardo Rodrigues Gama, Campinas, LZN, 2005; DINAMARCO, Cândido Rangel. *Instituições de direito processual civil*, vol. I., 6ª ed., São Paulo, Malheiros, 2009, pp. 260–261. CINTRA, Antonio Carlos de Araújo, DINAMARCO, Cândido Rangel e GRINOVER, Ada Pelegrini. *Teoria Geral do Processo*, 23ª ed., São Paulo, Malheiros, 2007, p. 48.
8. MITIDIERO, Daniel. *Colaboração no processo civil: pressupostos sociais, lógicos e éticos*, 2ª ed., col. Temas Atuais de Direito Processual Civil, vol. 14, São Paulo, RT, 2011, p. 26.
9. VILLEY, Michel. *La formation de la pensée juridique moderne*, trad. port. de Cláudia Berliner, *A formação do pensamento jurídico moderno*, São Paulo, Martins Fontes, 2005, p. 586.

práticos nas vidas das pessoas. Por outro lado, sobraram elaborações técnicas e extremamente conceituais.¹⁰

> Apesar de parecer um tanto quanto rigorosa e até áspera tal colocação, em realidade, o processo civil em sua fase autonomista atingiu um ponto de maturidade, caracterizado pela formação de ideias comuns entre os mais diversos sistemas processuais, em especial pela formação de sua autonomia e de seus institutos em relação ao direito material, a maior participação do Estado-juiz no jogo e todas as garantias que constituem o devido processo legal (pedra de toque do sistema).

Encerrada a segunda fase metodológica, DINAMARCO, muito inspirado nas obras de CAPPELLETTI e DENTI, lança as bases de uma nova fase metodológica. Dessa vez, preocupa-se com a conscientização de que o processo além de ser um instrumento técnico, é também uma ferramenta estatal de solução de controvérsias diretamente relacionada com os resultados por ele produzidos.¹¹

O processo deixa de ser visto apenas pelo seu ângulo interno, assumindo uma posição de instrumento destinado a alcançar escopos sociais, políticos e jurídicos. Em termos sociais, o processo é ferramenta de persecução da paz social com justiça e educação para a sociedade; no plano político, é referência do poder estatal, enquanto afirmação de sua autoridade e local de participação dos atores sociais e de asseveração liberdade dos cidadãos; por fim, no âmbito jurídico, o processo é instrumento de concretização da vontade do direito, isto é, de efetividade.

> Em destaque, no terceiro momento metodológico do processo civil começa-se a enxergá-lo a partir da problemática sociocultural que o atinge, passando-se a se preocupar menos com os conceitos científicos (sem esquecer da necessidade de sua existência). A conceituação técnica já é suficiente para "construção de um sistema jurídico-processual apto a conduzir aos resultados

---

10. CINTRA, Antonio Carlos de Araújo, DINAMARCO, Cândido Rangel e GRINOVER, Ada Pelegrini. *Teoria Geral do Processo*, 23ª ed., São Paulo, Malheiros, 2007, pp. 48–49.
11. DINAMARCO, Cândido Rangel. *Instituições de direito processual civil*, vol. I., 6ª ed., São Paulo, Malheiros, 2009, pp. 261-262; BEDAQUE, José Roberto dos Santos. *Direito e processo*, 6ª ed., São Paulo, Malheiros, 2011, pp. 20–22.

práticos desejados.". A nova fase metodológica do processo tem a preocupação de sintonizá-lo com valores éticos e a ideias de *dever-ser* de justiça, liberdade, bem comum etc.. É o processo deontológico.[12]

É a partir dessa visão do processo que o presente trabalho se desenvolve. Isto é, o estudar-se-á o modelo de colaboração intersubjetiva do processo civil como uma ferramenta de concretização dos escopos do processo imaginados nessa fase metodológica, principalmente quanto ao escopo social de pacificação social com justiça, mas sem se esquecer de que o processo é também ferramenta de educação da sociedade, de participação ativa e democrática e que visa à aplicação da lei ao caso concreto.

Em outros termos, a base colocada aqui buscará responder a uma questão muito pertinente à atualidade da ciência processual: o atual modelo de estrutura do processo é suficiente para garantir o alcance dos escopos do processo?

1. OS ESCOPOS SOCIAIS DO PROCESSO CIVIL E A BUSCA POR UMA SOLUÇÃO JUSTA

O Estado, caracterizado por meio da associação de um povo dotada de personalidade jurídica, deve organizar convenientemente a vida em sociedade, primando pela realização pessoal de cada indivíduo nele presente, conservando e desenvolvendo bens e valores. A jurisdição é um instrumento para que o Estado possa cumprir essa sua função.[13]

A partir do exercício da jurisdição, o Estado busca produzir na sociedade uma sensação geral de *paz social*. Legislação e função jurisdicional caminham nesse mesmo sentido.

Contudo, a vida em sociedade gera inúmeras insatisfações, seja em razão das condutas de sujeitos contrária aos interesses de outros ou da lei, seja porque estes interesses são infinitos, enquanto os bens da vida sobre os quais eles incidem são finitos.[14] É a partir desse

---

12. DINAMARCO, Cândido Rangel. *Instrumentalidade do processo*, 14ª ed., São Paulo, Malheiros, 2009, p. 23.
13. DINAMARCO, Cândido Rangel. *Instrumentalidade do processo*, 14ª ed., São Paulo, Malheiros, 2009, p. 188.
14. DINAMARCO, Cândido Rangel. *Instrumentalidade do processo*, 14ª ed., São Paulo, Malheiros, 2009, p. 189.

sentimento geral de insatisfação que se justifica a atuação da função jurisdicional do Estado, sendo a eliminação dela a ferramenta que lhe garante sustentação.

O Estado, assim, utiliza-se de seu poder para tentar evitar condutas danosas à vida em sociedade, estimulando condutas agregadoras e distribuindo os bens da vida entre as pessoas que o compõem. Essas são as premissas que norteiam o Estado do bem-estar social (*welfare State*).[15]

Não se busca, contudo, a satisfação de todos, pois isto seria algo inatingível e beiraria até a fantasia. O que se procura com a pacificação social é garantir um estado de satisfação da sociedade como um todo, a partir da confiança que esta tem de terem os seus conflitos solucionados por meios idôneos, imunizando-se as decisões judiciais de posteriores ataques derivados da irresignação do jurisdicionado.

Colocando-se todos esses instrumentos ao acesso do cidadão, mais facilmente a parte derrotada na demanda aceitará a decisão judicial, apesar de descontente com sua situação.

Nessa linha, DINAMARCO ensina que as partes, que participaram exaustivamente do processo, indo até aos mais elevados escalões de julgamento, não restando esperança alguma por outra solução melhor ainda que inconscientemente, também querem a proteção do Estado, não convindo a sistemática desobediência.[16]

É a partir desse ponto que a ideia de colaboração dos sujeitos do processo acaba valendo como verdadeira ferramenta para atingir tal importante escopo da jurisdição.

Isso ocorre, pois a partir da participação dos sujeitos do processo na preparação da decisão e na influência em seu teor, existe uma predisposição a aceitar as decisões, ainda que desfavoráveis.[17] Além disso, a participação deles, por meio da colaboração, garante um sentimento de idoneidade do sistema e faz, quando chegado o final do conflito, diminuir angústias decorrentes da sua existência.

---

15. DINAMARCO, Cândido Rangel. *Instituições de direito processual civil*, vol. I., 6ª ed., São Paulo, Malheiros, 2009, p. 131.
16. DINAMARCO, Cândido Rangel. *Instrumentalidade do processo*, 14ª ed., São Paulo, Malheiros, 2009, p. 190.
17. DINAMARCO, Cândido Rangel. *Instrumentalidade do processo*, 14ª ed., São Paulo, Malheiros, 2009, p. 190.

É por meio também da colaboração que a pacificação social pode ocorrer mediante critérios mais justos, escopo social máximo que se pode esperar do processo. Destaca-se, pois, a colaboração como modelo estrutural e técnica processual para se atingir tal importante escopo da jurisdição.[18]

Uma solução justa necessariamente advém da correta aplicação da lei – e não de uma justiça individual do magistrado. Deve o juiz individualizar e interpretar a norma abstrata aplicando-a ao caso concreto. Contudo, para que assim proceda, deve antes reconstruir verdadeiramente e racionalmente o próprio caso concreto, isto é, as afirmações de fato trazidas pelas partes.

Não se pode experimentar um senso de justiça apenas quanto às questões de direito, até porque para se individualizar e interpretar a norma geral deve-se conhecer adequadamente as questões de fato que circundam a demanda.[19]

A justiça, portanto, se mede tanto pelo acerto quanto ao direito aplicado, como pela adequada reconstrução fática.

Para se alcançar a almejada solução justa, faz-se necessário lançar mão de muitas ferramentas, sendo a busca da verdade dentro do processo e a atuação respeitosa dos atores processuais as mais importantes e de maior certeza de êxito. Afinal, quanto mais fundamentada uma decisão nas provas idoneamente produzidas, tendo os sujeitos respeitados a ordem processual e tendo o juiz atuado de forma a buscar a solução em preferência a qualquer outra que pudesse ser mais simples de se obter, maior será a probabilidade de certeza das alegações dos fatos e, portanto, mais apta estará ela para pacificar o conflito de modo justo.

---

18. A efetividade da tutela jurisdicional está intimamente ligada à postura dos sujeitos processuais, visto que "entre os poderes das partes e do órgão judicial há sempre uma interferência recíproca e dialética, na medida em que a potencialização daqueles interfere, em maior ou menor medida, na força destes e vice-versa" (in ALVARO DE OLIVEIRA, Carlos Alberto. Do formalismo no processo civil, 2ª ed., São Paulo, Saraiva, 2003, p. 134).

19. CHIARLONI, Sergio. Processo civile e verità in Questione Giustizia, n. 1, Milano, Franco Angeli Edizioni, 1987. p. 504. Nesse mesmo sentido, destaca-se o ensinamento de GIULIA BERTOLINO, para a qual a decisão justa é resultado da adequada aplicação da normal geral a um fato quando este é realmente verificado, isto é, se a premissa fática da qual se partiu era verdadeira (Giusto processo civile e giusta decisione (IUS/15) – Riflessioni sul concetto di giustizia procedurale in relazione al valore della accuratezza delle decisioni giudiziarie nel processo civile, tese de doutoramento, Università di Bologna, XIX Ciclo, Bologna, 2007, p. 79).

O objetivo de um processo justo (ou do devido processo legal) é o próprio acertamento dos fatos tendencialmente correspondentes à realidade.[20]

Isso não quer dizer que erros não possam ser cometidos ou que o próprio sistema não seja alvo de imperfeições. Mas um dos meios para buscar uma solução justa passa especificamente pela vontade de se alcançar a verdade.

Colocada tal situação como importante premissa para a consecução do escopo social do processo, é imperiosa a delimitação do que significa essa *verdade*. Afinal, o processo pode não ser o local mais adequado para se estabelecer uma certeza absoluta em torno dos fatos trazidos com as alegações e provas das partes.

O conhecimento dos fatos basicamente dá-se através da atuação dos sujeitos parciais da relação jurídica processual. E como são sujeitos parciais, as provas não serão produzidas de acordo com o objetivo de buscar a retratação da situação fática, mas sim com o de convencer o órgão jurisdicional da veracidade de suas alegações.

Deve-se considerar que no processo não se busca nunca uma verdade absoluta, isto é, um dogma, uma situação inafastável.

Nem mesmo, como explicado por TARUFFO, nas ciências naturais encontra-se a verdade absoluta, mas tão somente quando se fala em dogmas religiosos. Isso, contudo, não significa dizer que no processo não exista a verdade. Significa apenas que ela não é absoluta e que é baseada no material probatório disponibilizado no processo[21].

Dentro do processo, a verdade possível de ser encontrada é aquela considerada em seus próprios *"limites processuais"*, isto é, relativa e adequada ao conjunto probatório trazido aos autos do processo.

---

20. NARDIN, Maura; PIVETTI, Marco. *Processo civile: primi passi verso l'uscita dal tunnel*, in Questione giustizia, n. 3, 2007, Milano, Franco Angeli Edizioni, p. 522. Em sentido semelhante, demonstrando não concordar que existam dois tipos de verdade (material e formal) e que no processo civil busca-se, assim como no processo penal, a adequada reconstrução fática que circunda a demanda: SCARPINELLA BUENO, Cassio. *Curso sistematizado de direito processual civil*, v. 1, 7ª ed., São Paulo, Saraiva, 2013, pp. 131–132.
21. TARUFFO, Michele. *Verità e probalità nella prova dei fatti*, in Revista de Processo, v. 154, dez/07, São Paulo, RT, pp. 207 e ss.

Quanto à verdade que se encontra no processo (estabelecida em razão do contexto probatório apresentado), TARUFFO entende que ela nada mais é do que um sinônimo de probabilidade lógica. Ou seja, a verdade é aquela que estabelece um grau de confirmação lógica de um enunciado com base nas informações que se refere àquele enunciado. A probabilidade no processo corresponde ao grau de confirmação que as provas apresentadas no processo atribuem aos enunciados relativos aos fatos da causa.[22]

> Verdade, pois, seria aquele fato que, com base nas provas produzidas, garante um grau adequado de confirmação lógica.[23]

Ressalta-se, assim, que uma decisão baseada em premissas relativas não pode nem deve ser considerada uma decisão injusta. Ao contrário. Se tal verdade relativa foi buscada com base nos parâmetros constitucionais do *due process of law*, isto é, foram empreendidos todos os esforços possíveis para seu alcance, a decisão é justa, pois essa é a única verdade na qual poderia estar calcada.

Tendo a atividade jurisdicional o objetivo de manter a integridade do ordenamento jurídico, com sua consequente pacificação, é a partir de uma atuação cooperativa dos sujeitos do processo destinada à busca da verdade que se poderá fazer com que a jurisdição cumpra de modo bem satisfatório sua função social. Afinal, a decisão será tão mais justa "quanto maior correspondência entre a reconstrução da matéria fática realizada no processo e a realidade verificada no plano substancial".[24]

Ocorre que, para que a busca da verdade se concretize, é necessário que o processo desenvolva-se e esteja organizado de modo a permitir isso. E é somente por meio de uma estrutura específica que tal desenvolvimento pode ocorrer da forma mais precisa possível: uma comunidade de trabalho em que todos os sujeitos do processo participam ativamente desde sua concepção (petição inicial) até o seu fim (sentença de mérito).

---

22. TARUFFO, Michele. *Verità e probalità nella prova dei fatti*, in Revista de Processo, v. 154, dez/07, São Paulo, RT, pp. 207 e ss.
23. LEBRE DE FREITAS, José. *Introdução do processo civil: conceito e princípios gerais*, 2ª ed., Coimbra, Coimbra Editora, 2009, p. 175.
24. BEDAQUE, José Roberto dos Santos. *Poderes instrutórios do juiz*, 5ª ed., São Paulo, RT, 2011, pp. 16–18.

Ou seja, é imprescindível que o processo se desenvolva não somente a partir de um contraditório efetivo, apto a permitir a influência das partes na decisão jurisdicional, mas também a partir do diálogo, franco e aberto, entre os sujeitos do processo, sempre com a intenção de permitir que sejam alcançados os escopos da jurisdição.

2. ESCOPOS POLÍTICOS E PARTICIPAÇÃO DO SUJEITO DO PROCESSO

O processo (e a Justiça como um todo) faz parte da vida política do próprio Estado e, por conseguinte, da vida das pessoas que o compõe. Nesse sentido, diz-se que o processo é instrumento apto também a demonstrar a capacidade de o Estado dizer o direito imperativamente, de garantir a liberdade de cada um (ampliando-a ou limitando-a), bem como de assegurar a participação dos cidadãos na sua própria vida.[25]

Pode-se dizer que um dos escopos políticos do processo civil é a garantia de uma democracia "qualificada pela suprema voz e presença do povo soberano em todas as questões vitais da ação governativa"[26].

Mais precisamente, quanto ao aspecto da participação democrática dos cidadãos na vida do Estado, podem-se destacar exemplos como o da ação popular e da ação civil pública. Contudo, o processo não é apenas palco da participação democrática dos sujeitos nesse sentido, qual seja o de efetivamente e diretamente afetar a vida política.

Genericamente, participar democraticamente de uma determinada situação significa dizer a possibilidade de influenciar na tomada de uma decisão. Especificamente no processo, participar democraticamente é possibilitar que a voz da parte (ou daquele que participa do processo de algum modo) seja levada em consideração antes de se proceder com determinada imposição por parte do juiz.

O modelo cooperativo de processo civil visa a justamente garantir que esse escopo político do processo (democracia) seja implementado dentro do próprio processo. Em outros termos, a colaboração entre

---

25. DINAMARCO, Cândido Rangel. *Instrumentalidade do processo*, 14ª ed., São Paulo, Malheiros, 2009, pp. 198 e ss.
26. BONAVIDES, Paulo. *Teoria constitucional na democracia participativa: por um direito constitucional de luta e resistência, por uma nova hermenêutica, por uma repolitização da legitimidade*, 3ª ed., São Paulo, Malheiros, 2008, p. 345.

os sujeitos do processo busca fazer valer o papel da democracia nos próprios atos processuais, permitindo que as partes possam livremente e positivamente participar da formação da decisão do litígio (e por outro lado, que o Estado-juiz esteja preparado para escutá-las). Esse, aliás, é significado mais adequado e moderno do próprio princípio do contraditório.[27]

É dizer: o escopo político de democracia está intrinsecamente ligado à feição do contraditório em um modelo cooperativo.

A participação das partes, todavia, não exclui a participação do juiz como um sujeito do processo. O órgão judicante deve, ao mesmo tempo que as partes, participar da construção da decisão-ótima, todos em colaboração – partes com juiz e juiz com partes. Essa é a concepção formulada por GRASSO. Segundo o doutrinador italiano, não se pode imaginar um processo sem a participação de todos os sujeitos (imparciais ou parciais). Diferentemente de como se sucede ao processo legislativo ou ao próprio ambiente do Executivo, no processo deve haver uma colaboração entre o privado e o público, entre as partes e o juiz.[28]

O que vale sobrelevar é que contraditório e democracia estão intimamente ligados. Aquele significa a real possibilidade de participação dos sujeitos do processo na formação da decisão judicial (aspecto prático da democracia). Essa garantia constitucional de primeira grandeza é um verdadeiro instrumento de legitimação do exercício da justiça, assim como a democracia o é do exercício dos poderes executivo e legislativo (principalmente exercidada pelo voto).[29]

O processo civil deve, portanto, se desenvolver de modo a garantir a ampla participação de todos os sujeitos do processo na construção daquela decisão que virá a substituir a vontade das partes e fazer valer o objetivo do Estado de dizer o direito de modo último e definitivo.

---

27. ARRUDA ALVIM WAMBIER, Teresa. *A influência do contraditório na convicção do juiz: fundamentação de sentença e de acórdão* in Revista do Processo, ano 34, n. 168, São Paulo, RT, fev/2009, pp. 73 e ss; BEDAQUE, José Roberto dos Santos. *Os elementos objetivos da demanda examinados à luz do contraditório* in BEDAQUE, José Roberto dos Santos e CRUZ E TUCCI, José Rogério (coord.). *Causa de pedir e pedido no processo civil*, São Paulo, RT, 2002, pp.20–21.
28. GRASSO, Eduardo. *La collaborazione nel processo civile* in Rivista di Diritto Processuale, Padova, Cedam, out.-dez./1966, p. 585. Essa visão de EDUARDO GRASSO sobre o desenvolvimento e divisão do trabalho no processo civil tem origem no brocardo conhecidíssimo de Bulgaro: *Iudicium est actus ad minus trium personarum: actoris, rei, iudicis*.
29. CAMBI, Eduardo. *Direito constitucional à prova no processo civil*, São Paulo, RT, 2001, p. 135.

E é com o modelo cooperativo de processo civil que se pode garantir que esse resultado seja alcançado de modo democrático, fazendo valer também este outro escopo (político) de tamanha importância como aquele da justiça da decisão.

3. ESCOPO JURÍDICO E A JUSTA APLICAÇÃO DA LEI AO CASO CONCRETO

Tal como anteriormente colocado no *item* n. 1, o principal escopo do processo e aquele que mais se busca com a aplicação do modelo cooperativo de processo civil é o da pacificação social com justiça. Para tanto, disse-se que uma solução justa passa necessariamente pelo acertamento dos fatos que contornam a demanda.

Contudo, isso é apenas uma parte do conceito de solução justa, isto é, daquela mais adequada ao caso concreto. A justiça não pode carecer também da correta escolha, aplicação e interpretação da lei genérica com relação ao caso concreto – bem como não se pode olvidar ser necessário garantir que as partes possam efetivamente participar da formação da decisão final da causa.

O processo não é um instrumento apenas técnico. Não se pretende aqui defender uma concepção tão ultrapassada. Contudo, não se pode esquecer seu escopo jurídico, o qual é sim o mais técnico. O escopo jurídico, portanto, existe e dele o processo não pode prescindir. O que se busca dizer é que o aspecto mais técnico do processo não deve ser visto isoladamente, mas de acordo com aquilo que se espera dos escopos sociais e políticos.[30]

A construção moderna do conceito de justiça embora dê um valor muito relevante ao conhecimento adequado dos fatos, não deixa de lado o positivismo e recorda que tal conceito passa por um duplo exame: o da exata reconstrução dos fatos e também o da correta interpretação (aplicação e efetividade) das normas, afinal o direito é regulado exatamente por elas, sendo a partir delas a conclusão que se chegará para dizer que daquele fato tal ou qual litigante tem direito ao bem da vida disputado.[31]

---

30. Dinamarco, Cândido Rangel. *Instrumentalidade do processo*, 14ª ed., São Paulo, Malheiros, 2009, pp. 258 e ss.
31. Chiarloni, Sergio. *Processo civile e verità* in Questione Giustizia, sommario n. 1, Milano, Franco Angeli Edizioni, 1987. p. 504.

A realização da justiça depende antes de qualquer coisa da reconstrução dos fatos. Sabida a "verdade" dos fatos, pode-se aplicar a lei corretamente ao caso concreto, levando-se em conta a escolha adequada dela, sua interpretação e a garantia de sua efetividade. Os escopos jurídico e social estão intimamente ligados entre si.

Assim como a adequada reconstrução dos fatos depende de um comportamento colaborativo das partes para com o Estado-juiz, a aplicação adequada do direito também advém da comparticipação dialética, ética, leal e de boa-fé dos atores processuais (principalmente quando se visualiza a participação dos sujeitos de acordo com o mais atual conceito de contraditório).

Daí porque também o modelo de colaboração processual é instrumento e técnica para o alcance do escopo jurídico do processo.

4. O MODELO PROCESSUAL CIVIL BRASILEIRO

Como amplamente difundido, o direito é composto por três aspectos principais e indissociáveis: a norma, o fato e o valor (teoria tridimensional do direito). Ou seja, o direito não é apenas norma. Ele também é fenômeno fático e totalmente predisposto a ser valorado.[32] Por essa razão, o direito acaba sempre sendo influenciado pela maneira como a sociedade organiza-se em suas relações internas.

Assim também ocorre com o processo judicial. O direito processual civil não é uma ciência imune de influências externas. Ao contrário, a própria organização interior do processo é um reflexo daquilo que acontece fora de sua vida. Há uma íntima ligação entre o fenômeno fático e o fenômeno jurídico-processual.

O processo civil é moldado por escolhas de natureza política, as quais por sua vez são feitas como forma de encontrar e aplicar os meios mais adequados e eficientes para a realização dos valores daquela sociedade naqueles tempo e lugar.[33]

Em razão disso, costuma-se identificar inúmeros modelos processuais, classificando-os de uma forma ou de outra, a depender do

---

32. REALE, Miguel. *Teoria Tridimensional do Direito*, 5ª ed., São Paulo, Saraiva, 1994, pp. 80 e ss.
33. ALVARO DE OLIVEIRA, Carlos Alberto. *A garantia do contraditório* in Revista da Faculdade de Direito da Universidade Federal do Rio Grande do Sul, v. 15, 1998, p. 7.

método escolhido, bem como das características mais marcantes que serão adotadas para realizar a comparação.

Um modelo processual nada mais representa do que um conjunto de normas, órgãos e modo-de-ser de seus institutos, visualizado e destacado em um determinado tempo e espaço. "Falar em modelo processual é considerar um dado sistema processual pelos elementos que concretamente o identificam e diferenciam de outros no tempo e no espaço.".[34]

Contudo, não é fácil identificar um *modelo de processo civil*. Os critérios para sua identificação não são exclusivamente objetivos. Não há uma receita de bolo a seguir para dizer que aquele Estado adota o *modelo x* e aquele outro o *modelo y*. Por ser fenômeno cultural, não se pode definir tal ou qual modelo somente com base nas normas positivas; deve-se considerar aspectos como o sistema político no qual está inserido, a organização da nação, os seus fundamentos axiológicos e históricos, o momento em que é feita a análise etc.

De qualquer modo, é possível observar os modelos processuais de um ângulo um pouco mais externo – não alheio às críticas que podem surgir pelas inúmeras imperfeições advêm de tal análise – com vistas a definir modelos-padrões e, posteriormente, alocá-los como o modelo processual do Estado *a* ou *b*.

Adotando-se um critério científico específico e destacando-se características-chaves podem-se elencar quais são esses modelos--padrões. Por óbvio, tais modelos-padrões não são estanques, muito menos os únicos. Há uma infinidade de possibilidade de classificar os modelos processuais. Contudo, o arrolamento de tal ou qual modelo ajuda no próprio estudo da ciência processual.

Para a classificação de modelos-padrões, o presente trabalho opta pelo critério da *divisão de trabalho entre os sujeitos do processo*. Em termos mais amplos, a classificação ora adotada se faz de acordo com o desenvolvimento do comportamento das partes e do juiz no decorrer dos atos processuais (principalmente sobre o prisma do princípio do contraditório).

---

34. DINAMARCO, Cândido Rangel. *Instituições de direito processual civil*, vol. I., 6ª ed., São Paulo, Malheiros, 2009, n. 67, pp. 175-176.

Pode-se dizer que tais classificações de modelos-padrões são tomadas também a partir do próprio modelo de prova adotado.

Diante disso, hodiernamente costuma-se dividir o processo em dois grandes grupos de modelos de estrutura, quais sejam *(i)* o isonômico ou adversarial e *(ii)* o hierárquico ou inquisitivo – os quais, como se verá mais adiante, não são suficientes para o alcance dos escopos programados ao processo.[35]

Os modelos-padrões de estrutura do processo civil ora destacados não são modelos puros. Isto é, não é possível dizer que no mundo fático encontra-se um modelo exclusivamente isonômico ou exclusivamente hierárquico. Tal classificação é feita de modo teórico, a fim de facilitar o estudo. Quando se diz que em um determinado Estado tem um modelo isonômico de estrutura de processo civil, se está querendo dizer que naquele lugar (e naquele tempo) predominam normas que são colegadas ao esquema de estrutura adversarial.

A classificação e caracterização dos modelos-padrões de processo civil se dão de acordo com o critério de predominância e não de exclusividade de normas em tal ou qual sentido.[36]

4.1. O modelo isonômico, simétrico ou adversarial

O modelo adversarial é formado por uma relação jurídico--processual de maior igualdade entre os sujeitos. Ou seja, partes e órgão jurisdicional encontram-se praticamente no mesmo plano, sem haver grande hierarquia entre eles – isso não significa dizer que ambos têm o mesmo papel ou destaque na relação jurídico--processual, nem que as partes não estejam sujeitas à vontade estatal. Apenas entende-se a quase ausência de hierarquia quanto

---

35. A despeito de vozes dissidentes no sentido de que o processo isonômico não é equivalente ao processo adversarial e que o processo hierárquico (ou também assimétrico) não é equivalente ao processo inquisitivo, principalmente sobre o ponto de vista da igualdade das partes – formal ou material (*cfr.* Mitidiero, Daniel. *Colaboração no processo civil: pressupostos sociais, lógicos e éticos*, 2ª ed., col. Temas Atuais de Direito Processual Civil – v. 14, São Paulo, RT, 2011, pp. 65–66 e 89–90) –, o presente estudo entende que tal discussão revela maior formalidade que substância. Por essa razão, utilizam-se tais classificações como sinonímias, importando mesmo suas características descritas em detrimento à nomenclatura que se adota.

36. Barbosa Moreira, José Carlos. *Duelo e processo* in Revista brasileira de direito comparado, n. 27, Rio de Janeiro, 1º semestre de 2003, p. 45.

à condução do feito, pois ao final o Estado-juiz é sempre o último a dizer o direito.

Em regra, o processo estabelecido de forma isonômica assim o é, pois o modelo de sociedade no qual está inserido não apresenta grande distinção entre Estado (juiz) e indivíduo (jurisdicionado).[37]

Nesse modelo, o magistrado não interfere, ao menos diretamente, na relação jurídico-processual dos sujeitos parciais, pois todos estão no mesmo plano de igualdade. Sua atividade cinge-se a coordenar as formalidades do processo, não cabendo a ele qualquer possibilidade de influência na definição do objeto do processo (*streitgegestand*), muito menos na formação e colheita da prova ou na busca da verdade. Cabe ao órgão jurisdicional apenas a decisão da causa consoante os fatos que lhe foram apresentados e provados.

> Quando se diz estarem partes e juiz *em pé de igualdade* não significa dizer que todos dialogam de maneira isonômica e trabalham em conjunto para a resolução do conflito. Ao contrário. O problema reside exatamente nesse papel assumido pelo Estado-juiz de maior passividade.

O *adversarial system*, como assim também pode ser denominado, é um modelo no qual predomina o papel das partes na determinação da marcha do processo e na produção das provas. Caracteriza-se pelo diálogo entre as partes diante de um juiz tradicionalmente mais passivo durante todo o *iter* procedimental.

O modelo de processo isonômico, portanto, tem em sua máxima a figura de um juiz mais expectador e de partes mais atuantes.

As partes debatem em um mesmo plano de igualdade, enquanto o juiz assiste os debates e a apenas fiscaliza o escorreito cumprimento das regras do jogo, cabendo a ele julgar a causa de acordo com aquilo que foi trazido ao processo pelas partes e sem qualquer intervenção sua.[38]

---

37. MITIDIERO, Daniel. *Colaboração no processo civil: pressupostos sociais, lógicos e éticos*, 2ª ed., col. Temas Atuais de Direito Processual *Civil* – v. 14, São Paulo, RT, 2011, pp. 72 e ss.
38. GAJARDONI, Fernando da Fonseca. *A flexibilização do procedimento processual no âmbito da common law* in Revista de Processo, vol. 163, set/2008, pp. 161–164. Já nessas primeiras características é possível encontrar forte crítica contra a aplicação de um modelo adversarial de processo civil. O juiz não deve ser um mero expectador e não cabe apenas às partes ditar o ritmo do desenvolvimento do processo. O processo não é um lugar onde está presente *somente* a vontade do particular. Deve-se fazer valer *também* a vontade do Estado de atingir os escopos programados para o processo. Soa liberal demais a ideia de que no processo busca-se apenas uma solução para as partes, concepção

Tal igualdade das partes não é a igualdade efetivamente pretendida de um sistema jurídico, isto é, não é realmente isonômico no sentido de garantir igualdade para os iguais e desigualdade para os desiguais, na medida de suas desigualdades. Trata-se, a bem da verdade, de um modelo fundado em uma igualdade formal das partes.[39]

A igualdade formal é aquela abstrata, na qual se garante a aplicação da norma igualmente a todos, sem quaisquer discriminações, ainda que haja diferença entre aqueles nos quais é aplicada a norma. Ou seja, ainda que haja desequilíbrio entre as partes, no processo isonômico elas são tratadas da mesmíssima forma – situação que não deve ser aceita em um processo voltado ao alcance de seus próprios objetivos programados.

O processo isonômico (ou adversarial), assim, estrutura-se numa visão de competição, desenvolvendo-se a partir de um *conflito* entre os adversários (partes) diante de um órgão jurisdicional relativamente passivo e cuja função primeva é tão somente decidir.[40]

Segundo TARUFFO, o modelo isonômico objetiva reduzir o juiz a um *convidado de pedra*, no qual sua função é julgar e garantir o bom andamento do feito (entende-se por bom andamento do feito a *igualdade formal* dos sujeitos parciais).[41]

Trata-se de um modelo reflexo de um pensamento mais liberal (*laissez-faire*). Preponderam os *princípios dispositivo e da demanda*, sinais da maior inércia do Estado-juiz.

Em verdade, cabe uma breve distinção de ordem teórica. O princípio da demanda revela maior relevância quanto à concep-

---

essa que não pode ser aceita no plano jurídico – não se pretende discutir o liberalismo em outras facetas do Estado, pois não é este o argumento estudado. Nesse mesmo sentido, TARUFFO explica que por ser fundado em premissas assaz liberais, com o predomínio da livre-iniciativa no processo, o processo isonômico não é capaz de mitigar ou tolher as desigualdades das partes (TARUFFO, Michele. *Il processo civile "adversary" nell'esperienza americana*, Padova, Cedam, 1979, p. 90).

39. BARREIROS, Lorena Miranda Santos. *Fundamentos constitucionais do princípio da cooperação processual*, Salvador, JusPodivm, 2013, pp. 70–74. Mais uma característica pronta a ser criticada. Não se pode imaginar nem se satisfazer com a mera igualdade formal dos sujeitos que compõem um Estado Social Democrático de Direito. Até mesmo porque não se pode fazer justiça (um dos escopos dos próprios processo civil) sem haver uma igualdade material.

40. DIDIER JR. Fredie. *Fundamentos do princípio da cooperação no direito processual civil português*, Coimbra, Wolter Kluwer Portugal – Coimbra Editora, 2011, p. 42.

41. TARUFFO. Michele. *Il processo civile "adversary" nell'esperienza americana*, Padova, Cedam, 1979, pp. 130–131.

ção de inércia de jurisdição (*dispositionsmaxime*). Por sua vez, o princípio dispositivo diz respeito à estrutura interna do processo (*verhandlungsmaxime*).[42] Assim, cabe precisamente dizer que prevalece o princípio dispositivo em um sistema adversarial, pois o que é tolhido do órgão jurisdicional é a sua participação ao longo do arco procedimental, principalmente quanto ao aspecto de seu papel na instrução probatória; o princípio da demanda, com maior razão nesse caso, igualmente possui total aplicação, tendo em vista o seu próprio sentido casar-se de maneira completa com aquilo que se espera em um processo estruturado a partir de um modelo adversarial ou isonômico.

O prevalecimento do princípio dispositivo no modelo adversarial é assim defendido como forma de garantir uma maior imparcialidade do magistrado. Crê-se que a assunção de uma postura mais passiva pelo magistrado seja necessária para mantê-lo imparcial; por outro lado, entende-se que sua conduta mais ativa na instrução do feito comprometeria o próprio devido processo legal.[43]

Resume-se, portanto, que o modelo isonômico ou adversarial é aquele no qual prevalecem as características de uma maior liberdade das partes na condução do feito e de seu papel mais importante quanto à busca da verdade e, por consequência, de menor atuação (ou atuação menos marcada) do Estado-juiz durante o arco *iter* procedimental.

4.2. O modelo hierárquico, assimétrico ou inquisitivo

Por seu turno, o segundo modelo-padrão é aquele que se desenvolve a partir de um sistema tipicamente hierárquico, no qual o órgão

---

42. BEDAQUE, José Roberto dos Santos. *Poderes instrutórios do juiz*, 5ª ed., São Paulo, RT, 2011, pp. 95-97.
43. Trata-se de outra inverdade. O juiz neutro não é necessariamente o juiz imparcial. Neutralidade é inércia. Assim, aquele juiz neutro é aquele juiz inerte, que não possui uma postura mais ativa na condução do feito – esse sim traço marcante do sistema adversarial. Por seu turno, imparcialidade é vocábulo correlacionado com a garantia do equilíbrio (igualdade material) das partes e também das oportunidades que lhes são dadas. Rui PORTANOVA é preciso ao concluir que a neutralidade, ao contrário do que se pensa em um modelo adversarial, não garante a imparcialidade. Ao contrário. O juiz neutro é conivente com as desigualdades das partes, favorecendo aquela mais forte em detrimento daquela mais fraca. O juiz neutro é, em última instância, um juiz parcial (PORTANOVA, Rui. *Princípio igualizador* in Revista da Ajuris, n. 62, Porto Alegre, nov/1994, p. 289). Contra o papel de um juiz mais atuante durante o arco procedimental, por considerar faceta de regimes totalitários *cfr.* AROCA, Juan Montero. *Los princípios políticos de la nueva Ley de Enjuiciamiento Civil*, Valência, Tirant lo blanch, 2001, p. 141.

jurisdicional deixa de permanecer no mesmo plano que as partes, (tri)angularizando-se a relação jurídico-processual. Esse sistema pressupõe uma separação das partes e do juiz, o qual passa a conduzir o processo com maiores poderes, sem ingerência das partes.

O modelo hierárquico de estrutura do processo civil é caracterizado pelo forte ativismo do Estado-juiz na condução do feito e, principalmente, no momento de colheita das provas. É um modelo assimétrico, pois o juiz assume papel relevante no arco procedimental e acaba por desigualar a relação dele com e entre as partes.[44]

> O modelo assimétrico garante um incremento nos poderes do juiz e, por conseguinte, uma diminuição no papel atribuído às partes para a condução do processo.

A concepção de que o processo é um fenômeno de massa leva, portanto, a um modelo de estrutura baseado na iniciativa judicial. Esse maior ativismo possui duas facetas, sendo a primeira relativa à distribuição de poderes entre partes e magistrado e a segunda relativa à relação do juiz com as demais funções estatais (juízes legisladores, maior liberdade e flexibilidade do procedimento).

No primeiro caso, o de incremento dos poderes-deveres do magistrado, tem-se de longe o destaque aos poderes instrutórios. Este ator processual passa a ser caracterizado como investigador (origem no próprio conceito de inquiridor, isto é, aquele que indaga, que investiga os fatos).

Denomina-se tal estrutura de processo como modelo inquisitorial: com o magistrado atuando como a peça principal da relação processual tem destaque o *princípio inquisitivo*.

> Assim como no caso do princípio dispositivo e seu correlato princípio da demanda, o princípio inquisitivo possui dois significados diversos, os quais ambos podem estar presentes em um modelo de estrutura processual hierárquico. Isto é, a depender do grau de assimetria da relação existente entre partes e juiz, encontram-

---

44. ZANETTI JR., Hermes. *O problema da verdade no processo civil: modelos de prova e de procedimento probatório* in Revista de Processo, vol. 116, São Paulo, RT, jul/2004, pp. 334 e ss. No mesmo sentido: MITIDIERO, Daniel. *Colaboração no processo civil: pressupostos sociais, lógicos e éticos*, 2ª ed., col. Temas Atuais de Direito Processual Civil, vol. 14, São Paulo, RT, 2011, pp. 74-79.

-se um, outro ou ambos os sentidos do princípio inquisitivo (o substancial ou próprio e o processual ou impróprio).

O princípio inquisitivo em *sentido substancial ou próprio* indica o mais vasto e radical fenômeno de abolição do vínculo judicial às alegações das partes dos fatos constitutivos de seus direitos. Seu oposto corresponde ao princípio da demanda (*dispositionsmaxime*). O juiz, nesse senso, prescinde das alegações das partes para julgar. Trata-se da máxima publicização do processo, pela qual não apenas o processo torna-se um instrumento público de resolução de conflitos, como o próprio objeto do processo (o direito material) acaba sendo abarcado pelo dito fenômeno.[45]

Por seu turno, o princípio inquisitivo *sentido processual ou impróprio* indica o fenômeno de mitigação do princípio da disposição das provas. É a face diametralmente oposta do princípio dispositivo (*verhandlungsmaxime*). Trata-se de técnica processual que não afeta o aspecto de disponibilidade do direito material (objeto do processo) e do próprio pedido de uma tutela jurisdicional. Nesse caso, a iniciativa probatória do juiz refere-se exclusivamente aos fatos '-constitutivos alegados pelas partes.[46]

O processo estruturado assimetricamente possui uma divisão de trabalho diametralmente oposta àquele estruturado isonomicamente. Ao magistrado é garantido amplos poderes relativos à condução do feito. Isto é, reconhece-se o poder-dever do órgão judicante de impulso processual, de fixação de prazos, de instrução (inclusive de fatos até mesmo não alegados pelas partes) e até mesmo, em casos mais extremos, de quebra do princípio da demanda[47].[48]

A busca por uma solução adequada, baseada na verdade absoluta dos fatos (justiça material), faz com que o Estado-juiz sobreponha-se

---

45. CAPPELLETTI, Mauro. *La testimonianza della parte nel sistema dell'oralità – contributo alla teoria della utilizzazione del sapere delle parti nel processo civil*, parte I, Milano, Giuffrè, 1962, pp. 353–355; 357–358. A utilização do princípio inquisitivo nesse sentido, como salta aos olhos, é extremamente perigosa e pode violar a cláusula do devido processo legal, bem como o princípio dela decorrente da não surpresa.

46. CAPPELLETTI, Mauro. *La testimonianza della parte nel sistema dell'oralità – contributo alla teoria della utilizzazione del sapere delle parti nel processo civil*, parte I, Milano, Giuffrè, 1962, pp. 355; 357–358. O princípio inquisitivo na lógica processual é técnica processual voltada para o alcance dos escopos do processo civil e, quando bem utilizado, não viola a concepção da justiça processual (respeito às regras do jogo, que por sua vez devem ser claras).

47. Nesse caso, o princípio da demanda utilizado no seu sentido mais estrito e técnico (BEDAQUE, José Roberto dos Santos. *Poderes instrutórios do juiz*, 5ª ed., São Paulo, RT, 2011, pp. 95–97).

48. BARREIROS, Lorena Miranda Santos. *Fundamentos constitucionais do princípio da cooperação processual*, Salvador, JusPodivm, 2013, pp. 133–134.

às regras do jogo (justiça processual). Isto é, permite-se uma maior flexibilidade do procedimento, ao não obrigar o órgão jurisdicional a observar estritamente as normas processuais quando tal situação favorecer o alcance do resultado desejado pelo Estado com aquela demanda.[49]

A flexibilidade procedimental e a própria concepção de *juiz-legislador*, característica muito presente no modelo hierárquico, são garantidas pela existência de cláusulas gerais e genéricas, as quais permitem esse maior deslocamento e liberdade do magistrado de conduzir o feito de modo que se adéque aos fins por ele desejados.

Como contraponto dessa maior atuação do Estado-juiz no processo, seja quanto ao maior incremento de seus poderes-deveres, seja quanto a maior liberdade no levar o processo, verifica-se uma diminuição na importância do papel das partes. É a situação diametralmente oposta àquela visualizada em um modelo de estrutura processual adversarial. Por essa razão, a prova deixa de ser vista como um argumento persuasivo, para ser enxergada como um instrumento demonstrativo. As partes passam a ser fontes de informação, o que lhes impõe um dever de colaborar com a justiça em benefício de uma solução justa e efetiva.[50]

Trata-se o modelo hierárquico de um reflexo de um pensamento mais intervencionista do Estado na vida privada (origem no *Welfare State*). Neste caso, em regra, o processo é utilizado como instrumento de consecução das políticas estatais.[51]

---

49. DAMAŠKA, Mirjan. *The faces of justice and state authority*, New Heaven, Yale University Press, 1986, pp. 147–154. Quando se diz que o juiz não está adstrito às normas processuais, o que se pretende é deixar claro que o modelo de corte inquisitorial, o juiz possui maior liberdade de atuação e, principalmente, de condução do feito. A maior liberdade de atuação e condução variará conforme o grau de intensidade da estrutura hierárquica criada pela lei. De qualquer modo, se observa nesse ponto uma debilidade do modelo inquisitorial de processo civil: garante-se a busca da verdade (justiça material), mas em detrimento muitas vezes do próprio devido processo legal (justiça processual) – garantia mais do que cara para qualquer ordenamento jurídico.

50. DAMAŠKA, Mirjan. *The faces of justice and state authority*, New Heaven, Yale University Press, 1986, pp. 164–165; ZANETTI JR., Hermes. *O problema da verdade no processo civil: modelos de prova e de procedimento probatório* in Revista de Processo, vol. 116, São Paulo, RT, jul/2004, pp. 334 e ss.

51. Equivocadamente pode-se relacionar o modelo inquisitivo (hierárquico) de processo civil a regimes totalitários (já que preponderante a atuação do Estado) e o modelo adversarial (isonômico) a regimes liberais (já que preponderante a inação do Estado). Assim como também, inúmeras vezes fazem a correlação de modelo inquisitivo e ordenamentos jurídicos de tradição de *civil law* e de modelo adversarial com ordenamentos jurídicos de tradição de *common law*. Há situações em que essas relações serão exatas. Contudo, não é possível generalizá-las. Como ressaltado, não existe um modelo puro, o que torna impossível realizar tais comparações de modo absoluto (DIDIER JR., Fredie. *Fundamentos do princípio da cooperação no direito processual civil português*, Coimbra, Wolter Kluwer Portugal – Coimbra Editora, 2011, pp. 42–45).

As principais críticas feitas a esse modelo de estrutura de processo derivam dos corolados defendidos por aqueles que reconhecem o modelo adversarial como o mais adequado. Ou seja, entende-se que um processo organizado a partir do princípio inquisitivo viola a concepção privatísticas dos interesses discutidos no feito e a própria ideia de que são as partes aquelas que sabem melhor o que fazer deles. Além disso, enxerga-se que o modelo hierárquico viola a regra do ônus da prova, gerando por consequência uma quebra na imparcialidade do magistrado.[52]

Resume-se o modelo de estrutura hierárquico ou inquisitivo como sendo um modelo no qual predomina a atuação mais marcante do juiz na condução do feito, bem como no incremento de seus poderes-deveres, principalmente aqueles relacionados à instrução probatória. Por outro lado, verifica-se uma diminuição na importância atribuída às partes, as quais passam a servir como ferramentas na mão do Estado para a descoberta da verdade e, por conseguinte, a aplicação justa da lei ao caso concreto. Assim como no modelo assimétrico ou adversarial, será a intensidade dessas regras que ditará um modelo inquisitivo mais brando ou mais fechado.

4.3. A escolha brasileira

De qualquer forma, atualmente não é possível dizer que tal ou qual sistema de estrutura do processo é simétrico ou assimétrico, pois as características de ambos acabam por acontecer de maneira concomitante.[53] Contudo, é identificável um sistema no qual prevalece esta ou aquela estrutura.

Com essa premissa, pode-se dizer que hoje o modelo processual civil brasileiro é o resultado do que dispõem as normas

---

52. BARREIROS, Lorena Miranda Santos. *Fundamentos constitucionais do princípio da cooperação processual*, Salvador, JusPodivm, 2013, pp. 136–137; AROCA, Juan Montero. *Los princípios políticos de la nueva Ley de Enjuiciamiento Civil*, Valência, Tirant lo blanch, 2001, pp. 141 e ss. Tratam-se de ideias de cunho (equivocadamente) denominado de garantista, pois supostamente visam à defesa das garantias processuais mais importantes e que compõe o devido processo legal – o que não faz sentido. Um modelo pode ter cunho mais inquisitivo que adversarial e ainda assim garantir a aplicação do *due process of law*. Tratam-se de relações diversas e que dependem do quadro político no qual o modelo processual está inserido. Pode haver um juízo positivo para essa comparação, como assim o era no caso do processo civil da extinta União das Repúblicas Socialistas Soviéticas. Contudo, não é um dogma.
53. TARUFFO, Michele. *Poteri probatori delle parti e del giudice in Europa*, in Rivista trimestrale di diritto e procedura civile, Milano, Giuffrè, jun/06, p. 452.

constitucionais e infraconstitucionais deste país com relação às técnicas e categorias jurídicas predispostas à solução de conflitos e às pessoas e conjuntos de pessoas encarregadas de pôr em ação as técnicas processuais.

No hodierno ordenamento jurídico brasileiro encontram-se normas processuais de cunho estrutural assimétrico[54] e cooperativo[55]. Todavia, a existência dessas normas não garante um processo com uma participação ativa do juiz. Pior, não garante um diálogo – como deveria garantir – entre todos os sujeitos do processo. E isso é fácil de perceber ao se olhar de perto as demandas que tramitam nas cortes brasileiras. O que se observa é um grau de simetria exagerado e de passividade do órgão jurisdicional para aquilo que ocorre dentro da vida do processo.

É claro que há exceções. Elas sempre existirão. Podem-se encontrar juízes ativos e que combatem aqueles juízes espectadores. Mas de fato, ainda que a doutrina seja forte no entendimento de que o processo deve ser visto com olhares publicistas[56], no mundo do ser o processo é ainda verificado a partir de uma visão privada.

É inegável que o modelo estrutural brasileiro vem evoluindo pouco a pouco. Desde a assimilação das colocações sugeridas pela *escola instrumentalista*, o processo civil passou a se preocupar mais com os seus resultados e menos com suas formalidades. Deixou-se de enxergar o processo como um fim em si mesmo para crer em um processo como instrumento de consecução de decisões mais justas e efetivas.

O próprio advento da Constituição Federal de 1988 *constitucionalizou* o processo e elevou ao patamar máximo as concepções garantísticas para defesa de um processo justo e équo.[57]

Contudo, apesar dessas disposições legislativas no sentido de um processo-instrumento, ainda hoje não é possível dizer que o processo

---

54. Exemplo disso são os poderes instrutórios do juiz, garantidos pelos artigos 130 do Código de Processo Civil e 370 do novo Código de Processo Civil.
55. Exemplo mais claro é o artigo 6º do novo Código de Processo Civil.
56. BEDAQUE. José Roberto dos Santos. *Poderes instrutórios do juiz*, 5ª ed., São Paulo, RT, 2011, pp. 78–83.
57. DINAMARCO, Cândido Rangel. *Instituições de direito processual civil*, vol. I., 6ª ed., São Paulo, Malheiros, 2009, n. 72, pp. 185–188.

civil brasileiro é um processo adequado ao atingimento dos seus escopos sociais, políticos e jurídicos. Isso porque o modelo no qual ele está estruturado não é o mais apropriado.

De nada adianta uma visão doutrinária e até mesmo a existência de normas que não são aplicadas como deveriam ser. Faz-se mister uma mudança de concepção de como deve atuar o Estado e as próprias partes do processo, fazendo-se com que entendam os verdadeiros fins da Jurisdição. E para essa mudança, é necessário um modelo de estrutura do processo que faça com que os sujeitos do processo tenham suas atividades focadas para aquilo que se espera do processo.

Forte nessa ideia, o que se pretende a partir deste trabalho é justamente demonstrar um modelo de estrutura do processo civil brasileiro apto à consecução dos escopos da atividade jurisdicional; modelo este que em si não traz uma revolução ou um *choque de gestão* naquele que é visto hoje, mas que utiliza daquilo que é verificado modernamente, aplicando-o de forma um pouco diversa.

Trata-se mais de uma mudança de visão e de foco, do que da alteração colossal de um sistema. Isso, no entanto, não diminui a importância de uma nova e moderna visão estrutural do processo civil brasileiro.

O novo Código de Processo Civil já sancionado (lei n. 13.105, de 16 de março de 2015) foi pensado forte na concepção de que o modelo cooperativo de processo civil é aquele mais hábil a garantir o alcance dos escopos da jurisdição prevê em algumas passagens (descritas nos itens abaixo) a adoção de medidas tendentes a impor um comportamento de colaboração entre os sujeitos do processo, para que seja obtida uma decisão em tempo razoável e ao mesmo tempo justa e efetiva (artigo 6º[58]).

De qualquer maneira, impõe-se destacar que independentemente da mudança legislativa, a mudança de comportamento na prática forense é aquela mais importante, pois o intérprete da lei deverá utilizar as novas disposições, colocando-as em prática, para que – como se diz em uma linguagem mais rasteira – as normas não caiam em desuso.

---

58. "**Art. 6º.** Todos os sujeitos do processo devem cooperar entre si para que se obtenha, em tempo razoável, decisão de mérito justa e efetiva."

5. A COLABORAÇÃO COMO UM NOVO MODELO DE ESTRUTURA DO PROCESSO

O processo civil cada vez mais sofre influência de alguns princípios que já o compunham em sua essência, mas não tinham a força que vêm ganhando hodiernamente: devido processo legal, boa-fé e lealdade processuais e contraditório, todos balizadores do *processo ético*.

Tais princípios servem de base para a concretização e sistematização de um novo modelo de estrutura do processo: o modelo de colaboração subjetiva, o qual deve estruturar e nortear o processo civil.[59]

Tal modelo tem como objetivo principal a busca pela efetividade da tutela jurisdicional, principalmente por meio da valorização de decisões mais justas, respaldadas no devido processo legal e no redimensionamento do contraditório. A partir desses princípios a decisão judicial passa por um aprimoramento, com a participação de todos envolvidos do processo.[60]

Ora, a vida em sociedade invariavelmente gera insatisfações. Afinal, os inúmeros interesses individuais existentes não necessariamente convertem-se para um mesmo fim. Isso justifica a atuação jurisdicional do Estado para eliminar o descontentamento social. Trata-se de um instrumento seu de legitimidade. Quando o Estado atua dizendo o direito tenta eliminar os conflitos postos, buscando garantir maior satisfação da sociedade.

Ocorre que, apenas dizer o direito no caso concreto não é necessariamente suficiente para garantir a paz social. Vale dizer, aquele que sai derrotado de uma demanda, ainda assim estará descontente com a sua situação fática, pois terá perdido determinado bem da vida. Impende, pois, reverter ou mitigar esse grau de insatisfação que invariavelmente existirá. É por meio da colaboração que isso pode ser alcançado.

---

59. DIDIER JR., Fredie. *Os três modelos de direito processual* in Revista de Processo, vol. 198, São Paulo, RT, ago./2011, p. 213.
60. Nesse sentido, inclusive, JOSÉ ROBERTO DOS SANTOS BEDAQUE destaca que o processo cooperativo é essencial para garantir a efetividade da tutela, legitimando-se, por aí, todo o procedimento: "A técnica processual tem como característica fundamental a garantia de participação dos interessados no julgamento, a fim de que eles possam influir na convicção do juiz. O contraditório constitui elemento essencial ao processo, pois é fato de legitimação do resultado." (*in Direito e processo – influência do direito material sobre o processo*, 6ª ed., São Paulo, Malheiros, 2011, p. 28.

"Existe a predisposição a aceitar decisões desfavoráveis na medida em que cada um, tendo a oportunidade de participar na preparação da decisão e influir no seu teor mediante observância do procedimento adequado (princípio do contraditório, legitimação pelo procedimento), confia na idoneidade do sistema em si mesmo. E, por fim: psicologicamente, às vezes a privação consumada é menos incômoda que o conflito pendente: eliminado este desaparecem as angústias inerentes ao estado de insatisfação e esta, se perdurar, estará desativada de boa parte de sua potencialidade antissocial.".[61]

O real acesso à justiça, capaz de garantir um maior alcance da paz social e da efetividade da decisão, passa invariavelmente por um critério de ordem justa, a qual tem sua origem nas garantias constitucionais de ação e defesa. Ato contínuo, para que assim seja levado à cabo é essencial a presença do *contraditório* substantivo e – não se esquecendo do caráter público do processo – do *princípio inquisitivo*.

No modelo cooperativo de processo civil, assim como já se vê em larga escala nas concepções modernas[62], o princípio inquisitivo assume um viés mais democrático, passando a ser visualizado a partir da concepção do *princípio da autoridade no processo*. Ora, a relação entre juiz e partes nada mais representa do que uma projeção no microcosmo do processo da própria sujeição dos cidadãos perante a autoridade do Estado. A partir dessa concepção, bem como de que a jurisdição é uma função pública, se entende por bem conceder poderes (com os correlatos deveres e limites) ao Estado-juiz, para que conduza o processo de forma a garantir a justiça e efetividade de sua decisão. É tecnicamente inadequado conceber, para fins de se realizar justiça no caso concreto, um sistema no qual o juiz assiste passivamente um confronto entre as partes como um verdadeiro espectador, como um árbitro em uma partida que se limita a *apitar* e controlar apenas o cumprimento das regras do jogo.[63]

---

61. DINAMARCO. Cândido Rangel, *A instrumentalidade do processo*, 14ª ed., São Paulo, Malheiros, 2009, pp. 190–191.
62. *Cfr.* BEDAQUE, José Roberto dos Santos. *Poderes instrutórios do juiz*, 5ª ed., São Paulo, RT, 2011. Trata-se da monografia mais completa e atual sobre o tema dos poderes instrutórios do juiz, a qual tem em sua conclusão o juízo positivo para o respectivo incremento deles, de modo a garantir a realização da justiça substancial e processual (sempre respeitando a cláusula geral do devido processo legal).
63. CALAMANDREI. Piero, *Istituzioni di diritto processuale civile – secondo il nuovo codice*, Padova, Cedam, 1941, pp. 233–234. CALAMANDREI é muito claro ao defender a atuação mais forte do Estado-juiz, mas sempre respeitando por outro lado o caráter muitas vezes privado do litígio. A busca por uma solução justa e efetiva é o objetivo do Estado; a busca pela vitória é o objetivo da parte. Nesse diapasão, sublinha

Por seu turno, pelo crivo do contraditório garante-se a participação das partes no processo. Essa participação legitima o exercício do poder jurisdicional e garante a efetividade da prestação da tutela jurisdicional, seja porque pacifica mais, seja porque garante um resultado possivelmente mais justo, ou ainda, porque faz com que o órgão judicante *diga o direito* da maneira mais correta possível.

Nesse diapasão, DINAMARCO é cristalino ao ensinar que a dialética do processo deve se basear:

> "na cooperação mais intensa entre o juiz e os contendores, seja para a descoberta da verdade dos fatos que não são do conhecimento do primeiro, seja para o bom entendimento da causa e dos seus fatos, seja para a correta compreensão das normas de direito e apropriado enquadramento dos fatos nas categorias jurídicas adequadas. O contraditório, em suas mais recentes formulações, abrange o direito das partes ao diálogo com o juiz: não basta que tenham aquelas a faculdade de ampla participação, é preciso também este participe intensamente, respondendo adequadamente aos pedidos e requerimentos das partes, fundamentando decisões e evitando surpreendê-las com decisões de-ofício inesperadas.".[64]

A participação (viés da colaboração), portanto, não deve ficar restrita às partes. Ela deve alcançar a atividade jurisdicional. A influência publicista conferida ao processo impõe a presença de um juiz atuante, condutor do processo; não se contenta com um juiz mero espectador. É claro, no entanto, que tal atividade não deve autorizar a violação da cláusula *due process of law*, isto é, representar um processo meramente inquisitivo com enormes poderes do juiz sem os devidos deveres correspondentes.

O modelo cooperativo busca uma condução do processo sem destaques a algum sujeito em específico, cabendo ao juiz distanciar-se das partes somente no momento de proferir sua decisão. É nesse diapasão que MITIDIERO ensina que o modelo cooperativo advém da

---

o doutrinador italiano que deve haver um equilíbrio entre o público e o privado no processo, assim como há nas relações de cunho material de intervenção da Administração Pública na vida do particular (p. 235).

64. DINAMARCO. Cândido Rangel, *A instrumentalidade do processo*, 14ª ed., São Paulo, Malheiros, 2009, p. 337.

dupla posição assumida pelo juiz (paritária no diálogo e assimétrica na decisão).⁶⁵ A colaboração entre partes e o Estado-juiz leva este último a se colocar no mesmo nível das partes no desenvolvimento do diálogo processual – afinal é impossível *dialogar* estando em patamar diverso. As atividades dos protagonistas do processo se fundem em uma ação coordenada e conjunta por um mesmo fim, mas nos limites de suas respectivas atribuições e interesses. O processo é esquematizado de forma linear durante toda a condução do feito até o momento de se decidir determinada situação ou a própria causa. O diálogo se opera no sentido de buscar a verdade dos fatos.⁶⁶

> Não significa dizer que o juiz sempre estará em "pé de igualdade" com as partes, até porque no momento que deve decidir uma determinada situação – não somente na sentença – o magistrado sempre agirá como representante do poder do Estado de impor a sujeição a todos os seus cidadãos. Dizer que o órgão judicante assume uma posição paritária com as partes na condução do feito significa dizer que tanto ele quanto as partes trabalham em conjunto para o deslinde final da controvérsia, na medida de suas responsabilidades e interesses.

A condução do processo, portanto, deixa de ser determinada única e exclusivamente pela vontade das partes, mas sem haver uma condução inquisitorial por parte do órgão jurisdicional. O processo desenvolve-se por meio de um forte *diálogo*, sem protagonismo de nenhum sujeito processual, até algum momento decisório. Há verdadeira participação democrática dos sujeitos em todo arco processual, sendo o juiz visto como uma figura de autoridade reguladora – *dando o tom* – e ao mesmo como um parceiro indiferenciado ao lado das partes, formando uma verdadeira comunidade de trabalho (*arbeitsgemeinschaft*).⁶⁷ Essa concepção, inclusive, pode ser considera-

---

65. MITIDIERO, Daniel. *Colaboração no processo civil: pressupostos sociais, lógicos e éticos*, 2ª ed., col. Temas Atuais de Direito Processual Civil, vol. 14, São Paulo, RT, 2011, pp. 114–115. Nesse mesmo sentido: OLIVEIRA, Carlos Alberto Alvaro. *Poderes do juiz e visão cooperativa do processo I*. Texto retirado da Internet – http://www.abdpc.org.br/, em 7 de maio de 2012.
66. GRASSO, Eduardo. *La collaborazione nel processo civile* in Rivista di Diritto Processuale, Padova, Cedam, out.-dez./1966, pp. 587 e 609.
67. MATOS, José Igreja. *Um modelo de juiz para o processo civil actual*, Coimbra, Wolter Kluwer Portugal – Coimbra Editora, 2010, pp. 158–159. O citado autor, contudo critica a utilização de um modelo estruturalmente de colaboração para todos os litígios. Segundo o doutrinador português, tal modelo seria mais adequado aos *falsos litígios cíveis* – aqueles em que a litigância entre as partes é diminuta;

da uma das pedras-angulares da forma como foi incluído o instituto dos *negócios processuais* no novo Código de Processo Civil (artigos 190 e 191).

Esse é o traço distintivo do modelo cooperativo para os demais modelos de estrutura do processo. Enquanto no modelo adversarial as partes travam a contenda sem maior intromissão do órgão judicial e no modelo inquisitivo a condução é focada no magistrado, sem lhe impor correlatos deveres, no processo colaborativo o juiz passa a fazer parte do contraditório.

Tanto as partes, como o Estado-juiz devem dialogar e atuar de modo equilibrado. Trata-se de uma verdadeira releitura do contraditório, incluindo o órgão jurisdicional no diálogo e posicionando-o de maneira distante dos sujeitos parciais do processo apenas quando chegado o momento de proferir alguma decisão.

> Essa posição de diálogo se coaduna perfeitamente com a posição de um juiz mais ativo e de partes mais colaborativas. Não é porque o juiz possui poderes-deveres de condução do feito que as partes também não possam ter um papel de igual importância na construção da decisão final da causa. Assim como o inverso é verdadeiro. Uma decisão justa e efetiva depende do respeito das partes e do Estado-juiz às bases que compõem o processo cooperativo.
>
> O processo civil não pode ser entendido como luta, como agonia entre as partes contrapostas, como um lugar onde vença o mais esperto ou o mais forte. O processo não é fim em si mesmo; age-se em juízo para afirmar um direito que foi lesado ou não reconhecido para então obter um reconhecimento público das próprias razões segundo a lei. Emerge daí a concepção de um processo para uma busca mútua – no contraditório entre as partes – de uma verdade provável, como lugar onde se confrontam razões e não relações de força ou de estratégia.
>
> Para que o processo possa corresponder a essa finalidade, é indispensável que possua uma estrutura fundada no diálogo, no qual as partes confrontam suas razões em um plano de absoluta paridade.[68]

---

quando no entanto se tratar de um litígio verdadeiro, em que há uma grande litigiosidade entre as partes, a noção de colaboração é no todo paradoxal e inútil (pp. 80–81).

68. ALBANO, Silvia. *Processo civile e principio della lealtà* in Questione giustizia, n. 6, Milano, Franco Angeli Edizioni, 2006, p. 1.104.

O modelo cooperativo é capaz de estabelecer e dar maior alcance aos escopos do processo de pacificação social com justiça[69] e de efetividade de suas decisões. É, portanto, uma alternativa a ser utilizada como instrumento potencializador de uma estrutura voltada à realização do direito material e da justiça, em um tempo tido como razoável.[70]

A colaboração intersubjetiva atua, portanto, em duas vertentes distintas – por essa razão defende-se sua aplicação como modelo-padrão ideal para o alcance dos escopos da jurisdição. A primeira no sentido material, na qual se busca uma solução justa para o litígio. Isto é, trata-se de um conjunto de imposições legais aos sujeitos do processo para que colaborem de uma determinada forma para a descoberta da verdade. Por seu turno, a colaboração formal objetiva o desenvolvimento de um processo mais rápido e efetivo, buscando de uma forma ou de outra suprimir o maior números de obstáculos que os sujeitos podem encontrar ao longo do iter procedimental na obtenção de informações ou documentos importantes para o adequado exercício da jurisdição.[71]

O modelo cooperativo, diga-se *em tese* existente (há normas jurídicas que garantem sua aplicação), mas ainda não implementado (pois a prática ainda ocorre de maneira diversa), amolda o processo de forma equitativa, justa e devida, no qual a comunidade de trabalho desenvolvida no interior do processo passa a ser desenvolvida por meio de uma participação democrática dos sujeitos do processo (comparticipação).

---

69. DINAMARCO. Cândido Rangel, *A instrumentalidade do processo*, 14ª ed., São Paulo, Malheiros, 2009, pp. 188–197.
70. OLIVEIRA, Carlos Alberto Alvaro. *Poderes do juiz e visão cooperativa do processo I*. Texto retirado da Internet – http://www.abdpc.org.br/, em 7 de maio de 2012, p. 2.
71. LEBRE DE FREITAS, José. *Introdução do processo civil: conceito e princípios gerais*, 2ª ed., Coimbra, Coimbra Editora, 2009, pp. 164–167.

Capítulo III

AS BASES DO PROCESSO CIVIL COOPERATIVO

Adiante, a visão proposta de um modelo cooperativo de processo civil será demonstrada especificamente em cada uma das quatro principais subfases procedimentais do processo civil de conhecimento, dando-se especial atenção a duas: a fase saneadora e a fase instrutória, onde a colaboração se torna mais forte e mais importante na determinação de um modelo que vise ao alcance dos escopos programados para a jurisdição.

Contudo, é necessário que se lancem as bases que tornam o processo civil em um sistema cooperativo. Isto é, é importante uma definição das vigas mestras que norteiam a conduta dos sujeitos do processo ao longo do arco procedimental, desde seu início com o rompimento da inércia da jurisdição até o momento em que é proferida a sentença (por uma questão metodológica, será estudada apenas a fase de conhecimento do processo sincrético, finalizando sua análise na sentença – ficam de fora as fases recursal e de cumprimento de sentença).

Afinal, tais bases representam o próprio conteúdo axiológico e principiológico do modelo cooperativo de estrutura do processo, o qual acima de tudo está pautado em valores sociais e na ética processual.

> O direito e a ética possuem um núcleo comum em razão das condutas humanas a que visam e, embora haja um limite visível entre moral e direito, não se pode admitir a subsistência de um direito imoral. Ao contrário, e levando-se muito em consideração a ideia publicística do processo, ainda que sejam conceitos independentes, o direito sempre deve garantir a moral.

A superação das concepções privatísticas levou à moderna concepção do processo como instrumento que o Estado utiliza precipuamente para o alcance de objetivos públicos, e não somente como uma ferramenta de livre disposição das partes litigantes.[1] Assim, muito embora seja o interesse privado aquele que provoca a jurisdição, esta funciona com o fito de manter ou restabelecer a ordem jurídica.

A partir do momento em que as partes procuram o Poder Judiciário para compor seus litígios, torna-se "obrigatória a utilização de uma conduta condizente com um padrão ético mínimo, que não admite a mentira, a malícia exagerada, a falta de respeito para com juiz e/ou para com a outra parte".[2]

A própria Constituição Federal é clara em seu preâmbulo, em seu artigo 3º e em outras diversas passagens, ao colocar como objetivos fundamentais da República Federativa do Brasil a construção de uma sociedade igualitária, justa e solidária. Ora, não se pode imaginar um processo – instrumento tipicamente público de consecução dos objetivos da jurisdição – que garanta igualdade, justiça e solidariedade sem que sejam respeitadas regras éticas mínimas.

Como bem ressaltado por ALFREDO BUZAID, o processo é também um instrumento ético, não apenas técnico e assim deve ser respeitado pelas partes. Apesar da índole dialética do processo civil, as partes não devem se servir dele faltando com o dever de veracidade, agindo deslealmente e empregando artifícios fraudulentos; tais condutas não se coadunam com a dignidade de um instrumento que o Estado põe à disposição dos litigantes para atuação do Direito e realização da justiça.[3]

> E aí nem mesmo o juiz escapa. Assim como as partes devem adotar comportamentos dos quais uma sociedade espera, o juiz deve praticar uma ética de responsabilidade, adotando uma postura de exigência deontológica e em um esforço de colaboração com as partes, traduzindo a atuação dele em autoridade, responsabilidade e confiança.[4]

---

1. PORTANOVA, Rui. *Princípios do processo civil*, 4ª ed., Porto Alegre, Livraria do Advogado, 2001, p. 157.
2. PUOLI, José Carlos Baptista. *Os poderes do juiz e as reformas do processo civil*, São Paulo, Juarez de Oliveira, 2002, pp. 180–181.
3. ALFREDO BUZAID, *Exposição de motivos do Código de Processo Civil*.
4. MATOS, José Igreja. *Um modelo de juiz para o processo civil actual*, Coimbra, Wolter Kluwer Portugal – Coimbra Editora, 2010, pp. 144–145.

A colaboração possui em si um princípio de conteúdo de eficácia direta e imediata. Ela tem função integrativa e interpretativa na medida que impõe ao intérprete que assim exerça tal mister levando-se em consideração as bases e objetivos que constituem tal modelo processual. Ainda, a colaboração processual – que dá origem ao próprio modelo cooperativo de processo civil – impõe aos sujeitos do processo a abstenção e assunção de determinadas condutas que se coadunem com aquilo que dela é esperado em um modelo de estrutura de processo civil. Em suma, nos dizeres de LORENA SANTOS BARREIROS, utilizando-se de classificação principiológica dada por HUMBERTO ÁVILA, o princípio da cooperação processual possui eficácia interna direta e indireta e eficácia externa objetiva e subjetiva, tendo portanto a possibilidade de aplicá-lo no ordenamento jurídico de modo direto e imediato.[5]

É com base exatamente nessa concepção, a qual se desdobra em grandes premissas a seguir descritas, que deve se assentar o processo cooperativo, seja tal premissa voltada para um comportamento da parte, seja ela fixada como dever a ser cumprido pelo magistrado.[6]

6. ÉTICA DO PROCESSO

A colaboração processual é um modelo de estrutura e comportamento direcionado às partes e ao juiz, bem como a todos que de alguma forma participam da vida do processo. Como todo e qualquer modelo de estrutura, o modelo cooperativo assenta-se em alguns fundamentos e premissas.

O primeiro fundamento deste modelo é a ética processual – o processo fundado basicamente na colaboração entre os sujeitos processuais tem as suas próprias normas morais formuladas pela ética.

Ética, em primeiro lugar, deve ser definida como a ciência que estuda o comportamento moral dos homens em sociedade. A ética é uma reflexão sobre a moral. Moral, por sua vez, é o conjunto de "condutas reconhecidas como adequadas e convenientes ao comportamento humano em uma determinada sociedade", em um determinado

---

5. BARREIROS, Lorena Miranda Santos. *Fundamentos constitucionais do princípio da cooperação processual*, Salvador, JusPodivm, 2013, pp. 187-193.
6. CABRAL, Antonio do Passo. *O contraditório como dever e a boa-fé processual objetiva* in Revista de Processo, vol. 126, p.59, ago/05, p. 64.

momento. Portanto, a ética serve como instrumento definidor e criador de normas universais tidas como apropriadas a serem seguidas no desenvolvimento das relações sociais.[7]

Ora, falar em ética do processo é falar exatamente na formulação de *standards* que devem ser seguidos pelos sujeitos do processo (inclusive o próprio Estado-juiz). *Standards* tidos como os mais adequados e corretos (para aquela determinada sociedade, em um determinado tempo e espaço), pois advindos de conceitos morais.[8]

Todavia, o direito e o processo são instituições dependentes da própria natureza conflitante das relações sociais em um mundo no qual os recursos são finitos.[9] O processo é justamente o instrumento que dispõe o direito material para distribuir e manter o equilíbrio dessas relações conflitantes.[10]

Por essa própria razão de ser do direito e do processo, é natural que na relação jurídico-processual os atores sociais persigam objetivos contrastantes. E isso acaba por refletir e influenciar o comportamento de cada um para a condução da causa em seu favor.

Diante disso, até que ponto é possível falar em comportamento ético dos atores processuais?

Como já trazido em diversas partes ao longo do texto, o processo antes de servir como instrumento de alcance do bem da vida para a parte que o busca é um instituto do qual o próprio Estado utiliza para conseguir o alcance dos escopos da jurisdição. Ou seja, apesar de o processo se desenvolver a partir de um conflito entre dois ou mais atores, ele envolve acima de tudo a capacidade e o poder do Estado realizar um de seus muitos deveres (e aqui se dá destaque à paz social com justiça).

---

7. Pretel, Mariana Pretel e. *A boa-fé objetiva e a lealdade no processo civil brasileiro*, Porto Alegre, Núria Fabris Editora, 2009, pp. 98–100. Nesse mesmo sentido: Comoglio, Luigi Paolo. *Etica e tecnica del "giusto processo"*, colanna Biblioteca di diritto processuale civile, n. 28, G. Giapichelli Editore, Torino, 2004, p. 5.
8. Obviamente o presente trabalho não tem qualquer pretensão de aprofundar a discussão sobre a ética e a moral nos planos sociológico e filosófico, até mesmo porque seu objetivo é discutir o processo e não a sociologia ou filosofia jurídica. Nesse sentido, deixa-se claro que os conceitos ora trazidos não são exatamente profundos, mas suficientes para sua aplicação no estudo ora desenvolvido.
9. Onde as fontes não são escassas, não há o que se falar em conflito
10. Friedman, Lawrence Meir. *The legal system: a social science perspective*, 1975, trad. it. por Giovanni Tarello, *Il sistema giuridico nella prospettiva delle scienze sociali*, Il Mulino, Bologna, 1978.

A partir dessa concepção, é facilmente possível aquiescer à possibilidade de formulação de *standards* de comportamento para os sujeitos que atuam dentro deste instrumento; afinal, tais *standards* não são de interesse de uma ou de outra parte, ou só do Estado-juiz, mas sim da sociedade como um todo diante do desejo de manter a integridade desse instrumento colocado à disposição dela própria, bem como de manter a estrutura social de forma a coexistirem pacificamente os interesses de todos os seus atores, por mais diversos ou contrapostos que sejam.

O processo, nesse sentido, pode e é valorado do ponto de vista de uma própria moral interna sua. Não se quer dizer que o processo ou as condutas de seus atores possam ser classificados como boas ou más – em uma típica moral maniqueísta –, mas ao menos se pode dizer que o processo se desenvolve de maneira justa ou injusta (conceitos obviamente permeados de *standards* formulados por uma ética do processo).

> Seria no mínimo estranho fugir à concepção de que o processo tem uma ética própria quando se pensa no senso de justo ou injusto se a busca da justiça é um de seus principais fins.
>
> E não precisa ir muito longe para verificar que o processo pode e deve ser valorado e analisado dessa forma. Valores tidos como éticos, tais como a justiça, solidariedade e dignidade da pessoa humana, são alguns dos fundamentos constitucionais do próprio Estado brasileiro.

Essas máximas da ética processual, advindas da ideia da justiça natural e fundadas em valores primários de justiça processual, devem impor uma conduta e um comportamento prático uniforme de todos aqueles que fazem parte do drama processual.[11]

Ora, se é possível dizer que o processo tem a sua própria ética interna, é possível também individuar quais são os *standards* que a fundamentam. Ou em outros termos, é possível elencar como devem ser as condutas dos atores do processo e, por seu turno, como deve se dar tais condutas em um processo tido como cooperativo

---

11. COMOGLIO, Luigi Paolo. *Etica e tecnica del "giusto processo"*, colanna Biblioteca di diritto processuale civile, n. 28, G. Giapichelli Editore, Torino, 2004, pp. 3-6.

(conforme as bases anteriormente trazidas do que seria um processo estruturado dessa forma).

7. LEALDADE PROCESSUAL

A concepção do processo como um confronto entre dois contendores é tão antiga quanto a própria instituição. Isto é, não é possível falar em processo sem dialética, sem que haja um confronto entre duas vontades que se encontram – ao menos não em um processo legítimo.[12] Como já foi dito por BETTI, um processo é essencialmente *luta entre partes*. Isso é uma característica do próprio princípio do contraditório.[13]

Nessa mesma toada, não é possível dizer que um processo se desenvolva a partir de um *convívio de santos*. Ninguém demanda alguém esperando não ganhar o bem da vida que pretende seja tutelado; nem é demandado esperando perder e ser "condenado".

A concepção dialética do processo é essencial ao seu desenvolvimento. Sem duas vontades contrapostas, não surge a necessidade do Estado intervir na relação entre seus sujeitos; aliás, não há confronto, não há mal social sem duas vontades que se encontram.

Todavia, isso não é o suficiente para encarar o processo como um duelo, uma batalha ou até mesmo uma guerra, em que um dos lados sempre tem o evidente e deliberado interesse em vencer (a qualquer custo). Até mesmo porque, na guerra ou num duelo espera-se um comportamento minimamente aceito e honroso de seus contendores.[14] Como qualquer relação social, a relação jurídico-processual se sujeita a uma norma basilar mínima – *in casu*, algumas normas mínimas – que garanta o equilíbrio do jogo.[15]

O processo civil cooperativo encontra sua fundamentação na ideia de que não se espera que a parte interessada entregue suas *armas* à parte contrária, pedindo para que ela a vença na demanda –

---
12. É possível se falar em um processo com um confronto simulado, o que não é legítimo segundo nosso ordenamento jurídico.
13. BETTI, Emilio. *Diritto processuale civile italiano*, 2ª ed., Roma, Società Editrice del "Foro Romano", 1935, p. 105.
14. HOFFMAN, Paulo. *Saneamento compartilhado*, São Paulo, Quartier Latim, 2011, p. 45.
15. BETTI, Emilio. *Diritto processuale civile italiano*, 2ª ed., Roma, Società Editrice del "Foro Romano", 1935, p. 106.

um dever nesse sentido não poderia nunca ser observado, afinal o único resultado decorrente disso seria o de colocar em dificuldades e em situação embaraçosa a parte mais honesta –; o que se espera verdadeiramente é que ambas as partes atuem dentro de um certo limite mínimo e de respeito para com a outra e para com o próprio instrumento (o processo).[16]

Ao invés de se exigir ingenuamente que uma parte ofereça argumentos em benefício da outra parte, busca-se evitar que a vitória advenha de malícia, fraudes, espertezas, dolo, improbidade, embuste, artifícios, mentiras ou desonestidades.[17]

A atuação das partes no decorrer do processo é determinada e marcada pelos princípios constitucionais da liberdade e da legalidade (Constituição Federal, artigo 5º, *caput* e inciso II). De um lado garante-se uma atuação primordialmente livre, enquanto por outro a limita quando se trata de forma e conteúdo imposto pela lei. E a lealdade processual surge exatamente aí, como um limite colocado pela lei para essa atuação livre.

O processo como verdadeira representação microscópica do regime político da democracia é construído sobre um plano de busca de equilíbrio entre a liberdade de cada uma das partes e o interesse público pelo correto exercício da jurisdição. Nesse esteio, exigências éticas do sistema (que no fim buscam a própria concepção de justiça processual) acabam por se resumir no princípio da lealdade processual.[18]

O princípio do contraditório existe acima de tudo como forma de garantir o alcance de uma verdade mais provável possível, por isso sua aplicação deve se dar de forma a garantir com que as partes consensualmente (mas cada uma defendendo o seu ponto de vista) busquem reconstruir os fatos que contornam a demanda – mas para buscar uma reconstrução adequada dos fatos é necessário que os sujeitos do processo atuem de acordo com padrões minimamente éticos.[19]

---

16. LIEBMAN, Enrico Tullio. *Manuale di diritto processuale civile*, 1980, trad. port. de Cândido Rangel Dinamarco, vol. I, 3ª ed., São Paulo, Malheiros, 2005, p. 166.
17. PORTANOVA, Rui. *Princípios do processo civil*, 4ª ed., Porto Alegre, Livraria do Advogado, 2001, p. 157.
18. DINAMARCO, Cândido Rangel. *Instituições de direito processual civil*, vol. I, 6ª ed., São Paulo, Malheiros, 2009, pp. 235–237.
19. ALBANO, Silvia. *Processo civile e principio della lealtà* in Questione giustizia, n. 6, pp. 1.102–1.107, 2006, p. 1.103.

Aliás, se o processo é instrumento para o alcance dos escopos da jurisdição, verdade é também que tais escopos não podem ser alcançados sem determinados limites que guiem os contendores e o juiz.

A lealdade processual está, portanto, no rol dos limites de conteúdo de atuação das partes no processo. Ela encontra seu substrato no próprio interesse público de que o processo desenvolva-se dentro de parâmetros de comportamentos socialmente aceitos.

Para CALAMANDREI, a lealdade está para o processo, assim como o *fair play* está para o jogo.[20]

> O processo é um jogo, no qual as partes podem utilizar todas as armas *legítimas* concedidas pela lei para defender seus interesses. Contudo, como em qualquer jogo, as regras preestabelecidas devem ser obedecidas, sem que haja qualquer tipo de trapaça ou malícia exacerbada. Afinal, se até em uma guerra há regras a serem cumpridas, tal como a proibição do uso de armas bioquímicas, não há motivos para não haver tais limites no processo civil.[21]

Essa é a regra fundamental, contida no Código de Processo Civil Modelo Para a América Latina, de que "as partes, seus representantes ou assistentes e, em geral, todos os partícipes do processo, pautarão sua conduta pela dignidade da Justiça, pelo respeito devido entre os litigantes e pela lealdade e boa-fé.".

> Ora, ser leal é ser probo, sincero, franco e honesto. O sujeito do processo atua com lealdade quando atua de forma fiel aos compromissos assumidos por ele nas relações subjetivas processuais. Tanto assim é que a lealdade, por vezes, é colocada como sinônimo de verdade e lhaneza (*cfr.* item 9 deste capítulo).

---

20. CALAMANDREI, Piero. *Il processo come gioco* in Rivista di diritto processuale, Padova, Cedam, p. 30, 1950. Em sentido bem semelhante, contrariando apenas a comparação a um jogo e colocando em seu lugar a ideia de disputa (*gara*) está o entendimento de CARNELUTTI, para o qual também deve haver esse necessário *fair play* entre os antagonistas (CARNELUTTI, Francesco. *Giuoco e processo* in Rivista di diritto processual, Padova, Cedam, pp. 102 e 105, 1951).

21. DINAMARCO, Pedro da Silva. *Ônus processuais: limites à aplicação das consequências previstas para o seu não cumprimento*, tese de doutoramento, Faculdade de Direito da Universidade de São Paulo, São Paulo, 2007, p. 134. É a mesma situação que em uma arte marcial, na qual podem e devem ser desferidos golpes contra o adversário, mas até um certo ponto, como no caso da proibição de tentar furar os olhos do adversário.

Contudo, o que seria exatamente tal limitação? Em que consistiria a necessária lealdade processual? LIEBMAN parece trazer a resposta. Segundo o doutrinador italiano, os sujeitos parciais do processo devem se respeitar reciprocamente na qualidade de contraditores em juízo, eximindo-se de praticar todo e qualquer ato que perturbe a plena aplicação do princípio do contraditório.[22] E perturbar a plena aplicação do contraditório nada mais é do que assumir um comportamento o qual vai impedir o pleno exercício do direito de resposta da contraparte e de utilização de seus argumentos como forma de convencimento do órgão jurisdicional – e aqui se enquadra não apenas a proibição do tumulto no processo com atos protelatórios, mas também atitudes que prejudiquem a outra parte de demonstrar que possui razão.

Pode-se então dizer que o dever de lealdade se traduz em um binômio proibição-dever: *(i)* proibição de utilização de instrumentos colocados à disposição das partes com fins diversos daqueles já programados e *(ii)* dever da parte de se abster a perseguir a vitória com meios não consentidos pelo ordenamento jurídico como um todo.[23]

É somente a partir desse binômio proibição-dever que se permite a construção de um diálogo fundamento para que o processo alcance seus escopos, o qual ficaria já arruinado em sua raiz caso a atuação de qualquer dos sujeitos violassem esse limite mínimo. Afinal, um diálogo fundado em relações desleais ou até mesmo inverídicas não pode gerar frutos necessários para a busca de uma verdade provável.[24]

Em uma relação leal, as partes devem ser vistas como contraditores perante o juízo e não como inimigos perante um árbitro. Ser leal portanto significa em última análise permitir o desenvolvimento de um diálogo que não desvirtue o objetivo de buscar a verdade (provável) dentro de um confronto de razões – e não de forças.

8. BOA-FÉ PROCESSUAL

Tão ligado ao conceito de lealdade está o de boa-fé – sendo por vezes equiparado, dada a proximidade de um instituto com o outro.

---

22. LIEBMAN, Enrico Tullio. *Manuale di diritto processuale civile*, 1980, trad. port. de Cândido Rangel Dinamarco, vol. I, 3ª ed., São Paulo, Malheiros, 2005, p. 166.
23. DELLA PIETRA, Giuseppe. Comentários ao artigo 88 do *codice di procedura civile italiano* in VACCARELLA, Romano e VERDE, Giovanni. *Codice di procedura civile commentato*, Torino, UTET, 1997, pp. 685–687.
24. MACIONE, Fabio. *La lealtà, una filosofia del comportamento processuale*, Giappichelli, Torino, 2005, pp. 187–189.

O princípio da boa-fé processual deve ser entendido como um princípio de boa-fé objetiva, isto é, encerrado em uma norma de conduta. E tal princípio estende-se a todo e qualquer sujeito participante do processo.

Assim como a lealdade processual acaba atuando como um limite para o comportamento livre das partes dentro do processo, a boa-fé processual também o acaba sendo.

Não é adequado dizer que o comportamento dos sujeitos parciais do processo seja totalmente livre em razão dos princípios do contraditório e da ampla defesa serem garantias fundamentais. Por existir de igual forma um direito fundamental a um processo justo, efetivo e equânime, a boa-fé processual atua como esse limitador mais do que legítimo. Trata-se da conhecida aplicação da doutrina da proporcionalidade em sentido *lato* ou técnica de ponderação dos interesses em conflito.[25]

Ao contrário do que possa parecer, a boa-fé visa à proteção do próprio contraditório e da ampla defesa, os quais somente podem ser encarados como garantia fundamentais, quando visualizados a partir do prisma de que eles representam a garantia da parte de influenciar positivamente o juiz em seu favor – e é impossível permitir uma influência quando o outro sujeito atua com má-fé, prejudicando os seus argumentos.

A boa-fé processual decorre da exigência de um sistema isonômico[26], do princípio do contraditório[27] e, acima de tudo, do próprio devido processo legal[28]. Ela exige um *fair trial*, sempre no sentido de se buscar uma participação justa, leal e equânime, imbuída pela ética dos sujeitos do processo.

A partir disso, tanto as partes, quanto o juiz (e até mesmo serventuários, auxiliares da justiça, terceiros etc.) acabam tendo suas

---

25. Picó y Junoy, Joan. *La buona fede processuale: una manifestazione dell'autoritarismo giurisdizionale?* in Rivista di Diritto Processuale, n. 2, 2013.
26. Menezes Cordeiro, António Manuel da Rocha e. *Litigância de má-fé, abuso do direito de ação e culpa 'in agendo'*, 2ª ed., Coimbra, Almedina, 2011, p. 51.
27. Cabral, Antonio do Passo. *O contraditório como dever e a boa-fé processual objetiva* in Revista de Processo, vol. 126, p.59, ago/05, p. 63.
28. O próprio Supremo Tribunal Federal já decidiu situação na qual se definiu que a boa-fé decorrente do próprio devido processo legal, o qual impõe aos litigantes um comportamento respeitoso e adequado, mesmo que diante de um litígio, de um embate (STF, 2ª T., RExt. n. 464.963-2/GO, rel. Min. Gilmar Mendes, j. 14.2.06, p. 30.6.06, v.u.).

condutas guiadas por ele.²⁹ E frisa-se: a despeito de tal princípio na legislação processual brasileira (artigo 14 do Código de Processo Civil de 1973 e artigo 77 do novo Código de Processo Civil) ser voltado à conduta das partes – e até mesmo ter sua origem no direito privado, em especial o contratual –, aplica-se igualmente ao órgão judicante, visto ser um fiel representante do Estado, o qual deve agir de acordo com a boa-fé, de maneira leal e sem quebrar a confiança que os jurisdicionados depositam nele.³⁰

O elemento básico indicativo da boa-fé, trazido do conceito civilista (Código Civil, artigo 422), é conceituado como todo e qualquer comportamento ou conduta que seja socialmente aceito. Ele é, pois, a manifestação no âmbito jurisdicional do princípio geral de boa-fé. Trata-se de um vetor sociológico, mas de fácil visualização na teoria jurídica.³¹

Como vetor sociológico, sua finalidade dentro do mundo do direito é preservar uma conduta minimamente ética em todos os tipos de relações jurídicas, inclusive a processual.³²

A boa-fé objetiva baseia-se em padrões de conduta social; ela é voltada, portanto, à proteção das expectativas que os membros de uma sociedade têm. É uma norma que está para salvaguardar a confiança de que todos os demais sujeitos pautem suas ações e atitudes de acordo com as convenções sociais. Diz-se que a boa-fé processual é a cláusula que protege toda a uma coletividade, pois representa um arquétipo moral.³³

> O comando principiológico e axiológico da cláusula geral da boa-fé processual exige dessa forma que as relações subjetivas processuais se desenvolvam de forma honesta e leal, rechaçando-se condutas abusivas e sempre em homenagem ao interesse público.

---

29. TARUFFO, Michele. *Abuso de direitos processuais: padrões comparativos de lealdade processual (relatório geral)* in Revista de Processo, vol. 177, p. 153, nov/09.
30. MENEZES CORDEIRO. António Manuel da Rocha e. *Litigância de má-fé, abuso do direito de ação e culpa 'in agendo'*, 2ª ed., Coimbra, Almedina, 2011, p. 125.
31. PICÓ Y JUNOY, Joan. *El principio de la buena fe procesal*, 2ª ed., Barcelona, Bosch, 2003, p. 69
32. PICÓ Y JUNOY, Joan. *La buona fede processuale: una manifestazione dell'autoritarismo giurisdizionale?* in Rivista di Diritto Processuale, n. 2, 2013.
33. CABRAL, Antonio do Passo. *O contraditório como dever e a boa-fé processual objetiva* in Revista de Processo, vol. 126, p.59, ago/05, p. 68.

O princípio da boa-fé objetiva é uma verdadeira cláusula geral do processo civil, cuja observância deve se dar do início ao fim da relação jurídica, tudo baseado no interesse social de que o processo deve manter sua dignidade como instrumento realizador de justiça e de concretização do direito. É por isso que se obriga aos sujeitos que nele atuam a agirem com probidade e confiança recíprocas, buscando sempre um equilíbrio em suas condutas.[34]

Por ser um conceito objetivo, a própria legislação processual civil acaba por fornecer elementos suficientes para que se possa chegar à conclusão de o sujeito estar litigando de boa-fé, ou não (Código de Processo Civil de 1973, artigos 14 e 17 e novo Código de Processo Civil, artigos 77 e 80). São parâmetros que tentam trazer maior concretude ao que seria uma conduta honesta e proba.[35]

Nesse sentido, para a aplicação de um modelo de estrutura cuja a ideia central seja a colaboração entre os sujeitos do processo para o alcance dos escopos da jurisdição, é imprescindível o respeito à cláusula geral de boa-fé processual, traduzida no ordenamento jurídico brasileiro como um conceito de *non facere*, de abstenção de se realizar aquelas atividades tidas como sendo de má-fé (condutas essas reprováveis socialmente).

9. DEVER DE VERACIDADE

Como visto, lealdade e boa-fé processuais parecem ser facetas de uma mesma moeda, as quais em conjunto buscam garantir um verdadeiro processo *equo e giusto* (*right to a fair trial*).[36] Enquanto a lealdade processual leva os sujeitos do processo a terem um comportamento honesto e probo, a boa-fé de modo mais amplo garante uma atuação pautada em normas de conduta socialmente aceitas.

Especificamente, em um processo cooperativo, emerge um aspecto mais restrito ligado à lealdade e boa-fé processuais e indispensável a um processo cooperativo: o dever de veracidade.

---

34. Oriundo do conceito civilista de boa-fé: MATHIAS, Maria Ligia Coelho; DANELUZZI, Maria Helena Marques Braceiro. *Contratos*, Rio de Janeiro, Elsevier, 2008, p. 14.
35. ARRUDA ALVIM NETTO, José Manoel. *Deveres das partes e dos procuradores no direito processual civil brasileiro (a lealdade no processo) 1 – 2* in Revista de Processo, vol. 69, p. 7, jan/93, p. 8.
36. Declaração Universal dos Direitos Humanos, artigo X.

O dever de veracidade, em termos simples, encerra uma obrigação de as partes, seus patronos e todos aqueles que participam do processo de dizerem a verdade, sempre forte na concepção de que o processo é realizado precipuamente no interesse público. Todavia, como bem se sabe, na prática forense, *dizer a verdade* parece ser uma situação um tanto quanto inatingível quando se pensa que o processo tem seu curso ditado muito pela liberdade das partes e que no fundo elas querem vencer neste jogo.[37]

Diante desse (aparente) conflito, deve-se se estabelecer regras suficientes que não comprometam nem o dever de veracidade, nem a liberdade das partes, as quais não querem (e não devem) entregar suas armas ao adversário.[38]

O dever de veracidade é um dever subjetivo, pois para a lei a verdade é subjetiva e não objetiva.[39] Uma determinada alegação será considerada verídica quando a parte acreditar nela (e tiver fundamentos para tanto).

Por sua vez, a parte estará mentindo quando suas alegações forem totalmente desmedidas e utilizadas com o único pretexto de transformar o instrumento em chicana.[40]

Tanto assim é que o dever de veracidade pode ser traduzido no *dever de comprovação da parte de sua versão da verdade*. Assim, se o réu sabe que determinado fato é falso e ainda assim o sustenta na contestação, é óbvio que não se está diante de qualquer defesa de *verdade subjetiva*, mas propriamente de uma mentira, face oposta de verdade.[41]

> De qualquer modo, mentiras e verdades, ainda que sejam subjetivas, comportam verificação.

Em consequência desse entendimento, impende delimitar quais espécies de alegações são abrangidas por esse dever. Sendo oportuno, ainda, verificar se até mesmo a omissão (silêncio) implicaria em sua desobediência.

---

37. LIEBMAN, Enrico Tullio. *Manuale di diritto processuale civile*, 1980, trad. port. de Cândido Rangel Dinamarco, vol. I, 3ª ed., São Paulo, Malheiros, 2005, p. 124.
38. CARNELUTTI, Francesco. *Sistema di diritto processuale civile*, vol. 1, Padova, Cedam, 1936, pp. 880–881.
39. CRESCI SOBRINHO, Elicio de. *Dever de veracidade das partes no processo civil*, São Paulo, Porto Alegre, Sergio Antonio Fabris Editor, 1988, pp. 99; 107–108.
40. CRESCI SOBRINHO, Elicio de. *Dever de veracidade das partes no processo civil*, São Paulo Porto Alegre, Sergio Antonio Fabris Editor, 1988, pp. 99; 107–108.
41. ABDO, Helena Najjar. *O abuso do processo*, São Paulo, RT, 2007, p. 136.

Ora, as alegações das partes podem ser visualizadas tanto por um ato comissivo quanto por um ato omissivo. Ou seja, a parte tem a possibilidade de arguir, afirmando (conduta positiva) ou negando (conduta negativa) algo, como também o seu ato de declaração de vontade pode residir no silêncio.

Quanto aos atos comissivos, não deve haver dúvida que o dever de veracidade abarca toda e qualquer manifestação da parte.[42] Exista um ponto ou uma questão sobre determinada alegação, a atuação da parte deve ser pautada pela verdade no processo. Afinal, se a parte atuar no processo com ânimo de falsear a realidade fática, deve ser repreendida.

Os próprios artigos 17 do Código de Processo Civil de 1973 e 80 do novo Código de Processo Civil, ambos em seus incisos II, elencam a *alteração da verdade dos fatos* como causa de litigância de má-fé, indício mais do que relevante para assegurar a impossibilidade de descumprir o dever de veracidade por ato comissivo. A lei impõe o dever de falar a verdade.[43]

> O novo Código de Processo Civil também repete a fórmula consagrada no artigo 339 do atual diploma, mantendo o dever de veracidade das partes, situação que demonstra que a legislação já possui e continuará possuindo inúmeros elementos do modelo cooperativo de processo civil.[44]

Quanto ao silêncio, a problemática reside na consequência e proporção que tal omissão pode gerar.

KAETHE GROSSMANN nega veementemente a possibilidade de silenciar sobre fatos essenciais ao deslinde da controvérsia, pois a parte que assim age pratica ingerência e usurpa uma das funções do órgão jurisdicional: a interpretação dos fatos para o julgamento da causa.[45]

De modo um pouco diverso, PEDRO DA SILVA DINAMARCO entende que a parte tem somente o *ônus de afirmar*. Logo, enquanto a

---

42. CAPPELLETTI, Mauro. *La testimonianza della parte nel sistema dell'oralità – contributo alla teoria della utilizzazione del sapere delle parti nel processo civil*, parte I, Milano, Giuffrè, 1962, p. 384.
43. DINAMARCO, Pedro da Silva. *Ônus processuais: limites à aplicação das consequências previstas para o seu não cumprimento*, tese de doutoramento, Faculdade de Direito da Universidade de São Paulo, São Paulo, 2007, p. 127.
44. Assim dispõe o artigo 378 do novo Código de Processo Civil: "**Art. 378.** Ninguém se exime do dever de colaborar com o Poder Judiciário para o descobrimento da verdade."
45. GROSSMANN, Kaethe. *O dever de veracidade das partes litigantes no processo civil (aspecto doutrinário)* in Revista Forense, v. 102, Rio de Janeiro, abr./1945, pp. 481–482.

parte estiver omitindo-se, não há o que se falar em descumprimento do dever de veracidade. Todavia, quando ela exercer esse ônus, não há como fugir de tal dever. Defende-se o direito ao silêncio[46], mas sem negar que a possibilidade da omissão levar a alguma consequência processual. O autor inclusive entende pela possibilidade de aplicar presunções quanto a tal conduta omissiva (*cfr.* item 23.3).[47]

No lado completamente oposto encontra-se SALVATORE SATTA. Para o doutrinador italiano, a parte não somente pode se omitir, como também pode mentir (direito a mentir no processo). A sua visão funda--se na concepção de que o homem é livre para viver em sociedade, não sendo permitido apenas que ele invada a esfera jurídica de outra pessoa.[48]

O Código de Processo Civil de 1973, antes do advento da lei n. 6.771, de 27 de março de 1980, dividia o dever de veracidade em dois: *(i)* o dever que a parte tem de declarar apenas a verdade e *(ii)* o dever de a parte declarar toda a verdade, não se podendo omitir sobre fatos relevantes, ainda que desfavoráveis ao adversário (dever de completude).[49]

Entretanto, a atual redação dos artigos relativos à litigância de má-fé e deveres das partes excluiu o *dever de completude*. Entendeu-se por bem permitir o comportamento omissivo, mas dimensionado a ponto de não representar uma inverdade.[50] Este é o entendimento que, aliás, mais se coaduna aos princípios constitucionais do processo civil, bem como com o que se espera de um processo de cunho cooperativo. Até porque, não se espera que o litigante deliberadamente entregue à parte contrária as armas que a levarão a vencer a demanda, mas também não se permite que a parte esqueça que o processo se

---

46. O direito ao silêncio seria decorrente inciso LXIII, do artigo 5º da Constituição Federal, inspirado em grande parte na norma do *No person shall be compelled in any criminal caso to be a witness against himself*, trazida pela conhecida Quinta Emenda à Constituição norte-americana.
47. DINAMARCO, Pedro da Silva. *Ônus processuais: limites à aplicação das consequências previstas para o seu não cumprimento*, tese de doutoramento, Faculdade de Direito da Universidade de São Paulo, São Paulo, 2007, pp. 126–127.
48. SATTA, Salvatore. *Diritto processuale civile*, 12ª ed., Padova, Cedam, 1996, pp. 138–139.
49. ABDO, Helena Najjar. *O abuso do processo*, São Paulo, RT, 2007, p. 138. e ARRUDA ALVIM NETTO, José Manoel. *Deveres das partes e dos procuradores no direito processual civil brasileiro (a lealdade no processo) 1 – 2* in Revista de Processo, vol. 69, jan/93, p. 19.
50. CAPPELLETTI, Mauro. *La testimonianza della parte nel sistema dell'oralità – contributo alla teoria della utilizzazione del sapere delle parti nel processo civil*, parte I, Milano, Giuffrè, 1962, p. 385. O doutrinador italiano é pontual ao citar como exemplo da situação aventada a hipótese em que o credor, ao executar contrato de mútuo, omite o recebimento de uma ou mais parcelas. Nesse mesmo sentido: ABDO, Helena Najjar. *O abuso do processo*, São Paulo, RT, 2007, p. 140

realiza igualmente no interesse público e que ele deve alcançar os escopos dele esperados.⁵¹

ALCIDES DE MENDONÇA LIMA é pontual ao delimitar que o dever de veracidade, esculpido na sistemática processual, não deve ser levado ao extremo irracional e contrário à própria natureza do ser humano quanto a levá-lo a fornecer ao adversário ou ao juiz todos os elementos contrários aos seus interesses.⁵² Os princípios do contraditório e da ampla defesa são os contrapesos desse próprio dever.

Esse é o mesmo entendimento de MARCO GRADI, ao qual se filia este trabalho. Para o doutrinador italiano, o dever de a parte somente dizer a verdade ao declarar os fatos não é suficiente para a realização da justiça no caso concreto. A omissão quanto a certos fatos também deve ser abarcada pelo *obbligo di verità*. Não se deve permitir uma omissão que comprometa a própria verdade, isto é, que leve a um resultado favorável e esperado por aquele que se omite em detrimento da outra parte – ele se omite para vencer –, como nos casos *(i)* da omissão do pagamento de uma dívida que venha a ser executada ou *(ii)* da omissão do fato de um determinado sujeito de já receber pensão por invalidez de um determinado ente, requerê-la novamente, pelo mesmo motivo, a outro ente pagador. A omissão permitida é aquela resultante de certa malícia da parte que escolhe dar destaque aos fatos e às provas mais úteis à defesa de seus interesses, atuando com a liberdade garantida pelo contraditório e pela ampla defesa.⁵³

> A omissão não pode resultar em circunstâncias tais que levem à alteração dos fatos imprescindíveis ao deslinde da controvérsia colocada em juízo, de forma a impedir que a parte prejudicada pela omissão possa defender seus interesses – pois aí também se estará violando os princípios do contraditório e da ampla defesa – e a induzir um julgamento contrário à verdade dos fatos.
>
> Portanto, o dever de veracidade abarca sempre toda e qualquer alegação da parte (ou seja, caso o sujeito queira alegar algo – fatos constitutivos, impeditivos, extintivos ou modificativos, por exemplo),

---

51. LIEBMAN, Enrico Tullio. *Manuale di diritto processuale civile*, 1980, trad. port. de Cândido Rangel Dinamarco, vol. I, 3ª ed., São Paulo, Malheiros, 2005, p. 166.
52. MENDONÇA LIMA, Alcides de. *O princípio da probidade no Código de Processo Civil brasileiro* in Revista de processo, v. 16, São Paulo, RT, out.–dez./1979, p. 17.
53. GRADI, Marco. *Sincerità dei litiganti ed etica della narrazione nel processo civile* in Lo Sguardo – Rivista di filosofia, n. 8, Roma, Edizioni di Storia e Letteratura, 2012, pp. 104–110.

deverá ele dizer a verdade.⁵⁴ A omissão, por sua vez, pode ser permitida desde que não leve a chegar a uma conclusão falsa ou mentirosa – permitindo-se sejam aplicadas algumas das consequências adiante narradas (*cfr.* item 24). Esta situação consegue guarir ao mesmo tempo o *princípio dispositivo* e o caráter publicista do processo civil.

O dever de veracidade encerra na existência de *um dever amplo de colaboração ativa da parte com a instrução da cognição do juiz*. Assim, desde o momento da propositura da demanda, passando-se pela ocasião de formação do objeto litigioso, chegando ao desenvolvimento das atividades probatórias e encerrando-se a instrução com uma decisão final e o seu devido cumprimento, o litigante (e o juiz deve auxiliá-lo nesse sentido) irá buscar a sustentação de sua tese, expondo os fatos em sua totalidade e conforme a percepção que deles tem, mas sem poder infringir o dever de veracidade. Afora tais limites, o sujeito que participa do processo somente poderá se desincumbir do dever de veracidade quando assim a lei de modo geral permitir, como na situação de cumprimento de sigilo profissional ou no caso de incriminação do próprio sujeito.

Este é o verdadeiro significado e alcance do dever imposto à parte de dizer a verdade em juízo, o qual em última instância pode ser afastado de modo geral quando colidir com algum direito ou garantia constitucional de igual ou maior relevância para o caso concreto, dependendo sempre de uma análise comparativa e de ponderação sobre a prevalência de um ou de outro (*cfr.* item 22).

Deve prevalecer, portanto, uma "linha de equilíbrio legítimo entre os deveres éticos dos sujeitos do processo e a ampla liberdade de atuação das partes na defesa de seus interesses no processo, assegurada mediante as garantias constitucionais do contraditório e da ampla defesa."⁵⁵

10. DEVER DE ESCLARECIMENTO

10.1. Das partes (dever de informação recíproca)

O princípio *nemo tenetur edere contra se* é ainda muito arraigado na concepção de processo civil tida como garantista. Em verdade, até

---

54. CAPPELLETTI, Mauro. *La testimonianza della parte nel sistema dell'oralità – contributo alla teoria della utilizzazione del sapere delle parti nel processo civil*, parte I, Milano, Giuffrè, 1962, pp. 388–389.
55. DINAMARCO, Cândido Rangel. *A reforma da reforma*, 4ª ed., São Paulo, Malheiros, 2002, p. 57.

entre aqueles que não se denominam garantistas tal ideia é muito forte. A tese é sempre resumida na necessidade de proteger o princípio do contraditório e da ampla defesa e de não permitir a interferência muito grande do Estado no litígio das partes.

Contudo, também a ausência total de instrumentos instrutórios voltados a suprir a incapacidade das partes de produzirem provas necessárias para a decisão leva o processo para uma estrada diversa daquela programadas para a realização dos seus próprios escopos.

Deve haver um equilíbrio entre as duas posições, capaz de atender aos anseios do próprio processo como ferramenta dialética e ao mesmo tempo como realizador de justiça – e isso se faz com base no correto acertamento dos fatos.

Nesse esteio, conforme anteriormente demonstrado, a aplicação equilibrada do dever de veracidade é talvez o meio mais eficaz para equacionar essa operação.

Dentro do próprio dever de veracidade, pode-se destacar um meio capaz de permitir com que determinada parte, que eventualmente seja onerada com algum encargo probatório e não possua condições de liberar-se dele por não possuir ou ser impossível obter aquela prova ou *informação correlata*, possa atuar em condições de igualdade.[56]

Tal é o *dever de esclarecimento* (*chiarificazione*) ou também denominado de *dever de informação recíproca*.

Conceitua-se, de modo genérico, como o dever que as partes (e terceiros) possuem de participar ativamente para uma boa instrução probatória, esclarecendo e informando sobre fatos que sejam relevantes para a causa.

O dever de esclarecimento deriva do próprio direito à prova (direito que a parte tem em desfavor do dever da contraparte). Esse direito advém dos próprios direitos de ação e de defesa, incluídos no devido processo legal. O direito à prova é essencialmente conectado ao princípio do livre-convencimento motivado e se estende à prerrogativa de buscar a prova, ter acesso a ela, de requerê-la, de tê-la admitida, de participar de sua produção e de obter a sua valoração.[57]

---

56. Trocker, Nicolò. *La formazione del diritto processuale europeo*, colanna Biblioteca di diritto processuale civile, n. 22, Torino, G. Giapichelli Editore, 2011, p. 325.

57. Yarshell, Flávio Luiz. *Antecipação da prova sem o requisito da urgência e direito autônomo à prova*, São Paulo, Malheiros, 2009, pp. 207 e ss.

Mais especificamente, o dever de esclarecimento é uma faceta do dever de veracidade e de colaboração dos sujeitos do processo na busca de um resultado justo e efetivo. Esse sentido é o mesmo seguido no direito francês, pelo qual as partes devem trazer ao processo a sua contribuição às informações sobre todo o material probatório, podendo-se exigir que, no caso da contraparte estar portando elemento de prova útil à demanda, seja essa compelida a entregá-lo, sob pena de aplicação de *astreinte*.[58]

As origens do dever de esclarecimento remontam provavelmente a *qualitas rei* do direito grego clássico, pela qual era garantida ao magistrado a possibilidade de interrogar as partes para esclarecimentos de alguns fatos obscuros, de lacunas nas alegações delas ou até mesmo para obter informações sobre novos dados. Era um verdadeiro interrogatório *ad clarificandum*.[59]

Em uma *primeira abordagem*, não obstante sua origem remota, no direito brasileiro atual, pode-se dizer que o dever de esclarecimento é positivado de maneira muito semelhante a como o era na Grécia clássica. Ele confunde-se com o conceito do interrogatório judicial e tem aplicação tanto para as partes e terceiros, quanto para o juiz (*cfr.* item 10.2.). Com relação especificamente às partes, elas possuem o dever de prestar esclarecimentos sobre os fatos da causa que estejam obscuros a ponto de não permitir com que o juiz possa apreciá-los de forma precisa e assim convencer-se das alegações.

O citado dever é insculpido nos artigos 340, inciso I e 342 do Código de Processo Civil de 1973 e artigos 379, inciso I e 385 do novo Código de Processo Civil. De acordo com a leitura das normas, a parte é chamada a intervir no diálogo instrutório, quando expõe suas razões e sua avaliação jurídica sobre um específico ponto colocado pelo juiz.[60]

> *Classicamente* distingue-se do depoimento pessoal da parte em razão de seus objetivos. Enquanto o interrogatório visa ao esclarecimento dos fatos, o depoimento pessoal visa à confissão.[61]

---

58. TROCKER, Nicolò. *La formazione del diritto processuale europeo*, colanna Biblioteca di diritto processuale civile, n. 22, Torino, G. Giapichelli Editore, 2011, p. 326.
59. CRESCI SOBRINHO, Elicio de. *Dever de esclarecimento e complementação no processo civil*, Porto Alegre, Sergio Antonio Fabris Editor, 1988, p. 99.
60. CARNELUTTI, Francesco. *Diritto e processo*, Napoli, Morano, 1958, p. 188. No direito italiano, a figura do interrogatório judicial tem como instituto irmão o *interrogatorio libero*, no qual não se utiliza o depoimento como verdadeiro meio de prova.
61. BATISTA LOPES, João. *O depoimento pessoal e o interrogatório livre no processo civil brasileiro e estrangeiro* in Revista de Processo, vol. 13, São Paulo, RT, jan/1979, p. 86.

Contudo, este entendimento não é compartilhado pelo presente trabalho. Não obstante a lei procure distinguir a função de ambos (principalmente abordando as consequências pelo seu desrespeito), propõe-se um entendimento de que o depoimento pessoal não visa somente à confissão, mas também aos esclarecimentos dos fatos discutidos na demanda. A ideia é justamente adequar os entendimentos a um modelo cooperativo de processo civil, o qual em última análise é sempre visualizado a partir de uma comunidade de trabalho entre todos os sujeitos do processo.

Nesse sentido, o desrespeito ao dever de prestar esclarecimentos em interrogatório voltado para tanto, conforme se verá mais adiante (cfr. item 24), poderia lhes trazer algumas consequências, desde a branda valoração probatória de tal conduta, como até mesmo a aplicação de uma pena pecuniária ou a aplicação de uma presunção de veracidade.

As partes teriam, portanto, o dever de prestar, de modo oral, as informações solicitadas pelo magistrado, esclarecendo fatos importantes que ainda não estivessem claros.

Um pouco diverso, mas ainda seguindo o mesmo sentido genérico do conceito, o dever de esclarecimento pode receber uma *segunda abordagem*, relacionada a outro instituto também presente no ordenamento jurídico brasileiro: o da exibição de documento (Código de Processo Civil de 1973, artigos 355 a 363 e novo Código de Processo Civil, artigos 355 a 404).

De acordo com a legislação pátria, o juiz tem o poder-dever de exigir[62] e a parte o de requerer que seja exibido no processo documento em posse da contraparte ou de terceiro, desde que devidamente individuado e útil à solução do litígio. A contraparte e o terceiro poderão recusar o pedido desde que haja um justo motivo (dever de sigilo, documento comum às partes etc. – artigo 363).

Trata-se de mais uma vertente do amplo dever de colaboração dos sujeitos do processo e de terceiros com a busca da verdade, insculpido nos artigos 339 do Código de Processo Civil de 1973 e 378 do novo Código de Processo Civil.[63]

---

62. A bem da verdade, tal pode-dever já era trazido pelo artigo 130 do Código de Processo Civil de 1973, pelo qual já se garante a possibilidade do juiz participar ativamente da instrução processual.
63. Assim já decidiu o Tribunal de Justiça do Estado de São Paulo: "Os documentos pretendidos pelo agravante dizem respeito à relação jurídica que manteve com o agravado. Tem este a obrigação de colocar à disposição daquele todos os documentos cujo conteúdo seja comum às partes, ainda que já o tenha feito (...). Importante ressaltar que a determinação nada tem a ver com o ônus da prova.

A exibição de documento, aliás, é regulada de forma semelhante no direito alemão. A requerimento da parte ou mesmo de-ofício o juiz pode determinar que a parte ou o terceiro apresente documento que esteja em sua posse e que seja necessário para o deslinde da controvérsia, sob pena de não o fazendo, por exemplo, sofrer a parte onerada com a presunção em seu desfavor daquilo que a outra parte gostaria fosse provado com o documento (ZPO, §§142, 421-431).

Contudo, a própria doutrina e jurisprudência tedesca, embora não de forma pacífica, evoluíram no sentido de não somente permitir a exibição documento para provar determinado ponto controvertido, como também para permitir o esclarecimento e a integração das alegações das partes que sejam vagas ou lacunosas.[64]

É a partir desse entendimento que desponta a *terceira* e *última abordagem* relativa ao dever de esclarecimento (*Aufklärung*). Trata-se de entendê-lo como algo inerente à necessidade de eventuais *informações* que o Estado-juiz e até mesmo a outra parte tenham para a formação da sua convicção. Essa é a prestigiada tese de STÜRNER.[65]

> O doutrinador alemão relata o caso de duas empresas, produtoras de um licor alemão e que eram concorrentes entre si. A empresa *a* demanda a empresa *b* para impedir que esta utilize um determinado *slogan* relativo à receita tradicional de tal licor, por realmente não seguir os passos estipulados nessa "norma tradicional" de confecção da bebida. Contudo, por se tratar de receita secreta, a empresa *a* não detinha elementos suficientes para se desincumbir do ônus de provar o fato constitutivo de seu direito – e no direito alemão, não seria possível a transferência do ônus à parte contrária, ainda que por equidade. A solução dada foi a de determinar que a empresa *b* apresentasse sua fórmula ao perito do juízo, sem dar acesso à empresa *a*, para que depois pudesse ele concluir se a receita seguia a tradição ou não.[66]

Ora, o esclarecimento dos fatos é uma situação não só importante ao processo, como forma de garantir a correta aplicação da lei, mas

---

Trata-se de mera decorrência do dever de colaboração para o descobrimento da verdade (...)." (TJ-SP, 22ª Câm. Dir. Priv., AI n. 7.186.527-3, rel. Des. JOSÉ ROBERTO DOS SANTOS BEDAQUE, j. 23.10.07).

64. CAPONI, Remo. *Note in tema di poteri probatori delle parti e del giudice nel processo civile tedesco dopo la riforma del 2001* in Rivista di diritto civile, vol. 4, Padova, Cedam, 2006, pp. 543–544.
65. STÜRNER, Rolf. *Die Aufklärungspflicht der Parteien des Zivilprozesses*, Tübingen, Mohr Siebeck, 1976.
66. CRESCI SOBRINHO, Elicio de. *Dever de esclarecimento e complementação no processo civil*, Porto Alegre, Sergio Antonio Fabris Editor, 1988, pp. 112–113.

também como forma de facilitar a pacificação de um conflito existente ou que está por vias de acontecer. A prestação de informações, nesse sentido, ajuda na prevenção de demandas desnecessárias ou até mesmo numa adequada preparação para uma eventual demanda.[67]

Cite-se o exemplo de inúmeras demandas de exibição de documentos que são propostas em busca da apresentação de um determinado contrato que o réu, extraprocessualmente, alegava não o possuir ou localizar, mas na demanda judicial na primeira oportunidade que tem apresenta-o como forma de buscar não ser condenado ao pagamento das custas processuais e honorários advocatícios.[68]

Tal situação deve ser repelida, justamente com base na colaboração que deve haver entre as partes – originária da própria boa-fé objetiva que os sujeitos devem guardar entre si seja antes ou durante a tramitação de uma demanda judicial.

O dever de esclarecimento possibilita igualmente às partes, como se dá nos casos da fase *pre-trial* do direito anglo-saxão ou norte-americano, que a formação do objeto do processo, isto é, aquela matéria que será controvertida em juízo, possa ser feita de maneira clara e objetiva, facilitando a solução do conflito da forma mais ampla possível[69] – mais uma vez a pacificação social funciona como plano de fundo para a implementação de um modelo processual baseado na colaboração processual.

A exigência de observância do dever de esclarecimento, pertinentes aos fatos que circunscrevem a lide (conceito aqui usado em seu sentido sociológico), garante também a igualdade de acesso às informações de ambas as partes, como também do Estado-juiz. Ainda,

---

67. YARSHELL, Flávio Luiz. *Antecipação da prova sem o requisito da urgência e direito autônomo à prova*, São Paulo, Malheiros, 2009, pp. 159–163.
68. O Tribunal de Justiça do Estado de São Paulo já decidiu no sentido de justamente condenar ao pagamento das verbas de sucumbência aquele que não colabora com a apresentação de documento que poderia ter evitado a propositura de uma demanda somente com este fim: "Demais disso, por incidência do princípio da causalidade, forçoso reconhecer que a conduta renitente da apelada, frise-se, incompatível com os deveres anexos de informação e de colaboração que da boa-fé objetiva defluem, encerrou a causa determinante da necessidade de invocação da tutela jurisdicional do estado, legitimando, pois, para além de qualquer dúvida, a imputação dos ônus sucumbenciais." (TJ-SP, 11ª Câm. Dir. Priv., Apel. n. 0006449-05.2013.8.26.0297, rel. Des. AIRTON PINHEIRO DE CASTRO, j. 14.8.14).
69. CAPONI, Remo. *Note in tema di poteri probatori delle parti e del giudice nel processo civile tedesco dopo la riforma del 2001* in Rivista di diritto civile, vol. 4, Padova, Cedam, 2006, pp. 545–546. Nesse mesmo sentido: TROCKER, Nicolò. *Il contenzioso transnazionale e il diritto delle prove* in Rivista Trimestrale di Diritto e Procedura Civile, Milano, Giuffrè, 1992, pp. 482 – 483.

evita eventuais surpresas no processo (princípio da não surpresa), dando à contraparte a possibilidade de combater os fatos da melhor forma possível (preservação do devido processo legal) e assim influenciar melhor na decisão judicial.[70]

Ademais, quando menos, o próprio direito material exige em inúmeras situações a prestação de esclarecimentos e de informações de uma parte em favor da outra, como ocorre no dever geral que o fornecedor tem de prestar todas as informações necessárias relativas ao produto/serviço ao consumidor – como é o caso de um médico que deve expor ao seu paciente todos os riscos que ele venha a passar no caso da adoção de um determinado procedimento cirúrgico (Código de Defesa do Consumidor, artigo 6º, inciso III).

Como se vê, não existem razões suficientes para não pensar em um dever nesse sentido dentro do processo (ou em sua fase preparatória) – ao contrário. A regra de prestar informações recíprocas é importante tanto para as partes, como para o Estado-juiz e até mesmo para o processo como instrumento de solução de conflitos com justiça e efetividade.

Por óbvio, o amplo dever de prestar informações não deve ser encarado como sendo um dever irrestrito, no qual a parte (ou quem está em vias de se tornar parte) deve abrir todas suas estratégias para a contraparte. Certos limites devem ser estabelecidos, até porque um dever ilimitado mais atrapalharia (violando o devido processo legal) do que ajudaria.

A exigência de prestar informações ou esclarecimentos de uma parte em desfavor da outra, ou até mesmo do juiz para com uma das partes deve se dar com base em alegações verossímeis, consubstanciada em provas ou indícios de que aquele esclarecimento ou informação é necessário e de que o sujeito os detém.[71]

Ademais, os limites dispostos ao dever de veracidade (genericamente falando) também devem ser aplicados às situações em que se revela necessária a prestação de informações ou esclarecimentos (*cfr.* item 22).

---

70. ANDREWS, Neil. *The modern civil process: judicial and alternative forms of dispute resolution in England*, 2008, trad. port. de Teresa Arruda Alvim Wambier, *O moderno processo civil – formas judiciais e alternativas de resolução de conflitos na Inglaterra*, São Paulo, Revista dos Tribunais, 2010, p. 127.
71. CAPONI, Remo. *Note in tema di poteri probatori delle parti e del giudice nel processo civile tedesco dopo la riforma del 2001* in Rivista di diritto civile, vol. 4, Padova, Cedam, 2006, p. 545.

10.2. Do juiz

A colaboração processual, como anteriormente explicado, não deve se dar apenas entre os sujeitos parciais do processo. Isso seria uma concepção muito privatista do processo civil, concepção essa que não combina com a própria ideia de processo cooperativo como meio de alcance dos escopos da jurisdição (*cfr.* capítulo II).

Nesse sentido, além da lealdade, da boa-fé e da veracidade (inclusive o dever de esclarecimento), a colaboração processual também atinge o órgão jurisdicional, pois como representação do Estado, deve também contribuir para a consecução dos seus próprios fins. Aliás, a entrega de responsabilidades ao Estado-juiz é o grande diferencial deste modelo de processo civil para os modelos adversarial e inquisitivo (tomando como referência e corte metodológica sempre a divisão de trabalho entre os sujeitos do processo).

Cabe, dessa forma, uma análise de como se desenvolve os poderes-deveres do órgão jurisdicional no processo cooperativo (isto é, daqueles que não são verificados nos outros modelos).

O juiz também é um ator do processo e dele deve participar de modo a garantir que todo o instrumento siga o modelo de estrutura concebido como o mais adequado neste trabalho.

No processo cooperativo, busca-se uma constante e ativa participação não somente das partes do processo, como também do órgão judicante ao conduzir a atividade dialética e colaboradora dos sujeitos do processo. Nesse sentido que se diz que o processo transforma-se em um espaço de trabalho cooperativo e o juiz, portanto, em um agente colaborador.[72]

O primeiro poder-dever do órgão jurisdicional que deve ser observado em um processo de cunho cooperativo é o de esclarecimento.

O dever de esclarecimento consiste no dever que o órgão judicante tem de esclarecer eventuais dúvidas que tenha sobre as alegações e pedidos das partes antes de proferir qualquer decisão eivada de impressões equivocadas sobre aquela situação jurídico-processual específica.[73]

---

72. Didier Jr., Fredie. *O princípio da cooperação: uma apresentação* in Revista de Processo, vol. 127, São Paulo, RT, set./2005, p. 75.
73. Didier Jr., Fredie. *Fundamentos do princípio da cooperação no direito processual civil português*, Coimbra, Wolter Kluwer Portugal – Coimbra Editora, 2011, p. 15.

O Estado-juiz tem interesse em decidir a causa de forma justa e eficiente. O dever de esclarecimento tem exatamente essa função de ferramenta viabilizadora de busca e informação do órgão jurisdicional quanto ao acertamento dos fatos e do direito que servirão de base para sua decisão.[74]

Por outro lado, é óbvio que surge também para a parte um dever de esclarecer tal dúvida.[75]

> A parte, quando instada para tanto, deverá esclarecer os pontos obscuros suscitados pelo juiz (exemplo concreto de tal dever da parte é aquele disposto no inciso I do artigo 340 do Código de Processo Civil de 1973 e inciso I do artigo 379 do novo Código de Processo Civil). E ela o deve fazê-lo em razão de formar uma verdadeira comunidade de trabalho com todos os outros sujeitos do processo. O próprio dever de veracidade impõe tal comportamento: a parte deve sempre dizer a verdade, não podendo até mesmo omitir-se caso tal ato represente uma inverdade. E a possibilidade de se eximir do dever de esclarecimento é aquela própria de não cumprir o dever de veracidade: quando houver choque entre tal dever com alguma garantia ou princípio constitucional de maior grandeza para o caso concreto (*cfr.* item 8).

Seguindo essa linha está o Código de Processo Civil português. Tal diploma é muito claro ao dispor, levando-se em consideração o dever de esclarecimento, que o magistrado pode, a qualquer momento, "ouvir as partes, seus representantes ou mandatários judiciais, convidando-os a fornecer os esclarecimentos sobre a matéria de fato ou de direito que se afigurem pertinentes e dando-se conhecimento à outra parte dos resultados da diligência".

No direito brasileiro, pode-se citar que tal dever encontra-se insculpido de modo um pouco mais isolado na norma que garante ao órgão judicante o poder-dever de determinar o comparecimento das

---

74. HOFFMAN, Paulo. *Saneamento compartilhado*, São Paulo, Quartier Latim, 2011, pp. 50–51.
75. TEIXEIRA DE SOUZA, Miguel. *Aspectos do novo processo civil português* in Revista Forense, Rio de Janeiro, v. 338, p. 149-158, abr.-jun./97, p. 151. Em sentido um pouco diverso, ressaltando um dever semipleno de esclarecimento para a parte, pois desacompanhado de uma sanção específica como aquela prevista no caso da confissão ficta pela não impugnação/elucidação do fato, ELICIO DE CRESCI SOBRINHO acredita que a parte tem esse dever em razão do quanto disposto nos dispositivos relativos ao interrogatório judicial (*Dever de esclarecimento e complementação no processo civil*, Sergio Antonio Fabris Editor, 1988, pp. 104–105).

partes em juízo para prestar depoimento em interrogatório judicial próprio para tanto. Trata-se do disposto nos artigos 342 do Código de Processo Civil de 1973 e 385 do novo Código de Processo Civil.

Exemplo de comportamento que se espera do órgão judicante pode se referir, v.g., a quando ele estiver diante de uma situação em que a parte alega determinado fato muito importante para o deslinde da causa, mas de forma não muito clara ou convincente. O magistrado deve indagar sua dúvida àquele quem pode melhor esclarecer tal fato. Esclarecido, poderá julgar com muito mais certeza e clareza aquela situação colocada à sua frente.

Lúcio Grassi consegue extrair do próprio ordenamento jurídico brasileiro a necessidade à obediência de tal dever pelo órgão judicante. Segundo o doutrinador, é possível extrair o dever de esclarecimento do quanto dispõem os artigos 130, 131, 339 e 340 do Código de Processo Civil de 1973 e 370, 371, 378 e 379 (poderes instrutórios e dever de colaboração com a busca da verdade) do novo Código de Processo Civil. Assim, seria inconcebível um juiz que indeferisse eventual petição inicial por uma obscuridade no pedido ou na causa de pedir sem antes determinar o esclarecimento da parte sobre tal ou qual ponto.[76]

Fredie Didier Jr., ainda no esteio da concretização legislativa já existente do processo cooperativo, acredita que o dever de esclarecimento também impõe ao órgão judicante que seus pronunciamentos sejam claros às partes. O doutrinador busca fundamentar a existência do dever de esclarecimento no próprio dever de motivação já estampado em nossa Constituição Federal (artigo 93, inciso IX) e no novo Código de Processo Civil (artigo 489, §1º), bem como na garantia dos embargos de declaração (Código de Processo Civil de 1973, artigo 535, inciso I e novo Código de Processo Civil, artigos 1.022).[77]

De uma forma ou de outra, é importante garantir a atuação forte e presente de um órgão judicante (e de sujeitos dispostos a atendê-lo) quanto ao dever de esclarecimento, o qual em última instância garan-

---

76. Gouveia, Lúcio Grassi de. *Cognição processual civil: atividade dialética e cooperação intersubjetiva na busca da verdade real* in Revista Dialética de Direito Processual, n. 6, São Paulo, Dialética, 2003, p. 51.
77. Didier Jr. Fredie. *Fundamentos do princípio da cooperação no direito processual civil português*, Coimbra, Wolter Kluwer Portugal – Coimbra Editora, 2011, pp. 16–17.

tirá sempre que ao menos uma decisão não seja proferida com base em uma falsa percepção dos fatos ou em equivocado entendimento sobre determinada alegação.

Garantindo-se um entendimento mais claro e profundo do panorama colocado à frente do juiz, garantir-se-á igualmente um processo apto à consecução de seus fins; função última do processo cuja estrutura seja cooperativa.

11. DEVER DE CONSULTA E PRINCÍPIO DO CONTRADITÓRIO

Seguindo-se na análise mais detida quanto aos poderes-deveres do órgão jurisdicional necessários à implementação de um processo cooperativo, pode-se citar o dever de consulta.

Tal como adiantado anteriormente, pode-se dizer que o princípio do contraditório no processo de cunho cooperativo sofre uma pequena alteração quanto ao seu real significado, fazendo-se com que ele adquira mais força e ganhe contornos mais objetivos, além de acrescentar ao seu significado uma real utilidade não mais focada na mera audiência bilateral das partes.[78]

O dever de consulta, de cunho iminentemente assistencial, visa a exatamente isso: garantir que o princípio do contraditório não seja esvaziado a ponto de se tornar mais uma norma sem real aplicação. Por tal dever, o juiz nunca poderá decidir com base em questão de fato ou de direito sem que as partes sejam ouvidas (seja garantida a audiência, em verdade), ainda que tal questão seja conhecível de-ofício.[79]

A concretização do dever de consulta é extremamente relacionada com o próprio princípio do contraditório, pois este deve ser hodiernamente visto como o poder assegurado aos litigantes de influenciar na solução da controvérsia.[80] Se se defende que o processo deve ser pautado com a participação de todos os sujeitos, o Poder Judiciário

---

78. GOUVEIA, Lúcio Grassi de. *A função legitimadora do princípio da cooperação intersubjetiva no processo civil brasileiro* in Revista de Processo, vol. 172, São Paulo, RT, Jun/2009, p. 32.
79. TEIXEIRA DE SOUZA, Miguel. *Aspectos do novo processo civil português* in Revista Forense, v. 338, Rio de Janeiro, Forense, abr.-jun./97, p. 151.
80. DINAMARCO, Cândido Rangel. *Instrumentalidade do processo*, 14ª ed., São Paulo, Malheiros, 2009, pp. 148–162. Nesse mesmo sentido: GRASSO, Eduardo. *La collaborazione nel processo civile* in Rivista di Diritto Processuale, Padova, Cedam, out.-dez./1966, pp. 591–608.

também está igualmente obrigado a assegurar e proporcionar um contraditório substantivo. Trata-se de um verdadeiro dever do magistrado que dele não pode nunca se escusar, sob pena de violar o próprio devido processo legal.[81]

Consoante adiantado anteriormente, em grande parte, a legitimidade de decisão e a pacificação que dela se origina em favor dos contendores depende muito dessa intensa participação dos sujeitos na formação do convencimento do magistrado. Nada mais é do que o próprio instituto da democracia aplicado ao processo, de forma a legitimar toda a atuação jurisdicional por meio da possibilidade da influência que os sujeitos parciais terão na formação da decisão.[82] Assim, "a manifestação do Estado (...) será tanto mais legítima quanto maior for a possibilidade de os destinatários de seus atos, de suas decisões (...) poderem se manifestar para *influenciar* a autoridade competente *antes* de ela decidir" [83].

MARCO GRADI procura também fundamentar o dever de consulta, principalmente quando se tratar de questões que possam ser conhecidas *ex officio*, na própria concepção de que o julgamento do processo se desenvolve em um *actus trium personarum*, baseado no diálogo entre as partes e o juiz. Isso impede qualquer forma de surpresa no espírito dos sujeitos processuais ou *"solipsismo processuale"*. O doutrinador italiano vai até mais longe e diz que sem a realização de um contraditório que passe também pela obediência do dever de consulta sequer poderá se falar na existência de um processo.[84]

> Implementando o dever de consulta, diversas situações teratológicas podem ser evitadas, tal como julgamentos antecipados do mérito quando a bem da verdade era necessária a produção de outras provas (Código de Processo Civil de 1973, artigo 330 e novo Código de Processo Civil, artigo 355). Outro clássico exemplo é a própria aplicação do quanto disposto nos artigos 285-A

---

81. SCARPINELLA BUENO, Cassio. *Curso sistematizado de direito processual civil*, v. 1, 7ª ed., São Paulo, Saraiva, 2013, pp. 129-130.
82. APRIGLIANO, Ricardo de Carvalho. *Ordem pública e processo: o tratamento das questões de ordem pública no direito processual civil*, col. Atlas de Processo Civil, São Paulo, Atlas, 2011, p. 71.
83. SCARPINELLA BUENO, Cassio. *Curso sistematizado de direito processual civil*, v. 1, 7ª ed., São Paulo, Saraiva, 2013, p. 130.
84. GRADI, Marco. *Il principio del contraddittorio e le questioni rilevabili d'ufficio* in Revista de Processo, São Paulo, RT, vol. 186, ago/10, p. 109.

do Código de Processo Civil de 1973 e 332 do novo Código de Processo Civil, julgando improcedente de plano uma demanda em que eventualmente não poderia ser aplicada tal disposição. Situações não faltam no dia a dia; todas elas evitáveis no caso de aplicação do dever de consulta, que garantirá sempre uma decisão melhor fundamentada e provavelmente melhor enquadrada no caso concreto.

Não se pretende esvaziar as situações que permitem uma atuação de-ofício ou até mesmo mais rápida por parte do magistrado. Todas as disposições legais que garantem uma maior celeridade e efetividade ao processo devem sim ser aplicadas. Contudo, sua aplicação não deve se dar sem o devido respeito ao contraditório como aqui defendido. A obediência ao dever de consulta não elimina a função de tais disposições legais, apenas garante uma aplicação afinada com a cláusula feral do devido processo legal.

O dever de consultar as partes, como manifestação do princípio do contraditório impõe ao órgão judicante que cientifique as partes da orientação jurídica a ser adotada antes de proferir certa decisão, permitindo que os sujeitos parciais do processo tenham a chance de influenciar diretamente sua escolha. Isso faz com que se evitem eventuais surpresas por argumentos inesperados (princípio da não surpresa).[85]

E evitar a surpresa não tem relação somente com a proteção ao direito da parte em ser ouvida e poder participar da formação da decisão judicial. Trata-se, igualmente, de situação que o próprio interesse público impõe, na medida em que eventuais surpresas sempre abalam a confiança do jurisdicionado para com a Justiça.[86]

Tal concepção, aliás, mostra-se já presente no artigo 16 do *noveuau code de procédure civile* francês, o qual dispõe que o juiz não poderá "fonder sa décision sur les moyens de droit qu'il a relevés d'office sans avoir au préalable invité les parties à présenter leurs observations". De maneira semelhante, o *codice di procedura civile italiano*, em seu artigo 183, §2º, disciplina regra segundo a qual o magistrado deve

---

85. "Il giudice, che ha il dovere di giungere a una decisione 'giusta' secondo il diritto sostanziale, non potrà basare la propria decisione su elementi che non abbia prima offerto al dialogo e al contraddittorio delle parti." (*in* ALBANO, Silvia. Processo civile e principio della lealtà in Questione giustizia, n. 6, 2006, p. 1.106). Nesse mesmo sentido: PARCHEN, Laura Fernandes. *Impacto do princípio da cooperação no juiz*. Texto retirado da Internet – http://www.abdpc.org.br, em 30 de março de 2012.

86. APRIGLIANO, Ricardo de Carvalho. *Ordem pública e processo: o tratamento das questões de ordem pública no direito processual civil*, col. Atlas de Processo Civil, São Paulo, Atlas, 2011, pp. 73–74.

indicar às partes as questões que eventualmente ele possa conhecer de ofício em eventual audiência preliminar. Por seu turno, no direito processual civil alemão, é defeso ao juiz decidir sobre questões de direito que não tenham sido submetidas ao crivo do contraditório previamente (ZPO, § 139).

Não é demais recordar que o novo Código de Processo Civil andou bem ao incorporar em seus dispositivos uma norma que impõe exatamente o exercício do dever de consulta tal qual aqui defendido – situação que certamente fortalecerá o modelo de estrutura de processo proposto neste trabalho.[87]

Afinal, como o processo cooperativo transforma a atuação das partes em uma *comunidade de trabalho*, o juiz também deve participar do contraditório pelo diálogo. DINAMARCO é claro ao afirmar que o juiz que chama as partes à manifestação sobre determinada decisão gravosa que poderia proferir de-ofício é um juiz que está próximo ao seu compromisso de fazer justiça.[88]

O dever de consulta e o contraditório atuam portanto como verdadeiras vigas mestras do modelo cooperativo de processo civil. Trata-se da síntese de todo o modelo proposto: um modelo basicamente fundamentado no diálogo entre todos os sujeitos do processo, em uma constante conversa para que cada qual possa atuar dentro de seus papéis, desincumbindo-se adequadamente de seus ônus, obedecendo seus deveres e exercendo seus direitos e faculdades. Dever de consulta e contraditório atuam portanto como forma a propiciar uma verdadeira troca de informações, municiando o magistrado com todas as informações necessárias para que possa decidir da melhor e mais justa forma possível.[89]

Cumpre ressaltar, ainda, que o eventual argumento contrário ao dever de consulta (ou também denominado *dever de diálogo*[90])

---

87. Assim dispõe o artigo 10 do Código de Processo Civil de 1973: "**Art. 10**. O juiz não pode decidir, em grau algum de jurisdição, com base em fundamento a respeito do qual não se tenha dado às partes oportunidade de se manifestar, ainda que se trate de matéria sobre a qual deva decidir de ofício.".
88. DINAMARCO, Cândido Rangel. *Fundamentos do processo civil moderno*, 6ª ed., São Paulo, Malheiros, 2010, p. 528.
89. SCARPINELLA BUENO, Cassio. *Curso sistematizado de direito processual civil*, v. 1, 7ª ed., São Paulo, Saraiva, 2013, p. 130.
90. TALAMINI, Eduardo. *Saneamento do processo* in Revista de Processo, São Paulo, v. 22, n. 86, abr.-jun./97, p. 97.

violaria sua imparcialidade soa completamente vazio e desprovido de fundamento. Isso porque, o magistrado apenas permitirá um maior diálogo para com as partes e não lhes favorecerá. Quem é favorecido no caso concreto é a própria justiça.

O dever de consulta, visto pelo lado da comunidade de trabalho, transforma o processo em um palco de participação democrática, favorecendo o alcance dos seus escopos.[91]

Trata-se, portanto, de mais uma base, mais uma coluna do modelo cooperativo de processo civil que deve ser levada em consideração, a fim de que se possibilite ao máximo o alcance dos escopos da jurisdição, fins do próprio processo de cooperação.

12. DEVER DE PREVENÇÃO

Além dos deveres de consulta e de esclarecimento, em um processo cujo modelo de estrutura seja o cooperativo, o órgão judicante tem também o poder-dever de prevenção (e as partes, por seu turno, tem direito à prevenção).

O dever de prevenção pode ser conceituado como uma postura a ser adotada pelo órgão jurisdicional quanto à necessidade de alertar as partes sobre eventuais falhas ou deficiências de seus pedidos ou manifestações, dando-lhes igualmente a oportunidade para supri-las.[92]

TEIXEIRA DE SOUSA explica que o dever de prevenção deve ser baseado na percepção de que o magistrado desempenha uma função pública direcionada à coletividade, a qual deve ter um caráter assistencial quando necessário. Para o doutrinador português, o dever de prevenção tem sua aplicação para qualquer situação do processo em que o êxito da demanda a favor de qualquer das partes possa ser frustrados pelo uso inadequado de uma das ferramentas colocadas à disposição do jurisdicionado, citando quatro grandes áreas de aplicação do instituto: *(i)* explicitação dos pedidos obscuros, *(ii)* lacunas na exposição de fatos relevantes ao deslinde da controvérsia, *(iii)*

---

91. HOFFMAN, Paulo. *Saneamento compartilhado*, São Paulo, Quartier Latim, 2011, pp. 53–54.
92. DIDIER JR., Fredie. *O princípio da cooperação: uma apresentação* in Revista de Processo, vol. 127, São Paulo, RT, set./2005, p. 76. De um modo um pouco diverso, PAULO HOFFMAN acredita que o dever de prevenção soa como uma faceta do dever de verdade, mas aplicado ao órgão jurisdicional. Para o doutrinador, o juiz deve deixar claro para *que lado está pendendo*, facilitando a parte a demover determinadas incertezas do juiz contrárias aos seus interesses (*Saneamento compartilhado*, São Paulo, Quartier Latim, 2011, pp. 51–52).

adequação do pedido aos fatos narrados e *(iv)* sugestão de uma certa atuação pelo sujeito parcial do processo.[93]

De qualquer forma, cumpre uma observação de grande relevância e que deve ser levada em consideração quando do cumprimento do dever de prevenção: a conduta do órgão judicante deve se dar tão somente a ponto de permitir com que a parte tenha oportunidade de corrigir a falha ou a deficiência apontada. Não pode o Poder Judiciário atuar como alguém que vá suprir tal falta; deve apenas apontá-la, dando-lhe a chance de corrigi-la, sob pena de violar os próprios princípios da imparcialidade e da isonomia e assim desmanchar aquilo com que se pretende de um processo cooperativo.

O dever de prevenção advém da necessidade de se alertar as partes sobre o uso inapropriado da técnica processual, a fim de assegurar a efetividade do processo e não na concepção de que o juiz deve ajudá-las pelo simples fato de assim querer fazer ou por estar tendencioso a alguma tese jurídica de um dos demandantes.

Exemplos interessantes encontrados na legislação estrangeira trazem exatamente o tom equilibrado do dever de prevenção. São eles os do Código de Processo Civil português e da ZPO alemã. O primeiro prevê a possibilidade de o juiz convidar as partes para aperfeiçoarem suas alegações (artigos 508, n. 1, alínea *b*, 508-A, n. 1, alínea *c*, 690, n. 4 e 701, n. 1), enquanto a segunda destaca o dever de prevenção na condução do processo, com a faculdade de as partes complementarem os seus posicionamentos (§139, n. 1).[94]

Enquanto isso, no direito processual civil brasileiro, pode-se observar a presença do dever de prevenção no quanto disposto pelos artigos 284 e 295, do Código de Processo Civil de 1973 e 321 e 330 do novo Código de Processo Civil.[95]

Em suma, em um processo estruturado de modo a garantir a máxima cooperação dos seus sujeitos exige-se também um juiz ativo quanto ao cumprimento de seu dever de prevenção, obrigando-o a

---

93. Teixeira de Souza, Miguel. *Estudos sobre o novo processo civil*, 2ª ed., Lisboa, Lex, 1997, pp. 62–66.
94. Didier Jr. Fredie. *Fundamentos do princípio da cooperação no direito processual civil português*, Coimbra, Wolter Kluwer Portugal – Coimbra Editora, 2011, p. 18.
95. Didier Jr. Fredie. *Fundamentos do princípio da cooperação no direito processual civil português*, Coimbra, Wolter Kluwer Portugal – Coimbra Editora, 2011, p. 20.

apontar toda e qualquer deficiência das postulações das partes, dando-lhes a oportunidade de saná-las, mas devendo ser de todo cauteloso a fim de que não fira sua imparcialidade e, por conseguinte, a isonomia dos sujeitos parciais do processo.

A prevenção não deve ser utilizada como um instrumento qualquer que possa ajudar uma das partes em detrimento da outra, isto é, ela não se realiza no interesse particular do sujeito parcial; deve ela ser usada como forma de aperfeiçoamento e fortalecimento da prestação da tutela jurisdicional.

13. DEVER DE AUXÍLIO

Como última premissa a ser estabelecida e na qual está sedimentado o modelo cooperativo de processo civil está o dever de auxílio.

Socorrendo-se da doutrina portuguesa – forte na concepção de que o modelo cooperativo de processo é adotado no ordenamento lusitano –, é possível conceituar o dever de auxílio como o dever que o órgão jurisdicional tem de amparar as partes na superação de eventuais dificuldades que as impeçam de exercer seus direitos ou faculdades e até mesmo no cumprimento de ônus ou deveres processuais. Cabe ao juiz uma postura ativa que, em outras palavras, faça valer substancialmente o princípio da isonomia.[96]

A ideia por trás deste dever é justamente a de garantir a maior igualdade entre as partes, impedindo-se julgamentos tidos por injustos pelo simples fato de a parte não ter conseguido superar certa dificuldade encontrada no processo. Exemplo disso seria o de o juiz auxiliar a parte na busca de certa prova que será necessária ao deslindo correto da controvérsia.

Nesse sentido, PAULO HOFFMAN conceitua o dever de auxiliar como a disponibilização do poder estatal em favor das partes para que consigam obter provas que contribuam com a descoberta da realidade dos fatos.[97]

No modelo cooperativo de estrutura do processo civil, vê-se como inconcebível o proferimento de decisão desfavorável ao sujeito parcial que não tenha conseguido remover um obstáculo para a

---

96. TEIXEIRA DE SOUZA, Miguel. *Estudos sobre o novo processo civil*, 2ª ed., Lisboa, Lex, 1997, p. 67.
97. HOFFMAN, Paulo. *Saneamento compartilhado*, São Paulo, Quartier Latim, 2011, p. 55.

demonstração de seu direito. Até porque, como também será melhor analisado – e já tendo sido brevemente adiantado – o processo de cunho cooperativo busca acima de tudo a efetivação do direito material com a consequente realização de justiça (escopos jurídico e social da jurisdição), sendo a participação dos sujeitos na instrução probatória uma das situações mais importantes para efetiva aplicação da colaboração intersubjetiva.[98]

O Código de Processo Civil português é exemplar ao disciplinar a atitude do juiz diante do dever de auxiliar as partes, o qual dispõe em seu artigo 266, n. 4, que:

> "Sempre que alguma das partes alegue justificadamente dificuldade séria em obter documento ou informação que condicione o eficaz exercício de faculdade ou o cumprimento de ônus ou dever processual, deve o juiz, sempre que possível, providenciar pela remoção do obstáculo." [99]

Nessa linha de raciocínio, portanto, pode-se se concluir que o dever de auxílio vem para preencher eventuais deficiências das partes que lhes impeçam em último grau o alcance dos escopos da jurisdição, fins do processo civil cooperativo.

---

98. GOUVEIA, Lúcio Grassi de. *Cognição processual civil: atividade dialética e cooperação intersubjetiva na busca da verdade real* in Leituras Complementares de Processo Civil, Salvador, JusPodivm, 2005, p. 298.

99. DIDIER JR., Fredie. *Fundamentos do princípio da cooperação no direito processual civil português*, Coimbra, Wolter Kluwer Portugal – Coimbra Editora, 2011, p. 21. O autor também cita os artigos 519-A, n. 1 e o 837, n. 1, ambos do Código de Processo Civil português como também fontes normativas do dever de auxílio.

Capítulo IV

O PROCESSO COOPERATIVO NA FASE POSTULATÓRIA E A FORMAÇÃO E ESTABILIZAÇÃO DO OBJETO DO PROCESSO

Como adiantado, o presente estudo desenvolvido acabou sendo segmentado de forma a propiciar um entendimento da mais fácil absorção, sem que isso signifique em empobrecimento da pesquisa realizada. Tal divisão, no desenvolvimento deste livro, restou feita de forma a se equivaler com a divisão que comumente é aceita sem maiores solavancos no processo de conhecimento de tramitação pelo procedimento comum ordinário. Assim, o desenvolvimento se divide em cinco grupos distintos, cada um relativo a uma (sub)fase procedimental da fase de cognição: a postulatória, a ordinatória, a instrutória e a decisória.

A separação em fases se faz na consciência de que ela não é rígida nem inflexível. Mais consciente ainda é visão de que tudo o que será dito em cada uma das fases não necessariamente exclui sua respectiva aplicação em outras fases procedimentais. A divisão, repisa-se, envolve apenas um aspecto didático.

Colocadas tais premissas, cumpre analisar como se desenvolve um processo tido por cooperativo na fase postulatória.

14. A APRESENTAÇÃO DA DEMANDA AO JUDICIÁRIO

A fase postulatória é aquela na qual o processo tem seu início com a formulação da demanda por parte do autor em face do réu. É bem por isso que se denomina como a fase da postulação, que em outros termos significa pedir, pleitear, demandar.[1] Esse é o primeiro

---
1. DINAMARCO, Cândido Rangel. *Instituições de direito processual civil*, vol. III, 6ª ed., São Paulo, Malheiros, 2009, p. 356.

ato do procedimento: o pedido inicial, o qual rompe com a inércia da jurisdição (princípio da demanda – Código de Processo Civil de 1973, artigo 262 e novo Código de Processo Civil, artigo 2º).

Há exceções quanto à necessidade do rompimento da inércia da jurisdição via petição inicial do autor, podendo o próprio órgão jurisdicional dar início ao processo sem provocação. Contudo, tais exceções não fazem parte do presente estudo e, por isso, ficarão de fora de uma análise mais profunda, sob pena de se desviar dos cortes científicos anteriormente definidos.

Tão logo instaurado o processo, o réu é convidado a participar do processo e, não sendo revel, apresenta algum tipo de resposta, a qual pode se traduzir *(i)* em uma demanda que visa a tão somente afastar o pleito do autor (resposta defensiva), mediante uma declaração negativa de existência do direito do autor[2], salvo se extinto o processo sem resolução do mérito (Código de Processo Civil de 1973, artigo 267 e novo Código de Processo Civil, artigo 485) ou *(ii)* em uma nova demanda como, por exemplo, pela apresentação de reconvenção ou ação declaratória incidental.

É nesse sentido, de que o autor e réu apresentam suas demandas, que se diz que o objeto do processo é formado na fase postulatória mediante as atividades iniciais das partes (Código de Processo Civil de 1973, artigo 128 e novo Código de Processo Civil, artigo 141). Ao autor cumpre a exposição clara dos fatos essenciais à fundamentação de seu pedido e, por conseguinte, sua formulação; enquanto ao réu cumpre apresentar resposta, deduzindo um pedido de rejeição da demanda do autor ou até mesmo introduzindo uma nova demanda, fazendo com que o objeto do processo se alargue.

Já nesse primeiro momento do processo tem-se a necessidade da aplicação de uma teoria processual voltada à colaboração das partes, com o diálogo franco entre elas (respeitando-se os deveres de lealdade, boa-fé e veracidade) na formação dessa *comunidade de trabalho*.[3]

---

2. DINAMARCO, ancorado na doutrina de FRIEDRICH LENT, defende que toda sentença que julga improcedente a demanda do autor é declaratória negativa, menos a que julga improcedente a própria ação declaratória negativa, que é declaratória positiva (DINAMARCO, Cândido Rangel. *Instituições de direito processual civil*, vol. III, 6ª ed., São Paulo, Malheiros, 2008, pp. 223-225).

3. DIDIER JR., Fredie. *Fundamentos do princípio da cooperação no direito processual civil português*, Coimbra, Wolter Kluwer Portugal – Coimbra Editora, 2011, p. 14; TEIXEIRA DE SOUZA, Miguel. *Estudos sobre o novo processo civil*, 2ª ed., Lisboa, Lex, 1997, pp. 62–65.

Nesse diapasão, força-se um processo cooperativo voltado à formação e delimitação de um objeto do processo preciso e que, ao final, se traduza em eficaz e capaz de satisfazer os anseios dos sujeitos parciais e da sociedade como um todo, na medida em que se espera sempre a pacificação social com justiça.[4]

O juiz deve cumprir com seus deveres de esclarecimento, consulta, prevenção e auxílio, até porque é o momento ideal de análise da viabilidade do processo, mediante a verificação dos pressupostos processuais e das condições da ação.

Ao analisar tais pressupostos de admissibilidade para o julgamento de mérito e verificando eventuais vícios que não permitam o prosseguimento normal da demanda, o juiz deverá dar oportunidade aos sujeitos do processo para que os vícios sejam sanados, quando possível. Também deverá consultar as partes na hipótese de verificar a impossibilidade de sua correção, tais como nos casos do necessário indeferimento da petição inicial (Código de Processo Civil de 1973, artigo 295 e novo Código de Processo Civil, artigo 330), dando-lhes a oportunidade de influir em sua decisão.[5]

> Assim, por exemplo, caso o juiz observe uma possível falta de uma condição da ação, como a legitimidade *ad causam* (que muitas vezes até se confunde com o próprio mérito), antes de decidir por extinguir o processo sem resolução do mérito, deve ele dar oportunidade às partes que apresentem suas alegações contra ou em favor da suposta tese aventada.[6]
>
> Como o processo cooperativo transforma a atuação das partes em uma *comunidade de trabalho*, o juiz também deve participar do contraditório pelo diálogo. O indeferimento da petição inicial somente pode ter lugar após os sujeitos do processo dialogarem entre si a respeito do problema ou do vício que impede o de-

---

4. MITIDIERO, Daniel. *Colaboração no processo civil: pressupostos sociais, lógicos e éticos*, 2ª ed., col. Temas Atuais de Direito Processual Civil, vol. 14, São Paulo, RT, 2011, pp. 122–123.
5. DINAMARCO, Cândido Rangel. *Instrumentalidade do processo*, 14ª ed., São Paulo, Malheiros, 2009, pp. 148–162; DINAMARCO, Cândido Rangel. *Fundamentos do processo civil moderno*, 6ª ed., São Paulo, Malheiros, 2010, pp. 523–524 e 528; GRASSO, Eduardo. *La collaborazione nel processo civile* in Rivista di Diritto Processuale, Padova, Cedam, out.-dez./1966, pp. 591–608; GRADI, Marco. *Il principio del contraddittorio e le questioni rilevabili d'ufficio* in Revista de Processo, vol. 186, ago/10, p. 109.
6. Nesse sentido, está o claríssimo artigo 3º, n. 3 do Código de Processo Civil português: "o juiz deve observar e fazer cumprir, ao longo de todo o processo, o princípio do contraditório, não lhe sendo lícito, salvo caso de manifesta desnecessidade, decidir questões de direito ou de facto, mesmo que de conhecimento oficioso, sem que as partes tenham tido a possibilidade de sobre elas se pronunciare".

senvolvimento do processo.[7] Tal concepção, aliás, mostra-se já presente no artigo 16 do *noveuau code de procédure civile* francês.[8]

Mesmo nos casos em que se permite o julgamento de improcedência de plano na temática dos artigos 285-A do Código de Processo Civil de 1973 e 332 do novo Código de Processo Civil, faz-se mister a atuação do magistrado de forma a observar o poder-dever de consulta. Assim, ainda que pareça ser o caso de aplicação do citado dispositivo legal, é importante que o juiz dê oportunidade das partes se manifestarem sobre a possibilidade.

Ainda, não se sentindo suficientemente instruído com as alegações das partes e concluindo pela necessidade de esclarecimentos de pontos importantes para o julgamento da causa, deverá o juiz também dar a oportunidade de as partes se manifestarem neste sentido.

Vê-se, pois, uma clara aplicação do dever de esclarecimento nessa fase procedimento, levando o órgão judicante a se esclarecer de eventuais dúvidas que tenha sobre as alegações e pedidos das partes antes de proferir qualquer decisão eivada de impressões equivocadas sobre aquela situação jurídico-processual específica.[9]

Seguindo-se no mesmo exemplo da possível ausência de uma condição da ação, trazido parágrafos acima, o juiz deve indagar sua dúvida àquele quem pode esclarecê-la melhor. Esclarecida, o juiz poderá julgar com muito mais certeza e clareza aquela situação colocada à sua frente.

Como se percebe, em um processo de cunho cooperativo devem ser respeitados os inequívocos deveres de esclarecimento, consulta e prevenção desde o início do processo. Afinal, são situações como essas que fazem com que um processo possa ser assentado na concepção de colaboração entre quem participa do processo, levando o órgão jurisdicional a atuar ao lado das partes de modo simétrico e em paridade com elas.[10]

---

7. GRADI, Marco. *Il principio del contraddittorio e le questioni rilevabili d'ufficio* in Revista de Processo, vol. 186, ago/10, p. 109; COSTA E SILVA, Ana Paula. *Acto e processo*, Coimbra, Coimbra Editora, 2003, p. 597.
8. Assim dispõe o dispositivo: "fonder sa décision sur les moyens de droit qu'il a relevés d'office sans avoir au préalable invité les parties à présenter leurs observations"; cfr. DINAMARCO, Cândido Rangel. *Fundamentos do processo civil moderno*, 6ª ed., São Paulo, Malheiros, 2010, p. 528.
9. DIDIER JR., Fredie. *Fundamentos do princípio da cooperação no direito processual civil português*, Coimbra, Wolter Kluwer Portugal – Coimbra Editora, 2011, p. 15.
10. MITIDIERO, Daniel. *Colaboração no processo civil: pressupostos sociais, lógicos e éticos*, 2ª ed., col. Temas Atuais de Direito Processual Civil, vol. 14, São Paulo, RT, 2011, pp. 123–124.

Nessa fase inaugural da demanda, poder-se-ia pensar em meios que estimulassem as partes a dialogar mais no sentido de se buscar uma composição amigável entre elas, utilizando-se de instrumentos como a mediação. Trata-se de questão afinada com o modelo cooperativo de processo civil. Bastar-se-ia aplicar normas que de alguma forma fortalecessem os meios alternativos de solução de conflito, tal como a instituição de uma fase prévia de mediação das partes, a qual não obtendo êxito na composição delas passaria já para os atos judiciais seguintes.

15. O RÉU CONTUMAZ

Seguindo na fase postulatória, deve-se também verificar como se dá um processo de cunho precipuamente cooperativo no caso de o réu não ter apresentado sua resposta à demanda ou tê-la apresentado intempestivamente. Segue-se assim uma análise mais aprimorada sobre o tema, não somente na ótica do réu não revel.

Atualmente, o ordenamento jurídico brasileiro dispensa ao réu revel um tratamento bem rígido quanto às consequências processuais e materiais de sua contumácia: os prazos processuais correm independentemente de intimação (no caso de ausência de patrono – Código de Processo Civil de 1973, artigo 322 e novo Código de Processo Civil, artigo 346) e presumem-se verdadeiros os fatos alegados pelo autor (não sua consequência jurídica – Código de Processo Civil de 1973, artigo 319 e novo Código de Processo Civil, artigo 344), salvo se tratar de alguma das exceções já previstas nos artigos 320 e 345 dos respectivos diplomas legais citados.

Tais disposições revelam a adoção do sistema brasileiro à *presunção de confissão* encontrada nos ordenamentos da Alemanha e Áustria[11], situação que vai de encontro com o que se espera de um verdadeiro processo cooperativo[12]. Afinal, em um processo no qual se privilegia o diálogo entre os sujeitos processuais e a colaboração de todos os sujeitos para o alcance dos escopos da jurisdição, a adoção como verdadeiros dos fatos que não foram contrariados é um

---

11. JAUERNIG, Othmar. *Zivilprozeßrecht*, 25ª ed., München, Beck, 1998, trad. port. de F. Silveira Ramos, *Direito Processual Civil*, 25ª ed., totalmente refundada, da obra criada por Friedrich Lent, Coimbra, Almedina, 2002, p. 345.
12. MITIDIERO, Daniel. *Colaboração no processo civil: pressupostos sociais, lógicos e éticos*, 2ª ed., col. Temas Atuais de Direito Processual Civil, vol. 14, São Paulo, RT, 2011, p. 126.

verdadeiro contrassenso, um instituto contrário ao que se espera de um contraditório substancial.

Ora, se uma das bases e um dos objetivos do processo cooperativo é a realização de um processo justo e efetivo e se um processo só pode ser justo e efetivo quando baseado na verdade dos fatos, parece ser clara a importância de normas nesse sentido. Logo, não deve prevalecer uma norma que baseada em uma ficção em detrimento da verdade dos fatos.

O ideal em um processo no qual se prevalece a colaboração é um sistema no qual a formação do objeto do processo (e também do objeto de conhecimento do juiz) se dê mediante a aplicação de regras que privilegiem a isonomia entre os sujeitos do processo. Nesse diapasão, a revelia deveria ser vista como uma *presunção de impugnação*.[13]

16. A (QUASE) ESTABILIZAÇÃO DEFINITIVA DA DEMANDA

Ainda na fase postulatória, tem-se a estabilização "parcial" da demanda com o oferecimento de resposta do réu, a qual culmina em definitivo com o saneamento do processo. A partir da estabilização da demanda, seja pelo ângulo subjetivo com a vedação à alteração dos sujeitos parciais nos polos da demanda, seja pelo ângulo objetivo com a vedação à alteração do mérito da causa, tem-se a formação final do objeto do processo e do objeto de conhecimento do juiz. Assim, fixam-se os termos e limites em que se desenvolverá a causa.[14]

No tema da estabilização da demanda encontra-se fértil campo para aplicação de um processo mais cooperativo do que aquele que se verifica hoje: a utilização do diálogo entre os sujeitos do processo como forma de flexibilização do procedimento rígido (fundado na técnica da eventualidade e no sistema de preclusão) encontrado hodiernamente.[15]

---

13. DINAMARCO, aliás, entende que a revelia não é uma confissão, sequer ficta. Segundo o doutrinador, a contumácia do réu não pode ter como consequência absoluta (é uma presunção relativa) de que *quem cala consente*, até porque a inatividade do réu pode decorrer de diversos fatores, como da sua própria ignorância ou até da desídia de seu patrono (DINAMARCO, Cândido Rangel. *Instituições de direito processual civil*, vol. III, 6ª ed., São Paulo, Malheiros, 2009, pp. 561-562); LIEBMAN, Enrico Tullio. *Notas às instituições de direito processual civil de Giuseppe Chiovenda*, vol. 3, 3ª ed., São Paulo, Saraiva, p. 142.

14. DINAMARCO, Cândido Rangel. *Instituições de direito processual civil*, vol. III, 6ª ed., São Paulo, Malheiros, 2009, p. 357.

15. MITIDIERO, Daniel. *Colaboração no processo civil: pressupostos sociais, lógicos e éticos*, 2ª ed., col. Temas Atuais de Direito Processual Civil, vol. 14, São Paulo, RT, 2011, pp. 126 e ss.

A divisão atual do processo civil brasileiro em determinadas fases coordenadas, cada qual com um fim específico, é um reflexo do que se chama de rigidez de procedimento.[16] Ele se desenvolve em fases razoavelmente bem delineadas e não comporta idas e vindas, as quais seriam inevitáveis na hipótese de se novos fatos, pedidos ou sujeitos fossem inseridos ao longo da demanda, antes dela encontrar seu fim (princípio da concentração).[17] Essa é a noção de estabilização (objetiva) da demanda, isto é, um momento no qual, apresentadas as alegações das partes (causa de pedir e pedidos), estas se tornam imodificáveis, preparando-se o processo para as fases seguintes.

Fixado o momento de imutabilidade da *causa petendi* e do pedido, fixam-se também os limites da demanda, sendo vedado ao juiz proferir em favor do autor sentença de natureza diferente da pedida ou por bem diferente ou valor acima do pedido (estabilização dos limites do pronunciamento judicial – Código de Processo Civil de 1973, artigos 128 e 460 e novo Código de Processo Civil, artigos 141 e 492).

> Importante destacar também que a estabilização da demanda não ocorre somente com os seus elementos objetivos, mas subjetivos igualmente. Significa que após a citação (e mesmo antes do saneamento do feito) não se permite alterações nos polos da demanda, inclusive quanto à qualidade do sujeito processual.
>
> Tais proibições, como não poderiam deixar de ser, "protegem o réu contra incertezas e oscilações do processo e em alguma medida imunizam os terceiros, que não poderão ser trazidos ao processo depois da citação daquele (ressalvados os casos de regular intervenção de terceiros ou de litisconsórcio necessário [e os casos de substituições e desistências permitidas pela lei])"[18].

---

16. DINAMARCO, Cândido Rangel. *Instituições de direito processual civil*, vol. II, 6ª ed., São Paulo, Malheiros, 2009, pp. 70 e ss.

17. Em contraposição a esta regra adotada pela sistema brasileiro, encontra-se o direito processual civil italiano, no qual se admite sucessivas audiências segundo a necessidade da defesa e da instrução. Em procedimentos tidos por flexíveis, há uma ausência de limitações temporais ou, na sua existência, o juiz e as partes, com a participação da parte contrária, podem apresentar suas pretensões. Além disso, se existirem fases delimitadas, há a possibilidade de deduções (modificação da demanda) em todas as fases do processo (DINAMARCO, Cândido Rangel. *Instituições de direito processual civil*, vol. II, 6ª ed., São Paulo, Malheiros, 2009, pp. 70). Para um estudo um pouco mais aprofundado sobre de que maneira se comportam os ordenamentos jurídicos alemão, italiano, português e outros: PINTO, Junior Alexandre Moreira. *A causa petendi e o contraditório*, col. Temas Atuais de Direito Processual Civil, vol. 12, RT, São Paulo, 2007, pp. 109 e ss.

18. DINAMARCO, Cândido Rangel. *Instituições de direito processual civil*, vol. II, 6ª ed., São Paulo, Malheiros, 2009, p. 72.

A estabilização definitiva ocorre depois de saneado o feito, podendo o autor antes de citado o réu alterar os fundamentos de sua demanda e, após angularizada a relação processual, somente com o consentimento deste (Código de Processo Civil de 1973, artigos 264 e 294 e novo Código de Processo Civil, artigo 329, inciso I). Neste momento, o procedimento chega a tal ponto que retroceder seria tumultuar, e as partes nem o juiz teriam o poder para tanto.[19]

Grande controvérsia que surge do quanto demonstrado é se tal rigidez iria de encontro com o próprio caráter publicista e instrumental do moderno processo civil e, principalmente, à formação de um processo que deveria ser baseado no diálogo entre as partes e na aplicação de um contraditório substancial.

Ora, se os escopos principais são a realização da justiça e a efetividade do processo, dever-se-ia permitir a introdução tardia de novas alegações e pedidos, o que possibilitaria um maior aproveitamento do processo (economia e celeridade "extraprocessuais") e garantiria, também, maiores chances de se encontrar a verdade material. A precoce fixação do objeto do processo com um determinado rigorismo procedimental podem ser considerados fatores complicadores da busca da justiça.[20]

> A colaboração entre os sujeitos do processo ganha real importância na medida em que serve como instrumento de construção de um procedimento que possibilite uma maior elasticidade para abrigar eventuais modificações do objeto do processo para até mesmo além do saneamento da causa.[21]

Adotando-se um sistema flexível (ou elástico), privilegiar-se-ia o que se pode denominar de a busca da verdade como fim do processo. A partir do momento em que a solução da demanda não está mais adstrita aos limites da petição inicial e da defesa do réu, pode o magistrado utilizar, como pacificação do conflito, argumentos e

---

19. Para uma visão completa e sintética de como ocorre o sistema temporal de preclusões relacionados à estabilização da demanda: LEONEL, Ricardo Barros. *Causa de pedir e pedido: o direito superveniente*, col. Professor Arruda Alvim, Método, São Paulo, 2006, pp. 225–227.
20. PINTO, Junior Alexandre Moreira. *A causa petendi e o contraditório*, col. Temas Atuais de Direito Processual Civil, vol. 12, RT, São Paulo, 2007, p. 104.
21. MITIDIERO, Daniel. *Colaboração no processo civil: pressupostos sociais, lógicos e éticos*, 2ª ed., col. Temas Atuais de Direito Processual Civil, vol. 14, São Paulo, RT, 2011, p. 128; ALVARO DE OLIVEIRA, Carlos Alberto. *Do formalismo no Processo Civil*, 2ª ed., Saraiva, São Paulo, 2003, p. 69.

circunstâncias surgidas no decorrer do feito.[22] Adota-se um sistema muito mais voltado à busca da justiça, escopo fundamental da jurisdição no plano social.[23]

Afina-se a flexibilidade com o processo voltado para os resultados que pretende produzir (escopo jurídico da instrumentalidade do processo). Ainda, torna o processo mais econômico e célere (extraprocessualmente), pois soluciona todos os conflitos sociais dos litigantes em um mesmo instrumento, evitando-se novas demandas, as quais seriam inevitáveis caso não fosse essa a solução adotada (*full litigation*).[24]

Certamente, um sistema muito mais aberto e apto às adequações casuísticas, em cujo modelo o julgador não é visto como simples condutor de um procedimento rigidamente estabelecido pela lei ou pelas partes, mas sim como gerenciador do processo, permitirá um maior aproveitamento do próprio instrumento.

Ora, se um tratamento para determinada doença pode variar de pessoa para pessoa e o médico deve estar atento para isso para que tal tratamento seja efetivo para ambos os pacientes, por que assim não pode também se suceder ao processo?[25]

Quando as circunstâncias evidenciarem a oportunidade de se alterar os limites da demanda, promovendo uma solução mais rápida do litígio e muito mais econômica, deve-se possibilitar a flexibilização do procedimento.[26] E isso somente será possível com a observância do diálogo entre todos os sujeitos do processo, preservando a autonomia tanto privada (partes) quanto estatal (juiz), existente em um processo cuja prevalência seja a da colaboração.[27]

---

22. PINTO, Junior Alexandre Moreira. *A causa petendi e o contraditório*, col. Temas Atuais de Direito Processual Civil, vol. 12, RT, São Paulo, 2007, p. 127.
23. DINAMARCO, Cândido Rangel. *A instrumentalidade do processo*, 14ª ed., São Paulo, Malheiros, 2009, pp. 188 e ss.
24. GAJARDONI, Fernando da Fonseca. *A flexibilização do procedimento processual no âmbito da common law* in Revista de Processo, vol. 163, set/08, p. 161.
25. CLARK, Mary; MCKENNA, Judith A.; HOOPER, Laural L. *Case management procedures in the Federal Courts of Appeals*. Washington, FJC, 2000. Texto retirado da Internet – http://www.fjc.gov/public/pdf.nsf/lookup/caseman1.pdf/$file/caseman1.pdf, em 8 de agosto de 2013.
26. ALVARO DE OLIVEIRA, Carlos Alberto. *Poderes do juiz e visão cooperativa do processo I*. Texto retirado da Internet – http://www.abdpc.org.br/abdpc/artigos/Carlos%20A%20A%20de%20Oliveira%20(8)%20--formatado.pdf, em 7 de maio de 2012.
27. MITIDIERO, Daniel. *Colaboração no processo civil: pressupostos sociais, lógicos e éticos*, 2ª ed., col. Temas Atuais de Direito Processual Civil, vol. 14, São Paulo, RT, 2011, p. 130.

A flexibilização do procedimento por meio do diálogo facilita o desenvolvimento de um processo justo e efetivo.

De rigor a conclusão, ao menos parcial, de que a alteração do mérito da causa a qualquer momento em que se verifique ser oportuna, mostra-se afinada com a concepção de processo formado na base do diálogo entre os seus sujeitos, sustentando a seu turno uma tutela jurisdicional que pode ser chamada de efetiva e adequada.

Por óbvio, que a flexibilização não deve se dar de modo infinito, nem imprevisto. Ela deve ser fruto de uma análise acurada do caso concreto e deve ter seus limites trazidos genericamente pela lei, os quais em último caso devem traduzir a regra geral do devido processo legal[28]. É o que se propõe aqui *de lege ferenda*.

---

28. Ou como previsto no direito inglês, deve ser preservado um processo justo (Civil Procedure Rules, Rule n. 1.1.1.).

Capítulo V

O PROCESSO COOPERATIVO NA FASE ORDINATÓRIA E O SANEAMENTO COMPARTILHADO

Como adiantado, o presente trabalho dividiu-se na sua segunda parte em outros quatro capítulos, cada qual representando uma das subfases processuais da fase de cognição conceitualmente aceitas pela doutrina. Nesse diapasão, o capítulo anterior tratou de verificar como se pode desenvolver um processo de cunho cooperativo na fase postulatória, com a apresentação da demanda do autor e das respostas do réu, estabilizando-se assim o objeto do processo.

Na sequência do desenvolvimento do procedimento comum ordinário, utilizado como corte metodológico, encontra-se a fase ordinatória ou de saneamento da causa. Vale dizer, uma fase voltada à aferição de viabilidade do prosseguimento do processo para se chegar ao mérito (análise de eventuais nulidades) e de preparação, caso seja positivo o juízo anterior, para a fase instrutória com a fixação dos pontos controvertidos e a ciência das partes de seus reais e específicos ônus probatórios. É uma fase voltada ao gerenciamento do processo, buscando imprimir-lhe maior celeridade e economia.[1]

A fase ordinatória é, portanto, o segmento do procedimento ordinário em que se põe ordem no processo (sanear é exatamente isso: colocar em ordem, limpar, curar).

No processo civil brasileiro, ao final da fase postulatória o magistrado determina todas as providências necessárias a *(i)* eliminar defeitos que impeçam o rumo do processo à decisão final de mérito (ou julga--o conforme o estado do processo ou antecipadamente, se assim for o caso – Código de Processo Civil de 1973, artigos 329 e 330 e novo

---

1. LACERDA, Galeno. *Despacho saneador*, 3ª ed., Sérgio A. Fabris, Editor, Porto Alegre, 1990, pp. 5 e 57.

Código de Processo Civil, artigos 354 e 355) e *(ii)* dar prosseguimento ao procedimento para que ele possa receber a adequada instrução mediante a prova, amadurecendo-o para a sentença de mérito.²

Em um processo cooperativo, tem-se a visão de que todos esses atos do magistrado devem se dar de forma sempre a oferecer oportunidade para que as partes exerçam plenamente o contraditório (deveres de esclarecimento e consulta), determinando o juiz da causa a realização das diligências destinadas a eliminar todas as irregularidades que impeçam o curso normal do processo (deveres de prevenção e auxílio) e organizando as atividades probatórias a serem desenvolvidas na fase instrutória.

Todavia, tal situação não significa dizer que todo o controle de regularidade processual seja feito exclusivamente na fase ordinatória nem que essa fase contenha apenas atos de purificação processual. A verificação dos pressupostos de admissibilidade para julgamento do mérito é feita desde o início do procedimento (quando se despacha a petição inicial) e vai até o momento de sentenciar.³

Hodiernamente, verifica-se no plano legislativo que o saneamento do processo se inicia com as providências preliminares e finda com a realização da audiência preliminar ou com a decisão saneadora (Código de Processo Civil de 1973, artigo 331 e novo Código de Processo Civil, artigo 357). Esse modelo, aliás, foi aquele importado em 1994 pelo legislador reformista brasileiro diretamente do modelo austríaco proposto por FRANZ KLEIN, em 1895, pelo qual se buscava um saneamento oral e concentrado, e posteriormente melhor desenvolvido por FRITZ BAUER e o seu conhecido Modelo de Stuttgart.⁴

O legislador alemão, baseando-se no modelo proposto por FRITZ BAUER procurou criar uma audiência extrajudicial e anterior ao próprio processo. Nela possibilita-se o acordo entre as partes e, por conseguinte, a formação de um título executivo. Em não sendo possível encontrar uma solução amigável, o procedimento extra-

---

2. DINAMARCO, Cândido Rangel. *Instituições de direito processual civil*, vol. III, 6ª ed., São Paulo, Malheiros, 2009, pp. 574–575.
3. BARBOSA MOREIRA, José Carlos. *O novo processo civil brasileiro*, 21ª ed., Rio de Janeiro, Forense, p. 49; DINAMARCO, Cândido Rangel. *Instituições de direito processual civil*, vol. III, 6ª ed., São Paulo, Malheiros, 2009, pp. 574–575.
4. ALVES DA SILVA, Paulo Eduardo. *Gerenciamento de processos judiciais*, São Paulo, Saraiva, 2010, p. 108.

judicial converte-se em judicial, dando-se início à demanda. Há, ainda, interessante situação de que aquilo que é discutido em tal audiência não pode servir como meio de prova no processo judicial.[5]

No atual plano de trabalho traçado pelas normas processuais, após serem oferecidas as demandas de autor e réu, o juiz determina que o autor se manifeste sobre eventuais matérias preliminares ou fatos impeditivos, modificativos ou extintivos alegados pelo réu, determinando ainda eventual especificação de provas e chamando o feito para a realização de seu controle. Na sequência, cumpridas eventuais exigências de regularização do processo, segue-se (ou não) à audiência preliminar, a depender da matéria envolvida (novo Código de Processo Civil, artigo 357).

Antes da reforma de 2002 do Código de Processo Civil de 1973, o dispositivo legal relativo à audiência preliminar contemplava a obrigatoriedade da realização da audiência, salvo no caso de a demanda versar sobre direito indisponível. O legislador, todavia, achou por bem incluir o parágrafo 3º no artigo 331 do Código de Processo Civil de 1973, facultando o juiz designar a audiência preliminar, na hipótese de verificar que não haveria possibilidade das partes conciliarem-se.[6] Isso fez com que cada vez mais a realização de tal audiência caísse em desuso...

Contudo, sabe-se que no cotidiano do fórum a audiência preliminar era muitas vezes vista como verdadeira causa de atraso na apertada pauta de julgamentos do magistrado, o qual por vezes dispensa a sua realização, justificando sua desnecessidade na impossibilidade de realização de acordo entre as partes, pois esta seria sua verdadeira função.[7] Assim, preferia-se lançar um verdadeiro carimbo que contivesse alguma decisão no sentido de dar o feito por saneado e postergar eventual análise dos pressupostos de admissibilidade do julgamento de mérito ao final do processo.

---

5. WEGEN, Gerhard; GACK, Christine. *Mediation in pending civil proceedings in Germany: practical experiences to strengthen mediatory elements in pending court proceedings*, IBA Mediation Committee Newsletter, 2006, pp. 8–10.
6. ALVES DA SILVA, Paulo Eduardo. *Gerenciamento de processos judiciais*, São Paulo, Saraiva, 2010, pp. 108–110.
7. STJ, 1ª T., REsp. n. 790.090-RR, relª. Minª. DENISE ARRUDA, j. 2.8.07, p. 10.9.07, v.u.. Nesse sentido, a doutrina também segue o entendimento da não obrigatoriedade quanto à sua realização em razão do quanto disposto no direito positivo: (i) SCARPINELLA BUENO, Cassio. *Curso sistematizado de direito processual civil*, v. 2, t. I, São Paulo, Saraiva, p. 225 (o qual defende a obrigatoriedade, mas reconhece que a lei assim não previu) e (ii) THEODORO JÚNIOR, Humberto. *Curso de direito processual civil: teoria geral do direito processual civil e processo de conhecimento*, v. 1, 44ª ed., Rio de Janeiro, Forense, 2006, p. 376. Entendimentos estes com que não de pode concordar.

Tentando resolver este problema, o novo Código de Processo Civil aderiu parcialmente ao que é proposto pelo modelo cooperativo de processo civil e procurando deixar mais às claras a forma como se dá o saneamento do processo, determinando que a decisão saneadora seja proferida de modo a resolver questões processuais pendentes e delimitando de forma adequada os pontos controvertidos e a quem recairá o ônus da produção da prova x ou y. (artigo 357).

A bem da verdade, até a entrada em vigor do novo Código de Processo Civil o que se observava empiricamente (ainda não existe tempo suficiente de afirmação de uma cultura criada com base no novo Código)[8] era a ausência cada vez maior da audiência preliminar e a presença cada vez mais constantes de decisões burocráticas e praticamente seu qualquer conteúdo que possa acrescentar algo ao processo.[9]

A situação de descrédito da audiência preliminar muito se deveu ao fato de existir um excesso no número de demandas, ao acelerado ritmo de trabalho, nas pautas assoberbadas dos juízos e à intensa cobrança por produtividade. E o descrédito pode continuar já que a audiência não é de designação obrigatória para todas as demandas que comportem a realização de uma instrução probatória...

Fortes eram as críticas sobre o desenvolvimento da atividade judicial no momento de saneamento da causa. O ideal em um processo cooperativo é o favorecimento da construção de um diálogo entre as partes, de forma franca e aberta, no sentido inclusive de se analisar a real viabilidade do prosseguimento da demanda. Para tanto, MITIDIERO e PAULA COSTA E SILVA inclusive sugerem que toda a atividade da fase ordinatória seja realizada em audiência, com um contato direto entre os sujeitos do processo e um debate oral entre todos aqueles que participam do contraditório.[10]

---

8. Apenas ressalte-se que tal situação pode ser a regra, mas que sempre há e haverá exceções por parte de muitos magistrados que se preocupam em verdadeiramente dialogar com as partes no objetivo de extrair o máximo de elementos para um julgamento justo e efetivo da causa.
9. HOFFMAN, Paulo. *Saneamento compartilhado*, São Paulo, Quartier Latim, 2011, pp. 112–113.
10. MITIDIERO, Daniel. *Colaboração no processo civil: pressupostos sociais, lógicos e éticos*, 2ª ed., col. Temas Atuais de Direito Processual Civil, vol. 14, São Paulo, RT, 2011, p. 130. Nesse mesmo sentido: COSTA E SILVA, Ana Paula. *Saneamento e condensação no novo processo civil: a fase da audiência preliminar* in Aspectos do novo processo civil, Lisboa, Lex, 1997, p. 236.

A autora portuguesa deixa clara a percepção de que a realização do saneamento na própria audiência preliminar seria um dos lastros do processo civil de colaboração.[11]

É nesse diapasão que a norma insculpida no artigo 357 do novo Código de Processo parece ter andado bem ao propor que o saneamento não se dê somente pelo juiz, sem uma participação ativa das partes. Ao contrário, com o novo diploma as partes inclusive podem exercer um controle no mesmo momento (caso o saneamento seja realizado em audiência) ou até posteriormente (pedidos de esclarecimento e ajustes) (§1º do referido dispositivo).

O problema, entretanto, continua na hipótese em que a designação da audiência preliminar não é obrigatória – ela somente o é em causas de maior complexidade (definição aliás bastante genérica e que deixa um grau de subjetividade muito grande no poder decisório do magistrado).

Em boa hora o novo Código de Processo Civil prevê, para causas de maior complexidade em matéria de fato ou de direito, a realização de audiência preliminar para que o saneamento seja feito em audiência e de modo compartilhado. Já para as demais causas, o saneamento é feito por escrito, contudo importante inovação (embora não a melhor opção) permite com que ele ocorra de modo muito mais dialético, em um verdadeiro diálogo entre todos os sujeitos do processo.[12]

É nesse diapasão que, apesar da introdução do §3º do artigo 357 do novo Código de Processo Civil, *de lege ferenda* se propõe a

---

11. COSTA E SILVA, Ana Paula. *Saneamento e condensação no novo processo civil: a fase da audiência preliminar* in Aspectos do novo processo civil, Lisboa, Lex, 1997, p. 236.
12. Assim dispõe o artigo 357 do novo Código de Processo Civil: **"Art. 355.** Não ocorrendo qualquer das hipóteses deste Capítulo, deverá o juiz, em decisão de saneamento e de organização do processo:
I – resolver as questões processuais pendentes, se houver;
II – delimitar as questões de fato sobre as quais recairá a atividade probatória, especificando os meios de prova admitidos;
III – definir a distribuição do ônus da prova, observado o art. 371;
IV – delimitar as questões de direito relevantes para a decisão do mérito;
V – designar, se necessário, audiência de instrução e julgamento.
§1º Realizado o saneamento, as partes têm o direito de pedir esclarecimentos ou solicitar ajustes, no prazo comum de cinco dias, findo o qual a decisão se torna estável.
§2º As partes podem apresentar ao juiz, para homologação, delimitação consensual das questões de fato e de direito a que se referem os incisos II e IV; se homologada, a delimitação vincula as partes e o juiz.
§3º Se a causa apresentar complexidade em matéria de fato ou de direito, deverá o juiz designar audiência para que o saneamento seja feito em cooperação com as partes. Nesta oportunidade, o juiz, se for o caso, convidará as partes a integrar ou esclarecer suas alegações.".

obrigatoriedade na designação da audiência preliminar para toda e qualquer demanda que não venha a ter seu mérito julgado antecipadamente, como forma de garantir o contraditório mais substancial quanto possível (ainda quando não seja possível a realização de conciliação entre as partes).

E ainda que obrigatória a realização da audiência preliminar nos termos propostos, faz-se necessária a observância de medidas práticas a serem tomadas para que ela não continue a ser considerada uma audiência na qual se busca meramente o acordo entre as partes ou apenas mais uma grande "perda de tempo".

É assim que se propõe, por exemplo e no caso de designação a audiência para o saneamento da causa, que as partes cheguem a ela devidamente preparadas, com suas alegações e requerimentos, sem falar no próprio preparo do juiz e do seu estudo sobre o que está sendo discutido na demanda. É preciso que todos saibam aquilo que será discutido em audiência para que ela seja produtiva.[13] Uma forma de garantir tal preparação prévia seria por meio da apresentação de um relatório por parte do magistrado anteriormente à própria audiência, municiando as partes das informações necessárias para que possam vir preparadas para o ato. E não se diga que tal demandaria muito tempo na já lotada agenda do juiz, pois tal escusa não é suficiente para afastar a necessidade e importância da audiência para o saneamento da causa.[14]

Seguindo as proposições, pode-se afirmar igualmente que a apresentação do rol de testemunhas (no caso de requerimento de prova oral) antes da audiência preliminar também é uma medida que pode trazer maior concretude ao próprio ato. Tendo-se ciência de quais serão as testemunhas e para que servirão, será muito mais fácil aos sujeitos do processo delimitarem a matéria probatória e deferir a produção daquelas provas que realmente sejam úteis ao deslinde do feito.[15] Essa medida, aliás, vem prevista no novo Código de Processo Civil.[16]

---

13. BARBOSA MOREIRA, José Carlos. *Saneamento do processo e audiência preliminar* in Revista de Processo, n. 40, ano 10, out./dez. 1985, pp. 126–127.
14. FRANCO, André Ricardo. *Audiência preliminar do rito ordinário processual civil brasileiro*, Porto Alegre, Sergio Antonio Fabris Editor, 2003, p. 125.
15. HOFFMAN, Paulo. *Saneamento compartilhado*, São Paulo, Quartier Latim, 2011, pp. 160–161.
16. Assim dispõe o parágrafo quinto do artigo 357 do novo Código de Processo Civil: "§5º Na hipótese do §3º, as partes já devem trazer, para a audiência ali prevista, o respectivo rol de testemunhas.".

O principal papel da audiência preliminar ou da decisão saneadora (e de toda a fase ordinatória) é literalmente preparar o processo para a próxima e importantíssima fase do procedimento: a da instrução probatória.

O ato deve ser um instrumento que facilite o contato entre todos os sujeitos do processo, impondo um diálogo franco e aberto entre os atores. E isso nada mais é do que o foco do próprio processo cooperativo.

É nesse sentido que NEIL ANDREWS comenta o instituto da revisão *pre-trial* inglesa, uma das fontes da fase saneadora do processo. Segundo o doutrinador britânico, o intuito da *pre-trial* é justamente o de garantir que a audiência de instrução e julgamento ocorra com eficiência e de forma justa, definindo desde logo os próximos passos necessários para tornar o processo maduro para um julgamento acertado.[17] E esse deve ser o escopo de toda a fase ordinatória: sanar eventuais irregularidades (ou quando não for possível, acolhê-las desde logo) e organizar o procedimento para as próximas etapas.

Trata-se, portanto, de um instituto importantíssimo para a gestão do processo (*case management*). Gerir o processo nada mais do que garantir maior celeridade e efetividade no desenvolvimento do caso para que seja atingida uma decisão-ótima. Assim, busca-se encorajar as partes a encontrar um consenso, evitar delongas desnecessárias na tramitação do feito e garantir o menor número possível de recursos apresentados contra as decisões. Um processo bem gerido consegue englobar essas três frentes como meio de fazê-lo terminar mais rapidamente e de modo mais efetivo.

Assim, é importantíssimo que haja uma mudança no próprio meio de agir do magistrado, para que ele assuma uma posição mais ativa e ao mesmo tempo colaborativa com as partes. Com o trabalho em conjunto de todos os sujeitos do processo é mais fácil a localização das questões que realmente são relevantes para o deslinde da controvérsia.[18]

---

17. ANDREWS, Neil. *The modern civil process: judicial and alternative forms of dispute resolution in England*, 2008, trad. port. de Teresa Arruda Alvim Wambier, *O moderno processo civil – formas judiciais e alternativas de resolução de conflitos na Inglaterra*, São Paulo, Revista dos Tribunais, 2010, pp. 73–79.

18. ANDREWS, Neil. *The modern civil process: judicial and alternative forms of dispute resolution in England*, 2008, trad. port. de Teresa Arruda Alvim Wambier, *O moderno processo civil – formas judiciais e alternativas de resolução de conflitos na Inglaterra*, São Paulo, Revista dos Tribunais, 2010, pp. 73–74.

Além desse papel preparatório e de gerenciamento sobre o processo, um saneamento compartilhado tem como outro benefício as próprias celeridade e economia processuais. Momentos que se "perdem" com a realização do ato, refletem "ganhos" no futuro. Preparar o processo de maneira satisfatória garante um andamento processual na fase de instrução muito mais rápido, enxuto e voltado para as reais necessidades do julgador e das partes, impedindo idas e vindas desnecessárias.[19]

Assim, deve se desenvolver a fase ordinatória: um momento no qual se busca preparar de forma a não deixar rebarbas para o futuro que prejudique o próprio andamento processual. Gerenciar o processo é essencial para a efetivação dos próprios propósitos da jurisdição.

17. A COMPARTICIPAÇÃO DOS SUJEITOS DO PROCESSO NA DELIMITAÇÃO DO *THEMA PROBANDUM*

O saneamento do processo – que alcança seu ato máximo durante a audiência preliminar –, imbuído nessa visão cooperativa, passa a ter feições de um ato praticado de forma compartilhada, construído em conjunto entre as partes. Perde-se a característica de um mero ato declaratório e ganha uma característica de ato constitutivo de uma nova situação jurídica que nasce das decisões conjuntas tomadas por todos os sujeitos do processo.

A colaboração entre os sujeitos do processo nessa fase do processo, que visa em linhas gerais a prepará-lo para a instrução probatória, tem seu significado na necessidade de o órgão jurisdicional ouvir todos os sujeitos envolvidos no processo, convidando-os a fornecer todos os esclarecimentos sobre as matérias de fato e de direito objeto de seu conhecimento.[20] Ou seja, busca-se a formação do *thema probandum* de forma compartilhada.

A comparticipação dos sujeitos neste momento processual torna o contraditório muito mais dinâmico, facilitando o alcance de sua própria dupla-função – garantir a bilateralidade de audiência dos sujeitos e permitir com que influenciem na decisão do juiz.

---

19. HOFFMAN, Paulo. *Saneamento compartilhado*, São Paulo, Quartier Latim, 2011, p. 121.
20. ALVARO DE OLIVEIRA, Carlos Alberto. *Efetividade e processo de conhecimento*. Texto retirado da Internet – www.ufrgs.br/mestredir/doutrina/oliveir2.htm, em 27 de abril de 2013.

Não há dúvidas de que um saneamento no qual se privilegia a oralidade torna a tarefa da fixação dos pontos que serão objeto de prova na fase instrutória muito mais simples e até mesmo completa – daí porque defende-se a obrigatoriedade de audiência para o saneamento do feito em todas as demandas em que não seja possível o julgamento antecipado do mérito. Além disso, oportunizar com que juiz e partes manifestem-se e discutam diretamente sobre o feito leva a uma diminuição dos recursos, em face da menor irresignação das partes com a participação direta na formação do convencimento do magistrado, impede a realização de provas inúteis e torna o próprio processo mais objetivo e personalizado, voltado às necessidades dos sujeitos parciais.

Nesse sentido, DIERLE JOSÉ COELHO NUNES e HUMBERTO THEODORO JÚNIOR são fortes no entendimento de que a comparticipação entre juiz e partes conduz a uma nova forma de implementação da cognição, pois um debate bem feito leva à redução do tempo processual e a formação de decisões melhor construídas, com a decorrente diminuição da utilização dos recursos.[21]

Pelo modelo cooperativo de estrutura do processo civil todo o saneamento e, por conseguinte, a delimitação do *thema probandum* deverá ser feito em audiência, independentemente da matéria envolvida no feito. O contraditório dinâmico busca aproximar as partes e o juiz em um diálogo franco e direto. Isso permite com que todos os sujeitos do processo tragam suas reais intenções ao processo com a especificação sobre o que se precisará ainda provar, isto é, quais as próximas provas necessariamente deverão ser produzidas.[22]

O diálogo cooperativo no momento da formação de qual será o real objeto de conhecimento do magistrado marca inclusive uma possibilidade de as partes entenderem aquilo que se está passando no processo, dando azo a uma análise mais crítica e objetiva sobre quais serão as reais possibilidades de vencerem ou não a demanda. E, com base nessa ideia, torna-se até mais fácil eventual composição entre elas.

Toda essa atividade de comparticipação, superados eventuais óbices que pudessem impedir o desenvolvimento regular do processo, prepara de maneira exemplar a instrução do feito. A formação do tema

---

21. NUNES, Dierle José Coelho e THEODORO JUNIOR, Humberto. *Uma dimensão que urge reconhecer ao contraditório no direito brasileiro: sua aplicação como garantia de influência, de não surpresa e de aproveitamento da atividade processual* in Revista de Processo, n. 168, pp. 108–141, São Paulo, RT, fev/09, p. 109.
22. HOFFMAN, Paulo. *Saneamento compartilhado*, São Paulo, Quartier Latim, 2011, pp. 140 e 270.

probatório a partir de uma a comunidade de trabalho indissociável de um processo cooperativo, leva a uma cabal economia processual: as partes trazem suas alegações de fato, o juiz em diálogo com elas seleciona aquelas tidas por necessárias ao seu convencimento e, por conseguinte, ao deslinde da controvérsia e o objeto da prova fica muito bem delimitado, com as partes já saindo ciente daquilo que deverão fazer caso pretendam convencer o magistrado de suas teses.[23]

17.1. O (importante) papel da oralidade

É impossível falar em um modelo cooperativo de estrutura de processo civil sem se ressaltar o importante papel que a oralidade desempenha dentro dele, tanto quanto a partir do seu próprio, puro e mais simples conceito (comunicação pela fala), como pela ideia de um conjunto principiológico inerente a ela (concentração dos atos, diálogo entre os sujeitos, imediação das provas, informalidade, identidade física do juiz). Acrescente-se, ainda, um sistema baseado na busca da verdade a partir da reconstrução dos fatos com base no testemunho livre das partes (interrogatório livre).[24]

O primeiro significado da oralidade é o seu sentido mais literal: a comunicação feita pela fala, na qual um sujeito discursa e o outro ouve, de forma direta (utilizando-se uma ferramenta ou não). É a forma de comunicação inerente ao homem, o qual atua de forma mais dinâmica e direta na comunicação social exatamente através desse atributo. Trata-se de um dos meios pioneiros e preponderante da comunicação humana (não se pode olvidar a comunicação via sinais também é tão ou mais antiga que a fala – a comparação aqui é feita com a comunicação pela escritura).

Transportando esse conceito, diz-se que o início da utilização do processo como instrumento de resolução de conflitos foi marcado pela adoção total da oralidade no desenvolvimento de seus atos. A fala era utilizada como a forma de comunicação dinâmica entre as pessoas. A escrita, por seu turno, era exclusivamente utilizada como forma de prorrogação do legado. Assim, a preocupação inicial era

---

23. MITIDIERO, Daniel. *Colaboração no processo civil: pressupostos sociais, lógicos e éticos*, 2ª ed., col. Temas Atuais de Direito Processual Civil, vol. 14, São Paulo, RT, 2011, pp. 138–139.
24. CAPPELLETTI, Mauro. *La testimonianza della parte nel sistema dell'oralità – contributo alla teoria della utilizzazione del sapere delle parti nel processo civil*, parte I, Milano, Giuffrè, 1962, p. 281.

documentar eventuais regras fundamentais e não aquilo que acontecia dentro do processo.²⁵

Como reflexo da própria sociedade, com o desenvolvimento da escrita, o processo passou a ser praticado com base especialmente nesse meio de comunicação. A escrita proporciona maior segurança e duração. Em contrapartida, a comunicação oral é mais rica e capaz de transmitir diretamente as emoções do seu interlocutor.

Por essas razões, pode-se dizer que a escritura passou a conviver junto da fala e assim até hoje é o que se verifica em todo e qualquer tipo de estrutura e de sistema processual. Oralidade e escritura tem cada qual o seu lugar. Daí surge no direito processual o denominado princípio da oralidade. Contudo, oralidade no processo não significa apenas um processo no qual se prevalece a comunicação e a prática dos atos pela fala – aliás, é o conceito mais equivocado que se encontra. Esse é apenas o primeiro e mais simples significado da oralidade.²⁶

Quando se fala em princípio da oralidade, fala-se em todo um sistema processual adequado para a prática dos atos orais, sempre com o objetivo de tirar o maior proveito possível desse tipo de comunicação – a simplicidade, o transporte da emoção, o contato mais direto entre todos os sujeitos do processo.²⁷ Oralidade, nesse sentido, é um princípio que caracteriza um modelo de "processo participativo, informal, humanizado e socializado, marcado pelo diálogo entre todos os sujeitos (...), que se encontram e cooperam, cada um exercendo adequadamente o seu papel, agindo com ética e interesse de realizar a justiça".²⁸

> Ora, falar em oralidade nesse segundo sentido é exatamente falar em colaboração processual. Um processo no qual a sua espinha dorsal é formado pelos elementos que definem a oralidade é nada mais nada menos do que um processo de estrutura cooperativa. Oralidade é, portanto, mais um elemento essencial para a prática efetiva de um modelo processual baseado na colaboração entre os sujeitos do processo.

---

25. STÜRNER, Rolf. *Oralidade e escritura no processo civil europeu*, trad. port. de Ronaldo Kochen, in Revista de Processo, vol. 223, São Paulo, RT, set./2013, p. 111.
26. CAPPELLETTI, Mauro. *La testimonianza della parte nel sistema dell'oralità – contributo alla teoria della utilizzazione del sapere delle parti nel processo civil*, parte I, Milano, Giuffrè, 1962, p. 128.
27. LEBRE DE FREITAS, José. *Introdução do processo civil: conceito e princípios gerais*, 2ª ed., Coimbra, Coimbra Editora, 2009, pp. 168–171.
28. CALMON, Petronio. *O modelo oral de processo no século XXI*, in Revista de Processo, vol. 178, São Paulo, RT, dez./2009, p. 48.

Quando se pensa em oralidade processual, deve-se igualmente pensar em como é praticada essa oralidade. Não se trata somente de existir atos perpetrados de forma oral, mas principalmente como são praticados os atos processuais em geral. Esse *modus operandi* da oralidade, definida por uma série de elementos (ou subprincípios), que determina uma estrutura oral de processo civil.

Os dois primeiros – e também sempre citados – elementos que compõe a oralidade como um sistema (ou como princípio geral e subprincípios, na palavra de CHIOVENDA) são a *imediação* na assunção das provas e a *concentração* dos atos processuais – ambas relacionadas aos poderes instrutórios do juiz.[29]

A imediação é o elemento que denota o modo como se dá a assunção da prova. Em um processo no qual a oralidade atua como um instituto fundamental à sua estrutura, o juiz tem contato direto com a prova dos autos. Assim, a prova é produzida sem algo ou alguém fazendo o intermédio. Os exemplos clássicos são o da prova oral (depoimento pessoal, testemunhal, interrogatório)[30] e a inspeção judicial (Código de Processo Civil de 1973, artigos 342, 343, 400 e 440 e novo Código de Processo Civil, artigos 385, 443 e 481) – a produção dessas provas ocorre através do contato do juiz direito com a fonte de prova[31].

Trata-se de um elemento subjetivo da oralidade (ou também denominado elemento espacial). E não é qualquer elemento: a imediação é característica essencial da oralidade, já que seria impossível pensar em um processo oral sem o contato direto do juiz com as pessoas (partes ou testemunhas) e coisas (inspeção de bens em geral).[32]

Diz-se que essa participação direta no momento da assunção da prova garante ao órgão jurisdicional um melhor julgamento da autenticidade (no sentido de veracidade) da prova – principalmente quando se fala na possibilidade que o juiz tem de captar todos os aspectos subjetivos

---

29. CHIOVENDA, Giuseppe. *Sul rapporto fra le forme del procedimento* in Saggi di diritto processuale, vol. II, Roma, Foro Italiano, 1931, pp. 197 e ss.
30. As exceções ficam por conta *(i)* da tomada do depoimento testemunhal de pessoa que resida em comarca ou juízo diverso daquele onde tramita o processo e daquelas e *(ii)* quando se tratar do presidente da República, ao qual é garantido o depoimento por escrito.
31. "Fontes de prova são pessoas ou coisas das quais se possam extrair informações capazes de comprovar a veracidade de uma alegação." (DINAMARCO, Cândido Rangel. *Instituições de direito processual civil*, vol. III, 6ª ed., São Paulo, Malheiros, 2009, p. 85).
32. CAPPELLETTI, Mauro. *La testimonianza della parte nel sistema dell'oralità – contributo alla teoria della utilizzazione del sapere delle parti nel processo civil*, parte I, Milano, Giuffrè, 1962, p. 127.

de um depoimento pessoal ou testemunhal.³³ E sabe-se bem da utilidade e até da efetividade que o contato direto proporciona ao juiz: analisar a imagem, ouvir o som, o tom das palavras, as expressões faciais e corporais, todos signos muito significativos da mensagem que é passada.

Nesse diapasão, é significativo o destaque dado por FRANCISCO CAMPOS, na Exposição de Motivos ao Código de Processo Civil de 1939, que garante ser um diferencial à própria valoração da prova a colhida dela diretamente pelo juiz, o qual segue os movimentos da fisionomia, acompanha as palavras sublimadas, tem uma impressão pessoal de toda a atmosfera que circunda o ato. Sob esse prisma, o órgão julgador se coloca em condições muito mais adequadas para formular as perguntas pertinentes, avaliar a credibilidade dos testemunhos, visualizar diretamente as situações.³⁴

Esse aspecto da imediação leva a uma regra indissociável, que também compõe a gama de elementos da oralidade: a *identidade física do juiz*. Tal elemento é representado pela obrigação de que a sentença a ser proferida no processo civil deve ser exatamente proferida por aquele juiz que colheu a prova oral – é claro que tal concepção ficaria vazia se a sentença viesse a ser proferida em audiência, logo após a colheita da prova oral.³⁵

Ora, imediação é impraticável sem identidade física. Qual seria a utilidade de o juiz ter contato direto com a prova caso a sentença viesse a ser proferida por um outro que não teve? A imediatidade deixa de existir nessa situação, pois o contato da prova será invariavelmente indireto. Logo, é condição necessária para a funcionalidade da imediação a identidade física do juiz.³⁶

O juiz que dirige a instrução oral do processo é claramente aquele mais apto para uma adequada valoração da prova colhida e posterior proferimento da sentença. Invocam-se novamente os motivos explicados por FRANCISCO CAMPOS que antecedem o Código de Processo Civil de 1939: "[sendo o processo destinado] à investigação

---

33. CALMON, Petronio. *O modelo oral de processo no século XXI*, in Revista de Processo, vol. 178, São Paulo, RT, dez./2009, p. 54.
34. CARNEIRO, Athos Gusmão. *Audiência de instrução e julgamento e audiências preliminares*, 10ª ed., Rio de Janeiro, Forense, 2002, p. 22.
35. CALMON, Petronio. *O modelo oral de processo no século XXI*, in Revista de Processo, vol. 178, São Paulo, RT, dez./2009, p. 54.
36. CHIOVENDA, Giuseppe. *Istituzioni di diritto processuale civile*, Napoli, 1934, trad. port. de J. Guimarães Menegale, *Instituições de direito processual civil*, vol. III, São Paulo, Saraiva, 1945, n. 309.

da verdade, somente o juiz que tomou as provas está realmente habilitado a apreciá-las do ponto de vista do seu valor ou da sua eficácia em relação aos pontos debatidos".

Seria completamente irracional e até mesmo ilusório pensar em *imediação* na assunção da prova (oral ou mesmo quando se trata de inspeção judicial) se um terceiro (e aqui não se enquadra somente a figura de um futuro juiz, como também qualquer outro sujeito que não seja o mesmo que faça a colheita da prova), diverso daquele que colheu a prova, viesse a valorá-la. Aliás, nesse esteio, até mesmo quando haja essa identidade (do sujeito que colhe e valora a prova), mas as situações ocorram muito distantes temporalmente falando, fica prejudicada a imediação.[37]

> De qualquer forma, é óbvio que a aplicação irracional da identidade física do juiz gera maiores prejuízos que benefícios. Toda vez que o juiz que colheu a prova não for o mesmo que irá proferir a sentença, deve-se perquirir o motivo pelo qual se chegou a esta situação e se vale à pena (principalmente analisando do ponto de vista da aplicação da economia processual como o outro prato da balança) a sua aplicação.
>
> Além disso, conforme as próprias exceções (diga-se, pragmáticas) trazidas pela legislação processual civil, ocorrerão hipóteses em que a aplicação da identidade física realmente restará prejudicada, não havendo o que se fazer – claro que isso não ocorrerá caso a sentença seja proferida em audiência.
>
> Ora, esse remédio (proferimento da sentença em audiência) para o problema de não se conseguir com que seja respeitada a identidade física do juiz vem com o terceiro elemento da oralidade, a concentração dos atos.

A *concentração dos atos* possui relação intrínseca com a imediação da prova e com a identidade física do juiz. Aliás, esse é um aspecto temporal da imediação. A identidade física do juiz não garante a adequada utilização do sistema de imediação da prova, pois o seu principal objetivo é exatamente o de *sentir* a prova naquele exato momento – ou em um momento bem próximo – em que ela será valorada. Não adianta pensar na utilidade da colheita de um depoimento pessoal da parte e o processo vir a ser julgado mais de um ano após

---

37. CAPPELLETTI, Mauro. *La testimonianza della parte nel sistema dell'oralità – contributo alla teoria della utilizzazione del sapere delle parti nel processo civil*, parte I, Milano, Giuffrè, 1962, pp. 127–128.

a prática desse ato, ainda que pelo mesmo juiz. Todos os elementos decorrentes da oralidade se perdem com o tempo.[38]

Nas palavras de ATHOS GUSMÃO CARNEIRO, o princípio da concentração é condição de eficácia do princípio da imediação, pois ele facilita a permanência subjetiva do juiz (óbvio que quanto mais rápido os atos são praticados, menores são as chances de ocorrer casos de doenças, promoções, transferências, aposentadoria etc.), abreviando o processo.[39]

Quando se fala em concentração de atos, busca-se a maior reunião possível da prática dos atos em um mesmo momento, impedindo-se que o procedimento se delongue num número maior de etapas e fase.

Decorrência inarredável dessa situação de concentração de atos, a realização de uma só audiência no processo para colheita das provas orais é um ponto importante para a efetividade da oralidade. Contudo, não deve ser realizada qualquer audiência e sim uma audiência planejada, organizada, objetiva e produtiva. A audiência una[40] "produtiva" reúne a um só tempo a ideia de imediação, identidade física do juiz e concentração: todos os atos, desde a colheita da prova até sua eventual valoração, com a decisão da demanda ocorrem num mesmo momento, e pela mesma pessoa – sem se falar que eventuais decisões interlocutórias proferidas ali restam intacáveis, proporcionando maior efetividade, celeridade e economia processuais.[41]

A concentração dos atos proporcionará obviamente uma decisão de maior qualidade – ou ao menos, mais próxima do acerto da reconstrução dos fatos –, pois o juiz terá em sua memória tudo o que se passou durante a instrução. Por isso também se mostra mais do que razoável o proferimento da sentença logo em seguida à produção da prova, fazendo-o na mesma audiência – ou, no máximo e

---

38. CAPPELLETTI, Mauro. *La testimonianza della parte nel sistema dell'oralità – contributo alla teoria della utilizzazione del sapere delle parti nel processo civil*, parte I, Milano, Giuffrè, 1962, p. 128.
39. CARNEIRO, Athos Gusmão. *Audiência de instrução e julgamento e audiências preliminares*, 10ª ed., Rio de Janeiro, Forense, 2002, p. 39.
40. A audiência ser una equivale a dizer que aquele ato teve ser visto em sua integralidade. Ou seja, não é porque a audiência vem a ser adiada que a audiência seguinte será considerada um novo ato. Aquilo que começou em um dia, somente irá terminar no próximo designado para a realização do ato, sem que isso signifique a prática de mais de um ato processual. Isso traz implicações das mais variadas ordens e que devem ser observadas, tal como a impossibilidade de se renovar ou retificar o rol de testemunhas apresentadas.
41. CALMON, Petronio. *O modelo oral de processo no século XXI*, in Revista de Processo, vol. 178, São Paulo, RT, dez./2009, p. 52.

como *ultima ratio*, pouquíssimos dias depois caso realmente o litígio demanda um estudo mais profundo.[42]

Todos aqueles que participam da administração da justiça devem fazer um maior esforço para a prevalência desse importante aspecto da oralidade.[43] Decidindo-se logo na audiência ou no menor espaço de tempo possível, permite-se um maior aproveitamento da própria memória do órgão julgador quanto às provas produzidas, sem se falar na diminuição do risco de ser quebrada a ideia da identidade física do juiz.

Imediação, identidade física do juiz e concentração dos atos formam a tríade básica de um processo no qual a oralidade se faça presente. Contudo, em um modelo de estrutura cooperativa do processo civil, a oralidade também assume uma outra posição como ferramenta instrumentalizadora do citado modelo.[44] Isso porque, decorre da própria ideia de oralidade um processo no qual o contraditório assume posição de diálogo entre os sujeitos do processo – principal característica da colaboração processual (Código de Processo Civil de 1973, artigo 451 e novo Código de Processo Civil, artigo 357, inciso V e §3º).

A oralidade processual tem sua maior marca na realização de uma audiência útil, organizada e produtiva. Ora, uma audiência útil, organizada e produtiva, na qual vigoram a imediação, a identidade física do juiz e a concentração dos atos, somente pode ser assim denominada caso sejam respeitados um diálogo aberto e franco entre os sujeitos que dela participam. Aliás, o contraditório no modelo cooperativo é isso: a participação ativa de todos os sujeitos do processo, colocados em um mesmo plano de trabalho e focados na busca da verdade para realização de justiça (quando o juiz então se distancia para proferir sua decisão).[45]

Exemplos não faltam inclusive no ordenamento jurídico processual. A própria legislação incentiva a realização de acordo entre as partes em todo o processo – e na própria audiência é

---

42. CALMON, Petronio. *O modelo oral de processo no século XXI*, in Revista de Processo, vol. 178, São Paulo, RT, dez./2009, pp. 51–53.
43. MATOS, José Igreja. *Um modelo de juiz para o processo civil actual*, Coimbra, Wolter Kluwer Portugal – Coimbra Editora, 2010, pp. 130–132.
44. CALMON, Petronio. *O modelo oral de processo no século XXI*, in Revista de Processo, vol. 178, São Paulo, RT, dez./2009, p. 53.
45. MITIDIERO, Daniel. *Colaboração no processo civil: pressupostos sociais, lógicos e éticos*, 2ª ed., col. Temas Atuais de Direito Processual Civil, vol. 14, São Paulo, RT, 2011, pp. 114–115.

renovada essa proposta. Além disso, pode o juiz inclusive sugerir a adoção de outro mecanismo de resolução do conflito. No mesmo esteio, as partes e o juiz podem durante o ato dialogar sobre a própria condução do processo, muito especialmente sobre as provas que pretendem produzir, conforme trazido no item anterior.

Para que a oralidade se identifique com diálogo cooperativo, deve ser permitida a prática dos atos de forma mais informal – como sempre bem relembrado na Lei dos Juizados Especiais. Independentemente da complexidade do *thema decidendum* ou do *thema probandum*, a informalidade garante sempre a maior aproximação dos sujeitos do processo o que facilita o diálogo e o contraditório substancial.

Diante do quadro desenhado, não restam dúvidas que a oralidade, a partir de seus elementos essenciais (imediação, identidade física do juiz e concentração dos atos), aliada a um procedimento menos formal e mais focado nos resultados que se pretende extrair do processo-instrumento, permite a aplicação de um contraditório baseado no diálogo entre todos os sujeitos do processo. Por sua vez, um processo no qual vigora um diálogo em colaboração garante o alcance dos escopos previstos para a jurisdição.

18. A REPARTIÇÃO DOS ENCARGOS PROBATÓRIOS – O ÔNUS DA PROVA NO PROCESSO CIVIL COOPERATIVO

Seguindo na mesma fase de organização do processo, enfrenta-se também o tema da repartição dos ônus probatórios no processo civil cooperativo.

O *onus probandi* assume uma nova feição quando tratado dentro de uma comunidade de trabalho formada por partes e juiz – uma feição que busca estabelecê-lo não somente como uma regra de julgamento, mas também como uma regra de instrução e, frise-se, dinâmica.

A abordagem tradicional e mais comumente vista quanto ao enquadramento dos encargos probatórios sempre é feita pelo seu lado objetivo. Isso significa encarar o ônus da prova como regra de julgamento, a qual deverá ser aplicada em razão do dever que o magistrado tem de julgar a causa ainda que não se tenham elementos probatórios suficientes para sua convicção (vedação ao *non liquet*). É nesse sentido que GIOVANNI VERDE ensina que as regras de distribuição do ônus da prova são antes de qualquer coisa regras de julgamento.[46] Tal concepção do ônus da prova trata-o como uma verdadeira ferramenta viabilizadora do julgamento de mérito, ainda no caso de insuficiência do quadro probatório.[47]

Contudo, em um processo cujo modelo de estrutura seja o cooperativo, não tem melhor sorte a caracterização do ônus da prova somente como regra de julgamento. A *uma* porque levando em consideração o ônus probatório apenas no momento de decidir a causa não se estimula aos sujeitos do processo uma atuação mais marcante na produção das provas (que podem levar a um julgamento mais justo e efetivo). A *duas* porque se o ônus probatório for apenas repartido (diga-se, invertido) somente ao final da causa, haverá grande surpresa aos participantes do contraditório, os quais não terão um momento adequado para se manifestarem no sentido de buscar o convencimento do órgão jurisdicional.

O julgamento a partir da não desincumbência do *onus probandi* sempre será uma ficção, não representará a "verdade dos fatos" buscada no processo. E, como já adiantado em linhas anteriores, o processo cooperativo busca servir como método eficaz do alcance dos escopos da jurisdição, principalmente o escopo social – realização de pacificação social com justiça; e a justiça não pode ser feita com mero contentamento de uma ficção.

> Não se quer nem se pretende defender a inexistência ou ineficácia da repartição do ônus da prova com o presente trabalho. O que se busca é fortalecer a visão de que o *onus probandi* não é somente uma regra de julgamento, e que, portanto, deve ser aplicado somente no momento de resolução da causa. Ao contrário, busca-se semear a visão de que os ônus probatórios devem servir como um norte na condução do processo pautado no diálogo entre seus sujeitos.

Com o processo cooperativo fortalece-se a visão do ônus probatório como regra de procedimento (regra de instrução, a depender da

---

46. Verde, Giovanni. *L'onere della prova nel proceso civile*, Napoli, Jovene, 1974, pp 11 e ss. Nesse mesmo sentido: Bedaque, José Roberto dos Santos. *Poderes instrutórios do juiz*, 5ª ed., São Paulo, RT, 2011, p. 127–128; Pacífico, Luiz Eduardo Boaventura. *O ônus da prova no direito processual civil*, São Paulo, RT, 2001, pp. 131–142; Comoglio, Luigi Paolo. *Le prove civile*, Torino, Utet, 1998, pp. 90 – 94.
47. Chiovenda, Giuseppe. *Sul rapporto fra le forme del procedimento* in Saggi di diritto processuale, vol. II, Roma, Foro Italiano, 1931, pp. 197 e ss.

nomenclatura adotada). Nesse sentido, o ônus da prova não se volta somente ao julgamento do processo (momento final), mas também às atividades probatórias das partes (momento inicial).[48]

Entendendo-se os ônus probatórios como também regra de procedimento, estimulam-se os sujeitos do processo a produzir o máximo número de provas de suas alegações, instruindo da melhor maneira a cognição do juiz e possibilitando o alcance da solução mais justa possível (escopo social da jurisdição). Sendo o *onus probandi* considerado também regra de procedimento, as partes já saem desde o início da fase instrutória (pois os ônus ficam estabelecidos na fase ordinatória)[49] cientes de seus verdadeiros encargos no processo, não havendo o que se falar em eventuais surpresas no momento de decisão do feito, o que leva inclusive a uma maior participação delas na produção de provas necessárias ao deslinde da controvérsia.[50]

Lembre-se que ao se adotar a visão de ônus probatório como regra de julgamento, permite-se que a sua inversão ocorra até o momento final do processo, isto é, na sentença.[51] Ou seja, uma visão puramente do ônus da prova como regra de julgamento pode levar a uma consequência muito grave e que deve ser frontalmente repelida: ser proferida uma decisão que *pegue de surpresa* as partes e quebre a *confiança* que deveria existir entre elas e o Estado-juiz.

Ora, o processo civil cooperativo caminha em sentido exatamente contrário. A ideia de colaboração vai pela senda da *não surpresa*, uma das facetas do princípio do contraditório – afinal, não se pode esperar que as partes influenciem uma decisão quando essa é dada de supetão e sem qualquer possibilidade dos sujeitos parciais participarem ativamente na formação dela. Permitir que, por exemplo, o ônus da prova seja invertido na sentença compromete o diálogo e a comunidade de trabalho esperada em um processo cooperativo.

---

48. ROSENBERG, Leo. *Die Beweislast*, 1956, trad. esp. de Ernesto Krotoschin, *La carga de la prueba*, Buenos Aires, Ejea, 1956, p. 19.
49. Isso não quer dizer que o ônus da prova não possa ser fixado em momento posterior. Até pode, desde que se dê a oportunidade da parte ter ciência em tempo razoável a exercer o seu contraditório e assim influenciar a decisão do juiz. No entanto, é aconselhável que a repartição dos encargos dê-se no exato momento em que o feito for saneado.
50. MITIDIERO, Daniel. *Colaboração no processo civil: pressupostos sociais, lógicos e éticos*, 2ª ed., col. Temas Atuais de Direito Processual Civil, vol. 14, São Paulo, RT, 2011, p. 140.
51. Assim decidiu em importante precedente – equivocado, diga-se – a Terceira Turma do Superior Tribunal de Justiça: STJ, 3ª T., REsp n. 1.125.621-MG, rel. Min. NANCY ANDRIGHI, j. 19.8.10, p. 7.2.10, v.u.

Nessa linha, TERESA ARRUDA ALVIM WAMBIER defende a ideia de que se houver a inversão do ônus da prova, esta deve se dar durante a fase instrutória (regra de procedimento) ou, caso assim não ocorra, que ao menos se dê a chance de as partes poderem se desincumbir de tais ônus e colaborem com a instrução da causa antes de se proferir uma decisão contrária aos seus interesses baseada numa ficção (viés exclusivo da regra de julgamento).[52]

Relembre-se que até mesmo questões conhecíveis de-ofício devem fazer parte do contraditório antes de serem decididas, afastando eventual surpresa dos jurisdicionados com a decisão; com mais razão a concepção de se inverter o ônus da prova somente ao final do processo deve ser refreada. Esses são alguns dos motes do processo civil cooperativo: os deveres de consulta, prevenção e de esclarecimento.[53]

A jurisprudência do Superior Tribunal de Justiça também segue o mesmo entendimento de que o ônus probatório deve ser visto como regra de procedimento (ou instrução) e que o momento ideal para uma eventual inversão deve-se dar durante o saneamento do feito:

> "a inversão do ônus da prova a respeito da identidade do responsável pelo produto pode ocorrer com base no art. 6º, VI, do CDC, regra de instrução, devendo a decisão judicial que a determinar ser proferida 'preferencialmente na fase de saneamento do processo ou, pelo menos, assegurando-se à parte a quem não incumbida inicialmente o encargo, a reabertura de oportunidade'." [54]

O ônus da prova no processo cooperativo deve ser visto tanto como regra de julgamento, quanto como regra de procedimento (instrução).

Ainda no tema do ônus da prova, e levando como premissa que o instituto não se volta somente ao julgamento da causa, como também

---

52. ARRUDA ALVIM WAMBIER, Teresa. *Noções gerais sobre o processo no Código do Consumidor* in Revista de Direito do Consumidor, vol. 10, São Paulo, RT, abr.-jun./94, p. 248.
53. TEIXEIRA DE SOUZA, Miguel. *Aspectos do novo processo civil português* in Revista de Processo, vol. 86, São Paulo, RT, abr.-jun./97, p. 174-184. Nesse mesmo sentido está o §139 da *Zivilprozessordnung*, o qual se preocupa com que a solução da controvérsia seja dada de modo claro. Em verdade, traduz-se em norma que impede com que as partes tenham surpresas, obrigando o órgão judicial a trazer à tona aspectos de fato e de direito considerados importantes para seu convencimento, sendo proibida a fundamentação de decisão judicial em ponto que não tenha sido suscitado anteriormente por nenhum sujeito do contraditório. Tal disposição preocupa-se com o máximo de esclarecimentos fáticos necessários para o julgamento da causa, mediante uma adequada produção probatória.
54. STJ, 2ª Seção, EREsp. n. 422.778-SP, rel. p/ acórdão Min. ISABEL GALLOTTI, j. 29.2.12, DJe. 21.6.12, m.v.. Nesse mesmo sentido: STJ, 2ª Seção, REsp n. 802.832-MG, rel. Min. PAULO DE TARSO SANSEVERINO, j. 13.4.11, DJe 21.9.11, m.v.

à própria atividade probatória das partes, cumpre também analisar a sua distribuição (estática ou dinâmica) tomando como pressuposto o próprio modelo cooperativo de processo civil e, portanto, a possibilidade de dinamizar distribuição dos encargos probatórios, instrumento de grande valia na busca da "verdade dos fatos".[55]

> A distribuição estática dos ônus probatórios leva em consideração uma rigidez na fixação dos encargos probatórios às partes. Assim, para se desincumbir do ônus e ser possível a sua vitória na demanda o autor deve provar os fatos x e réu os fatos y. Atualmente, no direito brasileiro e com base no novo Código de Processo Civil, encontra-se a regra fixada de que ao autor incumbe a prova dos fatos constitutivos e ao réu a prova dos fatos modificativos, extintivos ou impeditivos do direito, sendo ainda possível a dinamização dessa distribuição (artigo 373, §1º).
>
> A dinamização da distribuição do ônus da prova refere-se à concepção de que, não sendo suficiente a distribuição estática do ônus da prova, levando o encarregado de determinado *onus probandi* a uma situação de extrema injustiça, pois impossível a produção da prova por ele, outorga-se tal ônus à parte contrária, que por sua vez deve ter efetivamente melhores condições para se desincumbir do encargo.[56]

A premissa de que os ônus probatórios são tanto regra de julgamento, quanto de procedimento possibilita a aplicação da teoria da distribuição dinâmica do ônus da prova[57], como forma inclusive de possibilitar de maneira mais eficaz os escopos da jurisdição. E agora o novo Código de Processo Civil ratificou este entendimento.

A distribuição estática do *onus probandi*, a bem da verdade, preocupa-se muito mais com o alcance de uma decisão final (veda-

---

55. KNIJNIK, Danilo. *As (perigosíssimas) doutrinas do "ônus dinâmico da prova" e da "situação de senso comum"*, in FUX, Luiz; NERY JR., Nelson; ARRUDA ALVIM WAMBIER, Teresa (coords.). *Processo e constituição – estudos em homenagem ao Professor José Carlos Barbosa Moreira*, Rio de Janeiro, Forense, 2006, pp. 942–951.
56. PEYRANO, Jorge W. *Aspectos procesales de la responsabilidad profesional* in MORELLO, Augusto M. e outros. *Las responsabilidades profesionales – libro en omenaje al dr. Luis O. Andorno*, La Plata, LEP, 1992, p. 263; PEYRANO, Jorge W. *Nuevos lineamientos de las cargas probatorias dinámicas* in PEYRANO, Jorge W.; LÉPORI WHITE, Inés (coords.) *Cargas probatorias dinámicas*, Buenos Aires, Rubinzal-Culzoni, 2004, p. 21. Contra a aplicação da teoria da distribuição dinâmica do ônus da prova: GARCÍA GRANDE, Maximiliano. *Cargas probatorias dinámicas: ni nuevas, ni argentinas, ni aplicables*, in http://www.e-derecho.org.ar/congresoprocesal, acessado em 5 de maio de 2013.
57. DENTI, Vittorio. *L'inversione dell'onere della prova: rilievi introduttivi* in Rivista Trimestrale di Diritto e Procedura Civil, Milano, Giuffrè, 1992, p. 709.

ção ao *non liquet*) que propriamente com a tutela do direito lesado ou ameaçado, sem considerar eventuais dificuldades da parte em demonstrar a veracidade de suas alegações.[58] Ao contrário, partindo-se da premissa da cooperação entre os sujeitos do processo, está a distribuição dinâmica do ônus da prova.

Os fundamentos desta distribuição dinâmica são totalmente coincidentes com os próprios fundamentos do modelo cooperativo de processo civil. Tem-se aí a necessidade de aproximação do processo à concepção de instrumento de busca de justiça e de efetiva igualdade entre as partes.[59]

Justamente baseado nesta concepção, o novo Código de Processo Civil prevê a distribuição dinâmica do ônus da prova – desde que seguidos os rigorosos requisitos para tanto, tal como a impossibilidade de uma parte e a possibilidade da outra de produzir a prova.[60]

A dinamização do ônus da prova tem tamanha relação com o processo cooperativo que é possível encará-la como ferramenta de concretização dos deveres de boa-fé e lealdade processual (deveres de colaboração), aplicáveis aos sujeitos do processo indiscriminadamente, bem como do dever de auxílio[61], que se impõe especificamente ao órgão jurisdicional.[62]

Conclui-se parcialmente, assim, que no modelo cooperativo de estrutura de processo civil o ônus da prova deve ser visto também como uma regra de procedimento, de modo a orientar a conduta

---

58. CAMBI, Eduardo Augusto Salomão. *A prova civil: admissibilidade e relevância*, São Paulo, RT, 2006, p. 341.
59. CAMBI, Eduardo Augusto Salomão. *A prova civil: admissibilidade e relevância*, São Paulo, RT, 2006, p. 410; CÁRDENAS, Hector H.. *Las cargas procesales dinámicas en la ineficacia concursal* in PEYRANO, Jorge W.; LÉPORI WHITE, Inés (coords.) *Cargas probatorias dinámicas*, Buenos Aires, Rubinzal-Culzoni, 2004, p. 409; KNIJNIK, Danilo. *As (perigosíssimas) doutrinas do "ônus dinâmico da prova" e da "situação de senso comum"*, in FUX, Luiz; NERY JR., Nelson; ARRUDA ALVIM WAMBIER, Teresa (coords.). *Processo e constituição – estudos em homenagem ao Professor José Carlos Barbosa Moreira*, Rio de Janeiro, Forense, 2006, p. 943.
60. Assim dispõe os parágrafos primeiro e segundo do artigo 373 do novo Código de Processo Civil: "§1º Nos casos previstos em lei ou diante de peculiaridades da causa, relacionadas à impossibilidade ou à excessiva dificuldade de cumprir o encargo nos termos do caput ou à maior facilidade de obtenção da prova do fato contrário, poderá o juiz atribuir o ônus da prova de modo diverso, desde que o faça por decisão fundamentada. Neste caso, o juiz deverá dar à parte a oportunidade de se desincumbir do ônus que lhe foi atribuído.
§2º A decisão prevista no §1º deste artigo não pode gerar situação em que a desincumbência do encargo pela parte seja impossível ou excessivamente difícil".
61. TEIXEIRA DE SOUZA, Miguel. *Estudos sobre o novo processo civil*, 2ª ed., Lisboa, Lex, 1997, p. 67.
62. CAMBI, Eduardo Augusto Salomão. *A prova civil: admissibilidade e relevância*, São Paulo, RT, 2006, p. 342; CÂMARA, Alexandre Freitas. *Doenças preexistentes e ônus da prova: o problema da prova diabólica e uma possível solução* in Revista Dialética de Direito Processual, n. 31, São Paulo, Dialética, 2005, p. 15.

probatória das partes, visando a levar ao processo todos os elementos importantes ao deslinde do feito. Por seu turno, ao se assinalar o ônus da prova como meio de garantir o verdadeiro acesso à justiça e o alcance dos escopos da jurisdição, entende-se pela possibilidade de sua dinamização em casos extremos e quando assim for realmente necessário, atribuindo-se o ônus da produção da prova diabólica a uma das partes que tenha a real capacidade de trazer aos autos tal elemento que a outra parte não teria.[63]

> Interessante questão emerge, contudo, quando se dinamiza o ônus e encarrega a outra parte de produzir determinada prova que eventualmente vá de encontro com as suas próprias alegações (direito de não produzir prova contra si mesmo), como adiante será melhor apreciado (*cfr.* item 19).

Vencida a ideia de delimitação do *thema probandum* e da repartição dos ônus da prova no processo civil cooperativo, parte-se a seguir com a análise do próprio direito (e/ou dever) à produção da prova (direito de participação – princípio do contraditório) e como ele se impõe durante a fase instrutória de um processo cujo modelo de estrutura adotado tenha como pano de fundo a colaboração entre os atores processuais.

---

63. MITIDIERO, Daniel. *Colaboração no processo civil: pressupostos sociais, lógicos e éticos*, 2ª ed., col. Temas Atuais de Direito Processual Civil, vol. 14, São Paulo, RT, 2011, p. 143.

Capítulo VI

O PROCESSO COOPERATIVO NA FASE INSTRUTÓRIA E A COLABORAÇÃO DAS PARTES NA BUSCA POR UMA SOLUÇÃO "JUSTA, PARTICIPATIVA E EFETIVA"

Seguindo pelas fases procedimentais do processo, chega-se agora à fase instrutória, a qual desafia as demais como aquela tida por mais importante para o alcance dos escopos da jurisdição e onde se pode observar com maior intensidade (ou talvez com maior polêmica) o modelo cooperativo de estrutura do processo.

A moderna visão de um processo estruturado de maneira colaborativa tem suas raízes provavelmente no fim do século XIX. A grande e primeira estruturação de um modelo de processo voltado à efetividade de aplicação e realização do direito adveio da reforma processual proposta por FRANZ KLEIN, na Áustria.

O citado doutrinador entendia que o litígio era um verdadeiro *mal social*, o qual afetava a sociedade como um todo e de maneira negativa. Em face disso, propôs-se um modelo preocupado em imprimir maior celeridade e efetividade na resolução do conflito, em contraposição à antiga concepção clássica e liberal do processo civil. Para tanto, desenvolveu inúmeras técnicas de trabalho que no fundo estavam ligadas ao objetivo proposto: oralidade do procedimento, imediação na colheita da prova, publicidade dos atos e livre valoração da prova.[1]

Como se percebe, o sistema de FRANZ KLEIN foi talvez o primeiro (ainda que longinquamente) a sugerir uma maior aproximação dos sujeitos do processo, abrindo maior flanco para o diálogo, o que

---

1. ALVARO DE OLIVEIRA, Carlos Alberto. *Poderes do juiz e visão cooperativa do processo I*, in http://www.abdpc.org.br/abdpc/artigos/Carlos%20A%20A%20de%20Oliveira%20(8)%20-formatado.pdf, em 7 de maio de 2012, p. 4.

inegavelmente abriu espaço para o desenvolvimento do que hoje se chama de processo cooperativo.

A partir dessa visão, iniciou-se uma verdadeira evolução no modo de pensar do processo. Pouco a pouco o processo foi ganhando uma concepção de local destinado a realização da justiça e pacificação dos conflitos. Essa percepção, inclusive, com o tempo foi reforçada pela conotação publicista imposta ao processo, culminando na constatação de que o processo é uma atividade de interesse público.

Hodiernamente, entende-se que a atividade jurisdicional deve ser realizada no intuito de não somente defender os interesses dos sujeitos envolvidos nos polos da demanda, mas também o interesse do próprio Estado e da sociedade como um todo em se alcançar os objetivos a que se presta a tutela jurisdicional.

O processo é entendido como um instrumento não somente destinado às partes, mas a todos os sujeitos que integram o Estado Democrático de Direito, preocupados com a consecução dos seus fins, principalmente quando se fala em um dos escopos sociais da jurisdição, a pacificação social com justiça.[2]

A partir dessa concepção, é possível construir uma ideia de que, na medida do possível, para alcançar os escopos da jurisdição, todos os sujeitos do processo devem colaborar com o desenvolvimento do processo, independentemente de seus interesses pessoais no litígio e da possibilidade de se obter algum benefício direito com ele.

A condução da causa se dá de maneira conjunta entre o Estado-juiz e os sujeitos parciais do processo. A interação nos atos do procedimento passa a ocorrer de maneira contínua, mediante um intenso diálogo coparticipativo. Esse método de trabalho é uma releitura atualizada e ordenada do próprio princípio do contraditório, a qual outorga às partes e ao juiz um papel mais ativo.[3]

O modelo cooperativo de estrutura do processo preocupa-se em aplicar o princípio do contraditório de modo mais profundo que somente pela bilateralidade de audiência. Trata-se de garantir uma posição de *simetria* de posições subjetivas, além de possibilitar que os sujeitos

---

2. DIDIER JR. Fredie. *Fundamentos do princípio da cooperação no direito processual civil português*, Coimbra, Wolter Kluwer Portugal – Coimbra Editora, 2011, p. 14.
3. GOUVEIA, Lúcio Grassi de. *A função legitimadora do princípio da cooperação intersubjetiva no processo civil brasileiro* in Revista de Processo, vol. 172, jun/2009, p. 32.

dialoguem entre si, para assegurar uma efetiva participação – cada um com seu devido papel – na formação de uma solução *giusta* ao processo.[4]

TEIXEIRA DE SOUZA ensina que o modelo cooperativo transforma o processo em uma comunidade de trabalho, passando a responsabilizar as partes e o órgão jurisdicional pelos seus resultados. O autor português chega a afirmar que o chamado princípio da cooperação consagra inclusive um dever de a parte colaborar com a descoberta da verdade, inclusive àquela que não estava onerada com a prova, fazendo referência ao artigo 519º, 1, do Código de Processo Civil português.[5]

É o que a doutrina alemã denomina de *arbeitsgemeinschaft*, isto é, comparticipação entre juiz e partes (e seus advogados) de acordo com os seus papeis e funções desenvolvidas ao longo do processo. Doutrina esta que constatou que quando levada a sério a concepção de comunidade de trabalho, diminui-se a duração do processo (principalmente com a prevenção de eventuais e desnecessárias nulidades e diminuição dos recursos por maior conformismo), bem como se possibilita a formação de decisões melhor construídas.[6]

Como tem sido visto ao longo do presente trabalho, o modelo cooperativo de estrutura do processo pode ser visualizado por diversos ângulos em todo arco procedimental. Quando visto pelo ângulo do direito probatório, o modelo cooperativo impõe uma nova divisão de trabalho entre os sujeitos processuais.

Não se encontra mais aquela rigidez quanto à divisão de um juiz mais passivo e inerte e partes necessariamente mais ativas. Ocorre um nivelamento pelo qual todos passam a ter que atuar em conjunto, de maneira ativa.

> Impõe-se, por exemplo, que o magistrado utilize seus poderes instrutórios já garantidos pela lei (Código de Processo Civil de 1973, artigo 130 e novo Código de Processo Civil, artigo 370) principalmente com o objetivo de buscar a verdade dos fatos. O juiz deve também tornar claro e de fácil entendimento quais os fatos serão objeto de prova e qual o caminho para o seu devido convencimento.

---

4. NUNES, Dierle José Coelho. *Processo jurisdicional democrático: uma análise crítica das reformas processuais*, Curitiba, Juruá, 2008, pp. 212 e ss.
5. TEIXEIRA DE SOUZA, Miguel. *Estudos sobre o novo processo civil*, 2ª ed., Lisboa, Lex, 1997, pp. 62–65.
6. BENDER, Rolf; STRECKER, Cristoph. *Access to justice in the Federal Republic of Germany* in CAPPELLETTI, Mauro; GARTH, Bryan (coords.) *Access to justice – a world survey*, v. I, livro II, Milano, Giuffrè, 1978, p. 554.

Por outro lado, tem-se a incumbência que as partes terão, a partir dessa posição ativa do juiz, com relação a colaborar com o alcance da busca da verdade, inclusive quanto à elucidação dos fatos, à imposição de não criarem óbices para a descoberta da verdade etc.

A ideia de colaboração nesse campo é utilizada como ferramenta de alcance do escopo social do processo. É a partir dela que a busca da verdade, um dos requisitos essenciais para uma solução justa, pode se desenvolver de maneira mais concreta. Tanto é assim que o próprio Código de Processo Civil de 1973, em seu artigo 339 e o novo Código de Processo Civil, artigo 378, impõem a toda e qualquer sujeito o dever de colaborar com o Poder Judiciário para o descobrimento da verdade.

MARINONI e ARENHART explicam exatamente que em relação à atividade probatória, o modelo cooperativo propicia ao Estado o cumprimento de seu dever de solucionar conflitos de interesse, com a aplicação correta do direito ao caso concreto, mediante meios que permitam que a decisão jurisdicional seja a mais adequada possível.[7]

A partir deste modelo, inúmeros deveres surgem para os sujeitos do processo, os quais, todavia, não são e não poderão ser considerados absolutos. É exatamente o equilíbrio entre todos os deveres e garantias que proporciona ao modelo cooperativo do processo civil a possibilidade de alcançar os escopos da jurisdição, sem transformar esse instrumento em um ambiente de perpetuação de violações ao ordenamento jurídico.

19. DIREITO À PARTICIPAÇÃO NO PROCESSO (AMPLA DEFESA E CONTRADITÓRIO)

Os mais importantes princípios gerais do moderno processo civil e que compõem a cláusula do *due process of law* são a ampla defesa e o contraditório. Eles exprimem o princípio político regente da relação do Estado com os cidadãos, que é o da participação democrática. Essa participação, no processo, ocorre a partir da possibilidade concedida à parte de influenciar a decisão do Estado-juiz e o dever dela colaborar com ele na busca da verdade.

Para que as partes possam colaborar com o a busca da verdade no processo e garantir uma adequada solução ao caso concreto, é

---

7. MARINONI, Luiz Guilherme; ARENHART, Sérgio Cruz. *Prova*, 2ª ed., São Paulo, RT, 2011, p. 151.

necessário garantir, por outro lado, uma ativa participação delas no processo. A efetiva participação será desenvolvida a partir da apresentação argumentos, propositura e produção de provas, discussão de todas as questões de fato e de direito que constituem a dialética processual etc., possibilitando influenciar diretamente a decisão judicial.

A participação efetiva pode ocorrer em vista de inúmeras situações, dentre as quais podem ser citadas a adequada e tempestiva ciência da demanda e de todos os atos praticados no seu decorrer, a possibilidade de propor argumentos e contra argumentar ou de propor e produzir provas, além de poder manifestar-se previamente sobre qualquer decisão a ser tomada pelo juiz.

Esse é o contraditório efetivo (algumas vezes equivocadamente denominado de participativo[8]), o qual não se contenta com a mera garantia da bilateralidade de audiência e a igualdade formal das partes, mas que impõe um fecundo e positivo diálogo humano entre todos os sujeitos do processo.[9] Contraditório, aliás, que deve ser revisitado e analisado pela estrutura cooperativa do processo.

Neste contraditório, a prova passa a ser um dos componentes mais importantes em relação à garantia da ampla defesa. Isso porque, a parte tem o direito de defender os seus argumentos, provando-os. E aqui não se trata somente da possibilidade de alvitrar determinada produção de prova, mas de efetivamente produzi-la e utilizá-la na medida em que possa influir positivamente na decisão judicial.

O direito de defender os seus argumentos, provando, é um verdadeiro direito subjetivo dos sujeitos. Essa é a concepção do contraditório efetivo e com a máxima participação dos sujeitos do processo.

> Afinal, se é dos fatos que se originam os direitos, somente a efetiva possibilidade de demonstrá-los garante um efetivo acesso à ordem justa.

Todavia, uma ordem justa não é composta apenas pelo direito irrestrito à participação no processo. Até porque, se de um lado tem-se

---

8. Afinal, não é possível pensar na existência de um contraditório que não seja participativo, isto é, que não envolva a participação dos sujeitos do processo.
9. DINAMARCO, Cândido Rangel. *Instrumentalidade do processo*, 14ª ed., São Paulo, Malheiros, 2009, pp. 148–162.

a parte que quer convencer o órgão jurisdicional da veracidade de seus argumentos a qualquer custo, de outro há a o próprio sistema normativo que impõe certos deveres às partes, principalmente quanto à sua conduta no processo. Razões de ordem ética e sociais legitimam essas limitações impostas pela lei ao direito de participação, o qual deve ocorrer sempre em conjunto com o interesse de alcançar os escopos do processo.

Essa é a visão cooperativa do processo: os sujeitos do processo tem sua atuação incentivada na medida do possível para que o transforme num local em que prevalece o diálogo, mas limitando a conduta de cada qual para que o instrumento não se desvie do natural caminho traçado pelo ordenamento jurídico.

20. LIMITES AO DIREITO DE PARTICIPAÇÃO E DEVER DE VERACIDADE

O direito de participação da parte não é irrestrito e sofre algumas limitações, principalmente quanto ao campo probatório, tendo em vista diversos deveres ditados pela lei como regras de condutas a serem obedecidas pelas partes. Aliás, é por meio de tais deveres que se sustenta a própria natureza publicista do processo.

O que se verifica na presente situação é o choque entre o direito de participação, representado pela liberdade de atuação da parte (ampla defesa), e o necessário respeito ao instrumento (processo) e seus específicos fins.

> Ou seja, o processo não se realiza somente no interesse das partes, mas no interesse público, principalmente. Afinal, ele possui o escopo magno de eliminar conflitos de acordo com critérios justos.[10]

A partir dessa concepção, a lei aponta para alguns deveres que acabam por mitigar a participação das partes. Na verdade, são limites necessários para que o processo não perca sua configuração original e desvirtue-se do caminho traçado pelo legislador. Limites que servem justamente para garantir a total aplicação dessa cláusula do devido processo legal.[11]

---

10. DINAMARCO, Cândido Rangel. *Instrumentalidade do processo*, 14ª ed., São Paulo, Malheiros, 2009, pp. 190 e ss.
11. Tais condutas das partes são uma exigência do próprio sistema para manter-se a dignidade da administração da justiça. (BUZAID, Alfredo. *Processo e verdade no direito brasileiro*, Revista de Processo,

O entendimento de CALAMANDREI de que o processo pode ser visto como um jogo possibilita visualizar com extrema clareza toda a situação desenhada.

O doutrinador italiano, ao realizar a famosa comparação, ressalta que a atuação dos contendores não é irrestrita. Eles precisam obedecer às regras, isto é, precisam agir com *fair play*, para assim legitimar-se o resultado final.[12]

Dentre as regras que compõem esse microcosmo, tem-se a *lealdade processual* como verdadeiro gênero, do qual se extrai a espécie *dever de veracidade*, positivado no inciso II do artigo 14 do Código de Processo Civil de 1973 e no inciso II do artigo 77 do novo Código de Processo Civil. Esse é um dos principais deveres que compelem as partes à colaborarem com a realização da justiça.

É o interesse público o principal fundamento da imposição à parte de dizer a verdade. Até porque, "a parte serve ao processo e não o processo à parte"[13]. Contudo, até que ponto e em que medida se exterioriza tal dever?

Conforme adiantado no *item 6*, entende-se o dever de veracidade como um dever subjetivo.[14] Por isso que se diz que o dever de veracidade é traduzido como *dever de comprovação da parte de sua versão da verdade*.

Seu alcance, como também descrito no *item 6*, chega em todas alegações das partes, sejam aquelas de fato, sejam aquelas de direito ou ainda as mistas (fato e direito) – atos comissivos –, como também o silêncio dos contendores – atos omissivos.

O dever de veracidade, portanto, encerra na existência de um dever amplo de colaboração ativa da parte com a instrução. No desenvolvi-

---

vol. 12, nº. 47, p. 92–99, jul.-set./1987). Cfr. LOPES, Bruno Vasconcelos Carrilho. *Tutela antecipada sancionatória (art. 273, inc. III, do Código de Processo Civil*, São Paulo, Malheiros, 2006, pp. 30–32.

12. CALAMANDREI, Piero. *Il processo come gioco* in Rivista di diritto processuale, Padova, Cedam, pp. 23–51,1950.
13. ABDO, Helena Najjar. *O abuso do processo*, São Paulo, RT, 2007, p. 135. Importante frisar que tal concepção não quer significar que o interesse da parte seja completamente desnecessário. Ao contrário, é a partir do interesse da parte, que tem sua pretensão resistida pela parte contrária, que se rompe com a inércia da jurisdição e inicia-se uma demanda. Tal conclusão é colocada no sentido de destacar que o processo realiza-se igualmente no interesse público de que ele alcance os escopos a ele projetados.
14. CRESCI SOBRINHO, Elicio de. *Dever de veracidade das partes no processo civil*, São Paulo, Porto Alegre, Sergio Antonio Fabris Editor, 1988, pp. 99; 107–108.

mento das atividades probatórias o litigante irá buscar a sustentação de sua tese, expondo os fatos em sua totalidade e conforme a percepção que deles tem, mas sem poder infringir o dever de veracidade.

Este é, pois, o verdadeiro significado e alcance do dever imposto à parte de dizer a verdade em juízo.

21. A COLABORAÇÃO NA BUSCA DA VERDADE

Conforme observado nos itens anteriores, o dever de veracidade impõe às partes um comportamento condizente com a dignidade da justiça.[15] Ato contínuo, para que os escopos do processo sejam atingidos, em especial os escopos social e jurídico, faz-se imprescindível não seja falseada a verdade.

Entretanto, não basta à parte cumprir com o seu papel de dizer a verdade (podendo inclusive esquivar-se de tal dever em determinadas hipóteses, pois tal dever não é absoluto, nem se poderia imaginar que assim seja em um processo dialético). É imprescindível que o sujeito do processo *colabore*, na medida do possível, com a sua busca, não criando, inclusive, empecilhos para sua consecução.

O dever de veracidade, assim, representa verdadeiro pressuposto para o escorreito cumprimento de um modelo cooperativo do processo civil, em que os sujeitos do processo atuam dialogando e colaborando com a consecução dos fins da jurisdição. Não se trata, portanto, de entregar as armas ao adversário, mas de colaborar com o próprio Estado-juiz na busca de seus fins.

Ou seja, se a parte, desde o início, narra ou omite os fatos a ponto de incorrer em inverdade, prejudica por completo com a busca pela verdade.

FÁBIO GUIDI TABOSA PESSOA ensina que as partes são obrigadas colocar à disposição do órgão jurisdicional todos os dados necessários a um julgamento justo (Código de Processo Civil de 1973, artigo 339 e novo Código de Processo Civil, artigo 378). São, ainda, obstadas a criarem embaraços, como nos casos de designação da audiência prevista no artigo 342 ou de realização de inspeção judicial. Não podem

---

15. BUZAID, Alfredo. *Processo e verdade no direito brasileiro*, Revista de Processo, vol. 12, nº. 47, jul.-set./1987, pp. 96–97.

obstruir a atividade probatória da parte contrária ou criar controvérsias infundadas em torno de fatos que sabem ser verdadeiros, sendo reputado litigante de má-fé, inclusive, aquele que deduz pretensão contra fatos incontroversos (Código de Processo Civil de 1973, artigo 17, inciso I, e novo Código de Processo Civil, artigo 80, inciso I).[16]

Conforme expõem MARINONI e ARENHART, o objetivo desta regra jurídica reside no claro dever que o Estado possui de solucionar conflitos de interesse, com a aplicação correta do direito ao caso concreto, mediante meios que permitam que a decisão jurisdicional seja a mais adequada possível. A imposição desse dever nada mais representa do que o dever geral de sujeição ao poder estatal. Assim, se todos estão sujeitos às mãos do Estado, também estão constrangidos a colaborarem com ele para o alcance e efetivação de um de seus fins. [17]

Exemplos não faltam no ordenamento jurídico brasileiro relativos a instrumentos de implementação e efetividade de um processo baseado na colaboração dos sujeitos do processo para o descobrimento da verdade.

> Os artigos 420 e 421 do novo Código de Processo Civil dispõem também sobre situações em que as partes podem ser compelidas a apresentar documentos específicos de contabilidade, a fim de colaborar com a busca da verdade. Nesses dispositivos o grau do dever de colaboração é tão intenso que não chega nem a cogitar as possibilidades de escusa do artigo 404 do novo Código de Processo Civil, em razão de ser propriamente uma obrigação legal.
>
> Há, ainda, e não se vislumbra esgotar todas as hipóteses, os deveres impostos à parte em razão do quanto disposto no artigo 340 do Código de Processo Civil de 1973 e no artigo 341 do novo Código de Processo Civil. São deveres instrutórios específicos à parte, a qual até poderá se calar (omissão), mas não poderá mentir. Veja-se novamente o dever de veracidade servindo como parâmetro para o cumprimento do dever de colaboração com a busca da verdade.[18]
>
> A lei processual civil estabelece determinadas normas que regem o custeio da prova pericial. Consoante disposto no artigo 33 do Código de Processo Civil de 1973 e no artigo 95 do novo Código

---

16. PESSOA, Fábio Guidi Tabosa. Interpretação dos artigos 332 e ss., in MARCATO, Antonio Carlos (coord.). *Código de processo civil interpretado*, 3ª ed., São Paulo, Atlas, 2008, pp. 1.082–1.083.
17. MARINONI, Luiz Guilherme; ARENHART, Sérgio Cruz. *Prova*, 2ª ed., São Paulo, Revista dos Tribunais, 2011, pp. 150–151.
18. MARINONI, Luiz Guilherme; ARENHART, Sérgio Cruz. *Prova*, 2ª ed., São Paulo, Revista dos Tribunais, 2011, p. 155.

de Processo Civil, este é arcado, de maneira *adiantada*, pela parte que houver requerido a prova, ou pelo autor quando requerida por ambas, pelo Ministério Público ou pelo juiz de-ofício. Vislumbra-se com clareza a ideia de repartição de trabalho, com vistas a garantir a busca da verdade e não permitir que uma prova deixe de ser produzida, pois não teria alguém para custeá-la.

A *exibição de documentos* é outra hipótese que possibilita a cristalina verificação da existência de um modelo colaborativo das partes com a busca da verdade, dando contornos ao quanto disposto no artigo 339 do Código de Processo Civil de 1973 e no artigo 378 do novo Código de Processo Civil. Visa-se à elucidação de fato que não ficou devidamente esclarecido por ausência de determinada prova. Trata-se, todavia, neste caso específico, não de um *dever* na acepção técnica da palavra, mas de um *ônus*, pois impossível a parte de ser compelida a apresentar o documento requisitado, sendo apenada com uma presunção.

Percebe-se pelo quanto já trazido nos parágrafos anteriores e em razão dos exemplos elencados que o processo não é mais visto simplesmente como um campo de batalha, onde as partes são verdadeiros gladiadores em busca de uma vitória a qualquer custo. O processo, pelo seu caráter publicístico, assumiu um significado de local onde as partes defendem seus interesses (estrátegia, dialeticidade), mas dialogam entre si e com o órgão jurisdicional, no intuito sempre de buscar a concretização do interesse social de pacificação com justiça, além, claro, de alcançar efetividade para a decisão judicial.

É equivocado o entendimento de que as partes não devem colaborar com a busca da verdade pelo simples fato de no processo estar elas em polos distintos e antagônicos[19], ou ainda, porque a exigência de colaboração processual somente poderia ser compreendida partindo-se da premissa que as partes não têm direito de lutar por suas teses, com todas as armas que lhes são garantidas, situação digna de um regime autoritário e antidemocrático[20].

Há ainda que se ressaltar que o próprio órgão jurisdicional acaba por dialogar com as partes na busca da verdade. O modelo cooperativo

---

19. STRECK, Lenio. *Verdade e consenso*. 3ª ed. Rio de Janeiro, Lumen Juris, 2009.
20. AROCA, Juan Montero. *Los princípios políticos de la nueva Ley de Enjuiciamiento Civil*, Valência, Tirant lo blanch, 2001, pp. 106–108.

de processo civil impõe ao juiz que este se utilize dos seus poderes instrutórios insculpidos nos artigos 130 do Código de Processo Civil de 1973 e 370 do novo Código de Processo Civil e que cumpra até seus deveres de auxílio e consulta. Prestigia-se que o órgão jurisdicional esteja em posição de igualdade com as partes, levando a uma comunhão de trabalho no tema da prova e a busca da verdade.[21]

Todavia, ainda que a adoção de um modelo cooperativo seja imperiosa para o real alcance dos escopos do processo, ela não pode representar a violação às garantias e direitos fundamentais individuais, igualmente tutelados por normas de caráter público. A contextualização da aplicação de deveres e outros comportamentos necessários para a implementação de um modelo cooperativo do processo é importante, pois nem sempre a força pública de uma boa instrução probatória irá se sobrepor a todo e qualquer interesse individual. Afinal, a tutela de tais interesses individuais pode, em inúmeras hipóteses, ser do próprio interesse público.

21.1. A *disclosure/discovery*[22] como um instrumento na consecução desse fim

Conforme observado no item anterior, o instituto da exibição de documentos é uma ferramenta útil quanto à efetivação do modelo cooperativo de processo civil e da busca da verdade. Contudo, o próprio instituto possui limites bem delineados pela legislação, em especial com relação às suas hipóteses de cabimento. Nesse sentido, um dever mais amplo (mas também respaldado por maiores exceções) poderia ser utilizado como forma de consecução dos fins da colaboração processual. E a partir disso, passa-se a sugerir, *de lege ferenda*, a adoção de um sistema que seja similar ao da *discovery* ou *disclosure* no processo civil brasileiro.

Apesar de algumas diferenças entre a *discovery* norte-americana e a *disclosure* inglesa, em resumo, trata-se de um instituto comum aos

---

21. MITIDIERO, Daniel. *Colaboração no processo civil: pressupostos sociais, lógicos e éticos*, 2ª ed., col. Temas Atuais de Direito Processual Civil, vol. 14, São Paulo, RT, 2011, p. 110.
22. O presente trabalho não tem o escopo de analisar profundamente o instituto da *disclosure/discovery*, nem de esgotar o tema. Um estudo nesse sentido demandaria a realização de uma monografia, o que não é nem nunca foi o objetivo deste trabalho. Busca-se, portanto, apenas uma análise suficiente do instituto como forma de inspiração para criação de um instrumento (do próprio dever genérico de veracidade) no direito brasileiro similar, sempre com vistas ao alcance dos escopos do modelo de estrutura processual aqui desenhado.

países do *common law*, pelo qual existe uma obrigação recíproca das partes de colaboração quanto à demonstração de documentos ou entrega de informações relevantes ao litígio que estejam em poder de uma parte em favor da outra, ainda que sejam desfavoráveis aos seus interesses, salvo eventuais excludentes garantidas em "lei", os chamados privilégios.[23]

Os principais objetivos do instituto, portanto, são *(i)* garantir uma maior igualdade no acesso às informações por ambas as partes, *(ii)* evitar eventuais surpresas no processo, possibilitando que a contraparte consiga apresentar argumento contrário àquela prova e, por fim, *(iii)* garantir com que o Poder Judiciário conheça os detalhes necessários sobre os fatos que circundam a demanda. Ou seja, o processo desenvolve-se de forma muito mais focada na controvérsia existente entre as partes. Além disso, é inegável a maior possibilidade de realização de acordos entre as partes, haja vista a ausência de eventuais dúvidas quanto às provas que cada parte possui e a possibilidade de avaliação das chances de êxito com relação ao mérito por cada uma delas.[24]

Como se observa, os objetivos da ordem de "descoberta" de documentos e informações se coadunam perfeitamente com os próprios objetivos de um modelo cooperativo de estrutura de processo civil. Vê-se que a partir da colaboração das partes é possível garantir a existência de uma justiça formal (privilegiando uma igualdade material entre as partes), bem como de uma justiça substancial (privilegiando a busca da verdade dos fatos como forma de pacificação social justa). Isso apenas demonstra que institutos de mesmo calibre podem e devem ser aplicados no processo civil brasileiro – independentemente de se tratar de um processo de tradição da *civil law*. A efetividade de um instituto como a *disclosure/discovery* depende apenas da conscientização do jurisdicionado e da existência de leis nesse sentido. A sua aplicação de nenhuma forma violaria os maiores preceitos constitucionais – ao contrário!

---

23. HAZZARD, Geoffrey C.; TARUFFO, Michele, *American civil procedure: an introduction*, col. Contemporary Law Series, New Haven, Yale University Press, 1993, pp. 114–115.
24. ANDREWS, Neil. *The modern civil process: judicial and alternative forms of dispute resolution in England*, 2008, trad. port. de Teresa Arruda Alvim Wambier, *O moderno processo civil – formas judiciais e alternativas de resolução de conflitos na Inglaterra*, São Paulo, Revista dos Tribunais, 2010, pp. 127, 130 e 139. Contudo, há entendimento contrário, no sentido de que o mecanismo de descoberta inicial de documentos, fatos e informações pode tornar estéril o desempenho dos litigantes, já que com um pouco de surpresa durante o julgamento pode-se fazer surgir mais rápida a verdade dos fatos (Margeson v. Boston & Maine R.R., 16. F.R.D. 200 (D.C. Mass., 1955) *in* GLASER, William A., *Pretrial discovery and the adversary system*, Connecticut Printers, Connecticut,1968, p. 106).

No entanto, o instituto não se resume a documentos escritos propriamente ditos, como aquele geralmente imaginado (um contrato assinado, uma certidão etc.). Quando a legislação de *commom law* faz referência a documento se refere a todo e qualquer meio em que informações ou descrições de qualquer espécie seja registradas, seja em papel, seja em meio eletrônico.[25] Entra, portanto, a concepção de documento como "todo ser composto de uma ou mais superfícies portadoras de símbolos capazes de transmitir ideias e demonstrar a ocorrência de fatos". Tais símbolos podem ser "letras, palavras e frases, algarismos e números, imagens ou sons gravados e registros magnéticos em geral; o que há em comum entre ele é que sempre expressam ideias de uma pessoa, a serem captadas e interpretadas por outras".[26]

Ainda, além da não se resumir a documentos escritos (papel escrito) ou outros tipos de documentos, a *disclosure* pode ser utilizada com o objetivo da entrega de informações e de provas reais. Quanto à entrega de informações, essa se dá basicamente sobre fatos e principalmente por meio de depoimentos de pessoas (interrogatórios). Já a *disclosure* de provas reais está atrelada a autorizações em geral de uma parte em favor da parte contrária ou de seu assistente técnico para inspecionar imóveis e lugares que sejam de sua propriedade.[27]

Nesse mesmo esteio, a *discovery* norte-americana pode obrigar também a transferência de informações que possam impedir testemunhas de se apresentar em juízo, impedindo por conseguinte a inquirição direta do advogado (*cross-examination*) que a depender dos casos pode ser muito efetiva para uma parte e destrutiva para a outra. Outro bom exemplo é a utilização do mecanismo para descoberta de opiniões de pessoas que não sejam peritas (técnicos, *experts*) ou mesmo de pareceres sobre a aplicação da lei genérica ao caso concreto – muito embora essa última função não gere nenhum tipo de vinculação do juiz para com o resultado de seu julgamento.[28]

---

25. ANDREWS, Neil. *The modern civil process: judicial and alternative forms of dispute resolution in England*, 2008, trad. port. de Teresa Arruda Alvim Wambier, *O moderno processo civil – formas judiciais e alternativas de resolução de conflitos na Inglaterra*, São Paulo, Revista dos Tribunais, 2010, p. 128.
26. DINAMARCO, Cândido Rangel. *Instituições de direito processual civil*, vol. III, 6ª ed., São Paulo, Malheiros, 2009, pp. 591 – 592.
27. MATTHEWS, Paul; MALEK, Hodge M.. *Disclosure*, col. Litigation Library, London, Sweet & Maxell, 2000, pp. 6–7.
28. SHREVE, Gene R.; RAVEN-HANSEN, Peter. *Understanding civil procedure*, 3ª ed., col. The Understanding Series, San Francisco, LexisNexis, 2002, pp. 310–311.

Contudo, essa entrega mútua de documentos e informações não se dá de forma desordenada, nem alcança tudo aquilo que a contraparte possua. Um dever assim exigiria um esforço inimaginável e até mesmo desnecessário e custoso[29]; sem falar na possibilidade de violação do próprio devido processo legal. É nesse sentido que se impõe uma limitação.

Uma primeira limitação que antecede essa remessa mútua de documentos, informações e autorizações de inspeção, é a exigência de que seja apenas compartilhado aquilo que as partes pretendem efetivamente utilizar para apoiar seus argumentos ou aquilo que afete negativamente seus argumentos ou positivamente os da contraparte.[30] Pode-se dizer, assim, que apenas os documentos e informações tidos por relevantes à definição da causa são afetados pela ordem da *disclosure/discovery*.

Não se pode exigir uma troca de todo e qualquer documento ou informação de um sujeito em favor do outro sem qualquer tipo de foco ou de relevância dos objetivos procurados com a permuta. Isso, a bem da verdade, visa a impedir uma prática abominada denominada *fishing-expedition*. Ou seja, utiliza-se da *disclosure/discovery* não com o propósito de obter uma prova específica em seu favor, mas sim com o objetivo de conseguir qualquer informação do adversário que possa vir a ser prejudicial contra ele em outro processo ou até mesmo no jogo empresarial. Tal prática especulativa é totalmente vedada nos ordenamentos de *common law*.[31]

Essa prática, de igual forma, jamais poderia ser aceita na legislação brasileira. Seria a mesma coisa que desviar o processo de seus fins programados constitucionalmente, o que não deixaria de ser um abuso do próprio direito de demandar – situação já defesa pela lei.

Além dessa limitação, verdadeiro requisito básico para a abertura de documentos e informações, é necessário que não sejam afetados pelos chamados *privilégios*, hipóteses excepcionais que garantem ao

---

29. HAYDOCK, Roger S.; HERR, David F. *Discovery practice*, 4ª ed., New York, Wolters-Kluwer, 2008, p. 5.
30. ANDREWS, Neil. *The modern civil process: judicial and alternative forms of dispute resolution in England*, 2008, trad. port. de Teresa Arruda Alvim Wambier, *O moderno processo civil – formas judiciais e alternativas de resolução de conflitos na Inglaterra*, São Paulo, Revista dos Tribunais, 2010, p. 128.
31. ANDREWS, Neil. *The modern civil process: judicial and alternative forms of dispute resolution in England*, 2008, trad. port. de Teresa Arruda Alvim Wambier, *O moderno processo civil – formas judiciais e alternativas de resolução de conflitos na Inglaterra*, São Paulo, Revista dos Tribunais, 2010, p. 140.

seu titular o direito de não cumprir a ordem de *disclosure/discovery*. Tais privilégios são construídos, portanto, como forma de minimizar os efeitos desse mecanismo invasivo.³² A bem da verdade, a existência de privilégios é a própria representação do interesse público, o qual quer buscar a pacificação social com justiça (justiça material), mas também quer garantir que haja a proteção aos direitos fundamentais garantidos, principalmente, pela Constituição. O interesse público existe não somente na busca da verdade, como na proteção da própria dignidade da pessoa humana.

Na Inglaterra, existem seis principais pilares que sustentam os privilégios, os quais poderiam ser utilizados como base para garantir eventuais exceções em ordens de *disclosure* aplicáveis ao direito brasileiro.

E falasse na possibilidade da aplicação de um instituto como a *disclosure/discovery* no processo civil brasileiro justamente por garantir-se ao mesmo tempo as exceções às "ordens de descoberta" de informações e documentos. Até mesmo porque seria inviável pensar na possibilidade de busca implacável pelo conhecimento dos fatos de uma demanda, sem ao menos garantir que a prevalência do interesse público de proteção da intimidade, da dignidade, da impossibilidade de autoincriminação e de todas as outras garantias e direitos fundamentais esculpidos na Constituição.

O primeiro e mais importante privilégio que exclui a aplicação da *disclosure* é o da orientação jurídica, ou como chamada nos Estados Unidos, de privilégio *advogado-cliente*.

De acordo com este privilégio, existe uma proteção relativa à consulta legal confidencial de uma via de mão dupla. Isto é, a excludente atinge tanto o advogado, que fica impedido de se pronunciar sobre aquilo que tomou ciência relativa à demanda, como o cliente (o jurisdicionado) que tem o direito de não revelar o quanto dito ao seu procurador. Essa modalidade de privilégio em nenhum momento pode ser afastada judicialmente, ao menos que o beneficiário pela excludente renuncie expressamente por ela.³³

---

32. SHREVE, Gene R.; RAVEN-HANSEN, Peter. *Understanding civil procedure*, 3ª ed., col. The Understanding Series, San Francisco, LexisNexis, 2002, p. 313.
33. ANDREWS, Neil. *The modern civil process: judicial and alternative forms of dispute resolution in England*, 2008, trad. port. de Teresa Arruda Alvim Wambier, *O moderno processo civil – formas judiciais e alternativas de resolução de conflitos na Inglaterra*, São Paulo, Revista dos Tribunais, 2010, p. 149. No

Este privilégio decorre da concepção de que a relação entre cliente e advogado é uma relação de confiança e mais do que necessária para a própria administração da justiça. É do próprio interesse público que as pessoas possam, dentro de uma sociedade civilizada, poder recorrer a um advogado para tomar qualquer tipo de aconselhamento, desde sobre o que é correto ou não fazer, o que a lei prevê, sanções, riscos. É mais do que necessário garantir que as informações jurídicas sejam livre, confiáveis e imparciais.[34]

Contudo, o privilégio advogado-cliente não se estende de maneira absoluta a qualquer relação que uma pessoa possa ter com um advogado. O aconselhamento protegido é aquele jurídico. Caso o advogado atue mais como um administrador, um consultor de negócios, um *manager* ou um *business man* do cliente dele, o sigilo acaba ficando descoberto.[35] Ainda, retira-se o privilégio no caso de a consulta legal extrapolar a finalidade prevista no contato cliente-advogado, bem como nos casos que haja todo e qualquer tipo de fraude (processual) e crime do cliente.

> Diante desse panorama, é curioso notar que no sistema da disclosure é muito bem protegido o sigilo profissional do advogado também garantido constitucional (artigo 133) e legalmente (Estatuto da Advocacia e da Ordem dos Advogados do Brasil, artigos 7º, §2º e 34, inciso VII) no Brasil, seja por proteger a inviolabilidade, seja por proteger o próprio sigilo profissional. Sempre no mesmo sentido utilizado pelo direito inglês: a indispensabilidade do advogado para a administração da justiça. Aliás, a lei brasileira vai mais longe e garante o sigilo para todo e qualquer profissional que assim seja protegido legalmente (novo Código de Processo Civil, artigos 388, 404 e 448).

---

mesmo sentido, no direito norte-americano: Rice, Paul R.; *Attorney-client privilege in the United States*, vol. (chapter) 2, 2ª ed., Danvers, West Group, 1999, pp. 10–14.
34. Tribunal de Justiça Europeu, proc. n. 155/79, AM&S Europe Ltd v. Comission of the European Comunities, j. 18.5.82 (*in* http://eur-lex.europa.eu/, acessado em 16 de fevereiro de 2014).
35. House of Lords, proc. n. 48, Three Rivers District Council and others (respondents) v. Governor and Company of the Bank of England (appellants) (n. 6), j. 11.11.04 (*in* http://www.publications.parliament. uk, acessado em 16 de fevereiro de 2014). Nota do autor: a *House of Lords*, ou Câmara dos Lordes, é a chamada câmara alta do Reino Unido e tem função proeminentemente parlamentar. Ela atua em conjunto com a Coroa britânica e a Câmara dos Comuns como o Congresso britânico. Até 2009, a Câmara dos Lordes era considerada a mais alta corte de apelação para a maioria dos processos, os quais eram julgados por uma parcela de seus componentes (os Lordes da Lei). Atualmente, com a reforma constitucional de 2005, as funções judiciais da Câmara dos Lordes foi transferida à Corte Suprema do Reino Unido.

Nesse diapasão, parece não existir qualquer impedimento para adoção de um privilégio de orientação jurídica, o qual de certa moda já é admitido normativamente no direito brasileiro. Ao contrário, encoraja-se ainda mais a própria proteção dessa excludente tão importante do dever da *disclosure*.

O segundo tipo de privilégio é aquele denominado privilégio de litígio. Por mais essa excludente, ficam de fora da ordem de *disclosure* toda e qualquer atividade que componha o exercício intelectual ou físico de uma parte de preparar o seu caso (com investigações, coleta de informações e testemunhos etc.) para litígio a ser conduzido *inter partes*. Assim, por exemplo, uma parte não deve dizer a outra se a sua investigadora conseguiu alguma informação relevante ou não.[36]

Com relação a esse privilégio, tem-se certa resistência na possibilidade de sua adoção, justamente por não se visualizar a proteção a um interesse público, bem como à visão cooperativa do processo civil. Ao contrário, eventual privilégio esvazia e muito a ideia de colaboração processual, pois as partes jamais seriam obrigadas a colocar todas as cartas na mesa, se essas cartas tivessem sido fruto de realização de investigação preparatória para uma demanda.[37]

Privilegiar uma grande liberdade das partes na montagem de seu quadro probatório enfraquece os próprios objetivos de um instituto como a *discovery/disclosure*.

Na mesma toada, informações consideradas confidenciais pela lei, como no caso de uma mediação que tenha ocorrido em "segredo de justiça", possuem o privilégio de não serem atingidas pelas ordens de descoberta. Contudo, nem toda informação confidencial é protegida pela lei. Na Inglaterra, por exemplo, apesar de existir a confidencialidade entre orientador religioso e confessor ou médico e paciente, caso uma das partes recebe ordem direta do órgão jurisdicional, deve apresentar os documentos ou informações relativa a

---

36. ANDREWS, Neil. *The modern civil process: judicial and alternative forms of dispute resolution in England*, 2008, trad. port. de Teresa Arruda Alvim Wambier, *O moderno processo civil – formas judiciais e alternativas de resolução de conflitos na Inglaterra*, São Paulo, Revista dos Tribunais, 2010, pp. 156–157.
37. Court of Appeal – Chancery Division, Istil Group Inc & Anor v. Zahoor & Ors, j. 14.2.03 (*in* http://high--court-justice.vlex.co.uk, acessado em 17 de fevereiro de 2014).

relações do tipo.[38] Por sua vez, em alguns estados norte-americanos, tal proteção é integral.[39]

A solução mais adequada é um meio termo para casos em que há informação confidencial. Ela só deve ser protegida se assim a lei determina ou se assim as partes envolvidas concordaram. Não é possível generalizar, sob pena de violar garantias processuais ou até mesmo a efetividade e a justiça material da decisão.

Por fim, os últimos dois privilégios são referentes ao direito à não autoincriminação e o privilégio de proteção do interesse público (interesso do Estado). O primeiro privilégio é muito conhecido do direito brasileiro e vem acolhido no ordenamento de forma muito clara. Trata-se de grande pilar necessário ao sustentáculo do próprio dever de veracidade, como será melhor debatido no item a seguir.

Por sua vez, chama atenção ao privilégio que o Estado possui de não cumprir ordens de *disclosure* nos casos em que haja a possibilidade de violação ao interesse público, como em eventual ameaça terrorista.[40]

A garantia da não autoincriminação é absoluta. Isso não traz maiores problemas para a aplicação da *discovery* em um processo de cunho cooperativo. E como se verá no item a seguir, deve ser sempre aplicada como forma de restringir o próprio dever de veracidade. Contudo, apesar de ser aplicada somente para o risco de o titular de tal garantia vir a sofrer processo criminal, ela deve ser estendida para o risco de o titular vir a sofrer qualquer tipo de demanda e, principalmente, quando a ordem da *disclosure* ferir algum outro tipo de direito fundamental, os quais não comportam exceções que não aquelas previstas constitucionalmente.

Por seu turno, é complicada a aplicação indistinta do privilégio relativo à proteção de interesses do Estado. O interesse público deve prevalecer sobre o interesse do particular. Assim é organizado o próprio Estado e é justamente para isso que existe. Contudo, essa prevalência não pode e não deve se dar de modo absoluto

---

38. ANDREWS, Neil. *The modern civil process: judicial and alternative forms of dispute resolution in England*, 2008, trad. port. de Teresa Arruda Alvim Wambier, *O moderno processo civil – formas judiciais e alternativas de resolução de conflitos na Inglaterra*, São Paulo, Revista dos Tribunais, 2010, pp. 147–148.
39. GLANNON, Joseph W. *Civil procedure*, 6ª ed., New York, Wolters Kluwer, 2008, pp. 412–413.
40. ANDREWS, Neil. *English civil procedure: fundamentals of the new civil justice system*, New York, Oxford University Press, 2003, pp. 693 e ss.

ou como forma até mesmo de garantir a proteção de um interesse do Estado como pessoa (interesse público secundário). Dessa forma, é importante que eventual aplicação desse privilégio em legislação nacional – ainda mais pelos já muito bem conhecidos excessos praticados pelos nossos governantes – seja vista de modo comedido. Isto é, a aplicação deve resultar de fundamentação muito bem delineada.

Outros privilégios também são considerados no momento de excluir o dever de *discovery/disclosure* de documentos e informações. Contudo, são privilégios mais específicos e isolados, oriundos de decisões judiciais (*rules*) que podem ser aplicados de forma genérica de acordo com os privilégios anteriormente mencionados.

Colocadas dessa forma as linhas gerais do instituto, pode-se concluir que a *discovery/disclosure*, em última análise, visa sempre a garantir a observância de um dever de informação da parte (e até de terceiros, eventualmente) para com a contraparte, podendo anteceder a propositura da demanda ou ser utilizado de forma incidental.

Como decorrência do próprio dever de veracidade, a obrigação de entrega mútua de documentos e informações sofrem (e assim devem sofrer) algumas limitações, as quais na legislação de *common law* são chamadas de privilégios, que possuem basicamente três grandes ordens, a da confidencialidade de informações, a da proteção de direitos fundamentais e a proteção ao interesse público.

Pode-se, diante do quanto exposto, concluir pela possibilidade de aplicação de um instituto tal qual delineado, sabendo-se da necessidade óbvia de adequação à própria legislação nacional, fazendo-se assim uma proposta *de lege ferenda*. A utilização de uma ferramenta concreta do próprio dever de informação e de veracidade é bem vinda em um modelo de estrutura de processo civil tido por cooperativo. É clara a afinidade entre os objetivos do instituto e os objetivos de um modelo baseado na colaboração processual.

22. LIMITES À COLABORAÇÃO

A escusa da não autoincriminação é antiga conhecida de todos os operadores do direito e tem origem na Quinta Emenda da Constituição dos Estados Unidos da América, a qual dispõe que ninguém pode ser compelido a testemunhar contra si mesmo em qualquer causa criminal. Como se depreende de sua primeira leitura, esse direito poderia apenas ser levantado nas hipóteses de depoimento pessoal em demandas criminais. Contudo, com o passar dos anos, tal disposição passou a ser interpretada de forma cada vez mais ampla, deixando de concentrar sua aplicação a casos criminais.

No ordenamento jurídico brasileiro, a citada norma vem acolhida em diversos preceitos do novo Código de Processo Civil (artigos 347, 363 e 406 e 388, 404 e 448), todos em última análise relativos ao direito da parte de não produzir provas que possam incriminá-la posteriormente.

Impõe-se, ainda, destacar o disposto no Pacto de São José da Costa Rica e no Pacto Internacional de Direitos Civis e Políticos, acolhidos em nosso ordenamento constitucional, os quais igualmente preveem a escusa da não incriminação:

> "2. Toda pessoa acusada de um delito tem direito a que se presuma sua inocência, enquanto não for legalmente comprovada sua culpa. Durante o processo, toda pessoa tem direito, em plena igualdade, às seguintes garantias mínimas:
>
> (...)
>
> g) direito de não ser obrigada a depor contra si mesma, nem a confessar-se culpada".[41]
>
> "ARTIGO 14
>
> (...)
>
> 3. Toda pessoa acusada de um delito terá direito, em plena igualmente, a, pelo menos, as seguintes garantias:
>
> (...)
>
> g) De não ser obrigada a depor contra si mesma, nem a confessar-se culpada.".[42]

Por outro lado, o atual Código Civil, em seu artigo 229, inciso III, parece ter estendido a escusa não só para casos de autoincriminação, mas também para situações relativas ao perigo da parte de

---

41. A Convenção Americana de Direitos Humanos, de 22 de novembro 1969 (também conhecida como Pacto de São José da Costa Rica), foi ratificada pelo Brasil em 25 de setembro de 1992 e promulgada por esse mesmo país através do Decreto n. 678, de 06 de novembro de 1992

42. Adotado e aberto à assinatura, ratificação e adesão pela Assembleia Geral das Nações Unidas através da Resolução n. 2200-A (XXI), de 16 de Dezembro de 1966. Entrou em vigor em 23 de Março de 1976 (art. 49º).

sofrer qualquer possibilidade de ser demandada, seja em casos da esfera criminal ou não, conforme se verifica da locução nele presente: "risco de sofrer demanda".

MARINONI, por sua vez, entende que a escusa de não produzir determinada prova somente se aplica àqueles casos em que a parte possa a ser futuramente demandada penalmente, dando-se uma interpretação mais restritiva ao quanto disposto no dispositivo do Código Civil.[43]

De qualquer forma, o que importa destacar é que ordenamento processual é composto por uma escusa genérica da parte em colaborar com a busca da verdade, um dos elementos fundamentais para uma solução tecnicamente justa.

O novo Código de Processo Civil parece ter caminhado para um lado um pouco mais limitativo do dever de colaboração. O artigo 379 do novo diploma legal estendeu a escusa ao dever de colaboração ao direito de não produzir prova contra si mesmo – situação que desfavorece em termos o modelo cooperativo de processo civil; em termos, pois a técnica da aplicação do *ônus de colaborar* ainda permanece, não podendo mais apenas falar em *dever de colaborar* da parte.

Como se pode observar, seja por normas específicas, seja em razão daquelas de caráter geral ou axiológico, o ordenamento jurídico parece garantir ao litigante o direito de não ser compelido a produzir prova que possa lhe gerar futuras demandas ou que violem garantias e direitos fundamentais previstos na Constituição Federal, tal como o sigilo e a honra. O *due process of law* (ampla defesa – Constituição Federal, artigo 5º, inciso LV) possibilita exatamente essa situação de escusa.

Ocorre que, nem só dessa garantia se compõe o sistema de direitos fundamentais processuais. O direito à prova, como se sabe, deriva do próprio acesso à justiça[44], além do que o próprio direito a um processo efetivo e justo deriva exatamente desse direito de provar a verdade dos fatos, conforme sustentado nas linhas anteriores. A escusa genérica de não cooperação do sujeito para com a instrução processual revela-se de igual forma uma grave transgressão do sistema de normas.

---

43. MARINONI, Luis Guilherme. *Manual do Processo de Conhecimento*, São Paulo, Revista dos Tribunais, 2003, p. 375.
44. BEDAQUE. José Roberto dos Santos. *Garantia de amplitude da produção probatória* in CRUZ E TUCCI, José Rogério (org.). *Garantias constitucionais do processo civil*, São Paulo, RT, 1999, pp. 151-189.

O ordenamento jurídico, por mais que pareça estar conflito – e apenas parece, pois garante uma solução sistemática – coloca à disposição do jurisdicionado meios suficientes para garantir a existência de ambos os institutos, sem que a aplicação de um resulte na derrogação do outro, ou pior, sem que implique em violação ao próprio interesse público de pacificação social justa.

Uma decisão proferida com base em critérios justos deve estar amparada em um processo igualmente desenvolvido de maneira justa. Portanto, o alcance de uma solução justa só é possível se se levar em conta outros diversos aspectos da marcha processual.

A efetividade do dever de colaboração imposto em lei somente pode ser vislumbrada caso seja analisada condicionalmente à escusa da parte de não produzir prova que possa lhe prejudicar de certa forma. A prevalência de um ou de outro depende, sempre, do sopesamento dos princípios que o caso concreto vai colocar às vistas do órgão jurisdicional.

> Não se busca aqui, garantir a existência de um instituto e negar vigência ao outro. Entende-se que ambos existem e possuem sua aplicabilidade condicionada ao caso concreto.

FÁBIO GUIDI TABOSA PESSOA, comentando o artigo 339 do Código de Processo Civil de 1973, é claro ao estabelecer que o dever de colaboração não é absoluto. Pode ele dar lugar à defesa legítima da esfera individual ou de outros interesses relevantes que possam as partes oporem.[45] E a defesa desses interesses pode ser revestida de tamanha importância, que traduza exatamente a vontade do interesse público (como, por exemplo, o interesse particular – e público – de que o sigilo seja preservado).

O próprio ordenamento jurídico vai estabelecer situações em que deve prevalecer o dever de colaboração da parte ou o direito dela não produzir prova que contrarie seus interesses.

O principal parâmetro que deve ser levado em consideração é a busca da pacificação social, mediante a utilização de critérios justos que proporcionem uma solução igualmente justa. E uma solução justa só tem lugar se estiver calcada no acertamento quanto aos fa-

---

45. PESSOA, Fábio Guidi Tabosa. Interpretação dos artigos 332 e ss. in MARCATO, Antonio Carlos (coord.). *Código de processo civil interpretado*, 3ª ed., São Paulo, Atlas, 2008, p. 1.083.

tos concretos que o juiz fez valer a norma abstratamente prevista no ordenamento jurídico.

Por outro lado, dever-se-á sempre colocar na balança se o interesse público da pacificação social justa sobrepõe-se ao interesse particular, em face da tamanha repercussão que causa na esfera coletiva, e que leva toda coletividade preferir sua proteção a alcançar a busca da verdade.

Não se pretende esvaziar o modelo cooperativo de estrutura do processo, até porque imprescindível para a realização de uma verdadeira justiça, mas não se pode excluir do ordenamento outras garantias que vão de encontro com tal modelo e que merecem igualmente serem preservadas em razão de sua importância.

Nesse diapasão, sempre que a colaboração dos sujeitos do processo venha a tornar impraticável a concretização de um direito fundamental é possível contornar o dever de prestar informações contrárias ao próprio interesse em juízo.[46]

Colocadas tais regras abstratas, cumpre sinalizar a aplicação delas em algumas hipóteses concretas anteriormente aventadas, a fim de garantir maior alcance da ideia ora defendida.

Importante questão surge quanto à regra do artigo 33 do Código de Processo Civil de 1973 e do artigo 95 do novo Código de Processo Civil e o modelo cooperativo de custeio de uma prova pericial. A lei processual civil obriga às partes a colaborarem com a busca da verdade. Obriga, ainda, à parte autora, por exemplo, a custear determinada prova pericial no caso de ser ela requerida pelo juiz. Contudo, o que ocorre se o autor, de antemão, souber que tal prova pericial acabará por demonstrar um determinado fato extintivo do seu direito? Genericamente, com a transferência desse ônus, pode o demandante ser obrigado a custear prova que contrarie seus próprios interesses.

DINAMARCO aponta para uma constitucionalidade duvidosa do artigo 33 do Código de Processo Civil de 1973, pois entende que se transfere um encargo ao autor que, caso cumpra, poderá prejudicá-lo, o que afrontaria a garantia da ampla defesa (Constituição Federal, artigo 5º, inciso LV).[47]

---

46. LEBRE DE FREITAS, José. *Introdução do processo civil: conceito e princípios gerais*, 2ª ed., Coimbra, Coimbra Editora, 2009, pp. 164–165.
47. DINAMARCO, Cândido Rangel. *Instituições de direito processual civil*, vol. II, 6ª ed., São Paulo, Malheiros, 2009, p. 665.

Ocorre que, sobrepondo a ideia de processo cooperativo e do dever de colaborar com a busca da verdade abaixo do direito de não produzir prova que contrarie o interesse próprio da parte, não estaria a igualmente solução sendo de duvidosa constitucionalidade? A solução fica, portanto, na adoção da técnica da não obrigatoriedade da colaboração, mas sim da adoção de eventuais consequências negativas no caso de seu não cumprimento.

Outras duas hipóteses muito específicas, mas que também refletem justamente o choque entre o ideal de busca da verdade (justiça) e o da ampla defesa (direito de não produção de prova contrária aos seus interesses), são aquelas relativas aos artigos 381 e 382 do Código de Processo Civil de 1973 e artigos 420 e 421 do novo Código de Processo Civil.

Quanto ao primeiro dispositivo legal, FÁBIO GUIDI TABOSA PESSOA ensina que, por se tratar de obrigação legal, não há como a parte levantar a possibilidade de escusa quanto ao seu cumprimento, ainda que invoque o seu direito de não produzir prova que contrarie seus interesses, pois será possível o magistrado utilizar de seus poderes de sub-rogação e determinar a busca e apreensão de tais documentos (Código de Processo Civil de 1973, artigos 359 e 625 e novo Código de Processo Civil, artigo 400).[48] Ou seja, para o doutrinador, o dever de colaboração com a busca da verdade sobrepõe-se ao da ampla defesa nesta hipótese, pois caso a parte não cumpra com seu dever, outras medidas poderão ser tomadas para que ele se concretize.

Estas hipóteses dos artigos precedentes são relativas à exibição de documentos específicos, relacionados a livros contábeis e documentos afins.

Há, ainda, outrossim, a hipótese genérica de exibição de documento ou coisa (Código de Processo Civil de 1973, artigos 355 e seguintes e novo Código de Processo Civil, artigo 396 e seguintes).

A solução da lei ao entrave criado nesta hipótese genérica *parece* ser menos enérgica do que aquelas específicas dos artigos 381 e 382 do Código de Processo Civil de 1973 e artigos 420 e 421 do novo Código de Processo Civil, visto representar um *ônus* à parte solicitada, cujo descumprimento não importará em nenhum ato coercitivo. Ocorre que, esse ônus traz uma consequência tão ou mais grave quanto

---

48. PESSOA, Fábio Guidi Tabosa. Interpretação dos artigos 332 e ss. in MARCATO, Antonio Carlos (coord.). *Código de processo civil interpretado*, 3ª ed., São Paulo, Atlas, 2008, p. 1.203.

à busca e apreensão⁴⁹, pois permite ao juiz que se presuma serem verdadeiros os fatos que se pretendiam provar com o documento ou coisa não exibidos.

Em igual sentido ao dessa norma, tem-se àquela advinda do parágrafo único do artigo 2º-A da lei n. 8.560, de 29 de dezembro de 1992. Pelo dispositivo, o *suposto* pai que se recusa à realização de exame de DNA, acaba por arcar com a presunção de sua paternidade. Aqui, se se descumpre com o dever de colaborar com a busca da verdade, a lei admite a presunção em desfavor daquele que preferiu não produzir prova que contrariasse o seu interesse.

Por fim, mais uma problemática pode ser relacionada – sem ter-se qualquer intenção de esgotar os exemplos – é a seguinte: o autor requer a oitiva de determinada testemunha que supõe ser essencial para elucidação dos fatos a seu favor, mas não possui o endereço dela, o qual está em poder do réu. Cumpre ao réu apresentar tal endereço, tendo em vista o dever de colaborar ou pode ele invocar o direito de não produzir prova que contrarie seus interesses? Observe-se que essa hipótese não é abarcada pela lei diretamente, o que parece não permitir nenhuma conclusão acerca da prevalência do dever ou do direito.

> Uma solução a fim de garantir maior efetividade do modelo cooperativo do processo civil poderia advir justamente da possibilidade de valoração pelo magistrado de determinada conduta da parte, pois a parte ainda assim poderia exercer o seu direito de permanecer inerte, mas ao mesmo tempo o órgão jurisdicional estaria livre para tentar alcançar o escopo social do processo.⁵⁰
>
> Por óbvio que essa solução não poderia ser considerada blindada de falhas, pois, por mais que o magistrado conseguisse pacificar o conflito, ainda assim restaria prejudicada a busca pela verdade, face que a prova que poderia ser produzida seria trocada por uma mera presunção. Contudo, não se pode negar também que àquele

---

49. DINAMARCO, Cândido Rangel. *Instituições de direito processual civil*, vol. III, 6ª ed., São Paulo, Malheiros, 2009, p. 598.
50. O ordenamento jurídico italiano, em seu *c.p.c.*, em inúmeras passagens acaba por garantir ao juiz o poder de valorar as condutas das partes em face de determinadas situações, o que permite uma solução mais adequada e que garante o respeito a todos os interesses envolvidos. Por óbvio, que tal valoração de conduta, como em qualquer ordenamento que assegura o dever de livre-convencimento motivado, ocorrerá de acordo com todo o acervo probatório circundante dos autos e mediante decisão que seja dotada de motivação (*cfr.* GRASSO, Eduardo. *La collaborazione nel processo civile* in Rivista di Diritto Processuale, Padova, Cedam, out.-dez./1966, pp. 600–609).

que pudesse ser prejudicado com aquela presunção em razão da não colaboração, restasse a opção de colaborar, "*sob pena de suportar mal maior*"[51].

Após a colocação de inúmeros exemplos e situações da vida que podem suscitar o confronto proposto, parece não ter sido possível qualquer conclusão definitiva acerca da prevalência de um ou de outro instituto. O caso concreto ditará as regras de sobreposição e análise sobre qual instituto deve prevalecer. Contudo, dado tudo o quanto explicado, não se pode negar a existência da necessidade de prevalência de um processo baseado na colaboração dos seus sujeitos, nem se pode esquecer a possibilidade de escusa da parte em produzir prova que a prejudique – inclusive quando sobre a parte recair o dever de sigilo.[52]

É preciso entender que o processo, considerado como instrumento apto à consecução da pacificação social justa (escopo social) e da adequada aplicação do direito ao caso concreto (escopo jurídico), não é campo para as partes duelarem somente pelos seus próprios interesses. Mais do que isso, são as partes que estão a serviço do processo.

Tomando por base o processo de modelo cooperativo e a concepção publicística do processo, não se pode ignorar de forma alguma que o dever de colaboração com a busca da verdade deve ser respeitado.

E conforme ademais será analisado, serão propostas algumas medidas para a sua devida e efetiva implementação, sem ferir a escusa da parte em produzir prova que a prejudique (principalmente naqueles casos taxativos e liberados pela própria lei), a partir da análise de alguns institutos, bem como em atenção ao quanto já dispõe o nosso ordenamento jurídico acerca dos deveres de conduta da parte.

23. O MODELO COOPERATIVO EM MATÉRIA PROBATÓRIA: DEVER OU ÔNUS DA PARTE?

Ao longo do presente trabalho procurou-se sedimentar a ideia de que o processo deve ser visto como uma ferramenta para se alcançar os escopos da jurisdição, principalmente quando se fala na pacificação

---

51. Dinamarco, Cândido Rangel. *Instituições de direito processual civil*, vol. III, 6ª ed., São Paulo, Malheiros, 2009, p. 598.
52. Lebre de Freitas, José. *Introdução do processo civil: conceito e princípios gerais*, 2ª ed., Coimbra, Coimbra Editora, 2009, pp. 164–165.

social mediante o uso de critérios justos e na correta aplicação da norma abstrata ao caso concreto.[53]

Para se garantir a efetiva implementação da visão acima ilustrada, é igualmente imprescindível que todos os sujeitos do processo colaborem com o seu desenvolvimento. Foi nesse sentido que se defendeu que a condução da causa deveria se dar de maneira conjunta entre o Estado-juiz e os sujeitos parciais do processo, mediante forte diálogo.[54] É essa a visão do processo como uma *comunidade de trabalho*[55], principalmente quando se fala em matéria probatória, onde a relação de colaboração entre os sujeitos do processo se torna mais do que indispensável para a realização de justiça no caso concreto.

Contudo, além das técnicas processuais descritas anteriormente, verdadeiros instrumentos para a realização de um processo civil cooperativo, é necessário também que o presente estudo passe pelas eventuais consequências negativas que alcançarão o sujeito que as desrespeitem.

> Por uma questão metodológica, a análise das consequências negativas é focada nas partes. Ou seja, este e o próximo item são voltados à apreciação das eventuais consequências que podem ser aplicadas às partes, caso elas não colaborem com o órgão jurisdicional. Deixa-se de lado a questão envolvendo o juiz que desrespeita o modelo cooperativo de estrutura do processo civil.
>
> De qualquer forma, cumpre ressaltar que, muito embora o presente capítulo trate especificamente da colaboração na fase instrutória, as consequências descritas podem ser aplicadas – guardadas as devidas proporções lógicas de seu cabimento – sempre quando houve um desrespeito ao modelo de estrutura aqui proposto.

Para que se tragam propostas capazes de garantir um modelo cooperativo do processo civil, antes de mais nada, cumpre entender a natureza jurídica desse modelo. Em outros termos, a dúvida a ser sanada reside na questão de existência de um *dever de colaborar* ou de um *ônus de colaborar*.

Primeiramente, é preciso estabelecer a diferença entre *dever* e *ônus*.

---

53. Didier Jr. Fredie. *Fundamentos do princípio da cooperação no direito processual civil português*, Coimbra, Wolter Kluwer Portugal – Coimbra Editora, 2011, p. 14.
54. Gouveia, Lúcio Grassi de. *A função legitimadora do princípio da cooperação intersubjetiva no processo civil brasileiro* in Revista de Processo, vol. 172, p. 32, Jun/2009.
55. Teixeira de Souza, Miguel. *Estudos sobre o novo processo civil*, 2ª ed., Lisboa, Lex, 1997, pp. 62–65.

GOLDSCHMIDT criou a teoria do processo civil como uma situação jurídica. Segundo o doutrinador, as situações jurídicas seriam os vínculos dinâmicos entre as partes dentro do processo.[56] Esse foi o primeiro esboço de uma análise da própria relação jurídica processual – que envolve sempre condutas, jamais bens.

A relação jurídica processual seria, nessa senda, o conjunto de situações jurídicas que acontecem dentro do processo. É ela que coordena cada ato praticado e cada conduta dos sujeitos do processo, sempre com o fim último da prestação da tutela jurisdicional.[57]

Para que o procedimento se desenvolva ato por ato, pode-se estabelecer duas grandes espécies de situações jurídicas, quais sejam, as situações ativas (autoridade) e as situações passivas (sujeição).[58]

O primeiro tipo de situação jurídica remete ao conteúdo de permissão de realização de atos processuais conforme a vontade ou interesse do seu titular ou ainda a possibilidade de exigir de outro sujeito processual a prática de determinado ato. Por sua vez, as situações de sujeição são aquelas que conduzem o sujeito a praticar determinado ato ou a aceitar um ato alheio.[59]

Poderes e faculdades são prismas das situações jurídicas ativas e são sempre favoráveis aos seus titulares. Já os *deveres* e *ônus* são enquadrados como fenômenos da segunda categoria.

Dever é uma situação jurídica desfavorável ao seu titular, pois limita a sua liberdade de atuação ou de omissão de sua vontade. Isto é, uma conduta devida pelo interesse da Justiça ou da parte contrária. É, pois, "um imperativo de conduta no interesse alheio".[60] O dever é um vínculo permanente e não se esvai com o tempo, nem com o seu cumprimento. O seu descumprimento gera uma sanção,

---

56. GOLDSCHMIDT, James. *Direito processual civil*, trad. port. Ricardo Rodrigues Gama, Curitiba, Juruá, 2003, p. 17.
57. DINAMARCO, Pedro da Silva. *Ônus processuais: limites à aplicação das consequências previstas para o seu não cumprimento*, tese de doutoramento, Faculdade de Direito da Universidade de São Paulo, São Paulo, 2007, p. 15.
58. Aliás, a própria concepção moderna de processo é essa: a reunião dos conceitos de procedimento e de relação jurídica processual.
59. DINAMARCO, Cândido Rangel. *Instituições de direito processual civil*, vol. III, 6ª ed., São Paulo, Malheiros, 2009, pp. 206-207. Nesse mesmo sentido: DINAMARCO, Pedro da Silva. *Ônus processuais: limites à aplicação das consequências previstas para o seu não cumprimento*, tese de doutoramento, Faculdade de Direito da Universidade de São Paulo, São Paulo, 2007, p. 21.
60. DINAMARCO, Cândido Rangel. *Instituições de direito processual civil*, vol. III, 6ª ed., São Paulo, Malheiros, 2009, pp. 206 e 214-215.

a qual também, quando aplicada, não exime o sujeito de continuar cumprindo o dever.[61]

Os deveres processuais são reconhecidamente poucos. Aqueles mais lembrados são os presentes nos artigos 14, 339 e 600 do Código de Processo Civil de 1973 e artigos 77, 378 e 774 do novo Código de Processo Civil, os quais em última análise sempre remetem o titular do dever a um amplo dever de lealdade, boa-fé e veracidade (colaboração). Esses deveres formam o "elemento nuclear inspirador e regulador da atividade das partes".[62]

Por sua vez, os ônus encontram-se em uma situação intermediária aos outros prismas de situações jurídicas, mas como podem ser desfavoráveis ao seu titular, acabam por se enquadrar na qualidade de situação jurídica passiva. Podem ser desfavoráveis, pois apesar de serem cumpridos no interesse do titular, caso assim não proceda, o titular pode vir a ser prejudicado.[63] Diz-se que o ônus nada mais é do que uma condicionante imposta pelo interesse público ao sujeito onerado, o qual mediante a prática de um poder seu, pratica um ato de seu próprio interesse para lhe proporcionar uma eventual situação de vantagem no processo.[64]

Figurativamente, pode-se dizer que o ônus é um verdadeiro obstáculo que o sujeito deve ultrapassar para seguir na marcha processual, na busca de um resultado que lhe seja favorável.

Os ônus processuais, portanto, são compostos de três grandes elementos. A existência de um interesse público conexo que justifique a sua imposição para que seja alcançada uma situação de vantagem desejada pelo onerado. A própria existência do interesse privado do onerado de obter a situação de vantagem. E, por fim, a total liberdade para cumpri-lo segundo a própria conveniência do titular.[65]

---

61. MEDINA, José Miguel; WAMBIER, Luiz Rodrigues e ARRUDA ALVIM WAMBIER, Teresa. *Breves comentários à nova sistemática processual civil*, 3ª ed., São Paulo, Revista dos Tribunais, 2003, p. 132.
62. ARRUDA ALVIM, José Manoel de. *Tratado de direito processual civil*, vol. II, 2ª ed., São Paulo, Revista dos Tribunais, 1996, p. 386.
63. DINAMARCO, Cândido Rangel. *Instituições de direito processual civil*, vol. III, 6ª ed., São Paulo, Malheiros, 2009, p. 206.
64. DINAMARCO, Pedro da Silva. *Ônus processuais: limites à aplicação das consequências previstas para o seu não cumprimento*, tese de doutoramento, Faculdade de Direito da Universidade de São Paulo, São Paulo, 2007, p. 44.
65. CARNELUTTI, Francesco. *Teoria generale del diritto*, Roma, Foro Italiano, 1940, p. 233.

Em sendo assim, é possível indicar que o *dever de colaboração* seria um imperativo imposto aos sujeitos de colaborar com os outros sujeitos no desenvolvimento do processo, podendo ser visualizado principalmente com relação ao direito probatório. Dever de colaboração significaria uma limitação na liberdade do sujeito no processo no sentido de não permitir uma atuação sua que prejudicasse o diálogo entre as partes e a busca da verdade, prejudicando em última análise o alcance dos escopos do processo.

Por sua vez, *ônus de colaboração* representaria um imperativo imposto aos sujeitos de colaborar com o desenvolvimento do processo, sob pena de assim não fazendo agravar sua situação frente aos outros sujeitos.

Colocadas as premissas, cabe determinar se existem para os sujeitos do processo o dever e o ônus de cooperar.

O modelo cooperativo do processo civil inegavelmente impõe às partes condutas relacionadas à necessidade de elas colaboraram durante o arco procedimental.[66] Ou seja, são impostas condutas desfavoráveis às partes, as quais devem ser obedecidas, em benefício sempre da Justiça.

Tanto assim é que o próprio ordenamento processual brasileiro elenca em seus artigos relacionados com as condutas das partes inúmeros deveres, dentre os quais existe o *dever de veracidade*, pressuposto de um processo cooperativo destinado a alcançar o escopo social do processo.[67] Há inclusive sanções no caso do não respeito a tais preceitos (Código de Processo Civil de 1973, artigo 17 e novo Código de Processo Civil, artigo 80).

Marinoni e Arenhart, ao tratarem sobre o quanto disposto no artigo 339 do Código de Processo Civil de 1973, defendem a existência de um *dever* no sentido de as partes terem que colaborar com a busca da verdade (um dos fins do próprio modelo cooperativo do processo civil). Trata-se, pois, de uma verdadeira obrigação imposta às partes.[68]

Nesse esteio, com relação ao modelo cooperativo de processo civil, as partes são verdadeiras titulares do dever de cooperação. Isto é, estão sujeitas a agirem de acordo com o que espera a Justiça,

---

66. Teixeira de Souza, Miguel. *Estudos sobre o novo processo civil*, 2ª ed., Lisboa, Lex, 1997, pp. 63–65.
67. Assis, Araken de. *Dever de veracidade das partes no processo civil* in Revista Jurídica, vol. 58. n. 391, Sapucaia do Sul, mai/10, p.11-25.
68. Marinoni, Luiz Guilherme; Arenhart, Sérgio Cruz. *Prova*, 2ª ed., São Paulo, Revista dos Tribunais, 2011, pp. 150 e ss.

limitando-se a sua esfera de liberdade de atuação dentro da relação jurídico-processual.

Com relação ao Estado-juiz, DINAMARCO acredita que este nunca pode ser o titular de uma situação jurídica desfavorável, pois atua sempre em benefício dos valores da Justiça. Nesse diapasão, suas situações jurídicas remontam ao poder estatal que ele exerce e, por isso, a cada poder seu, corresponde um determinado dever, sendo cada qual um verdadeiro *poder-dever*.[69]

Seguindo essa a linha, TEIXEIRA DE SOUZA afirma que o chamado *princípio da cooperação* consagra *poderes-deveres* para o órgão jurisdicional em quatro diferentes aspectos (esclarecimento, consulta, prevenção e auxílio).[70]

Assim, também não se pode deixar de concluir que ao órgão jurisdicional incumbem *poderes-deveres* de colaborar com os outros sujeitos do processo.

Caso os sujeitos descumpram esse amplo *dever de colaboração* intersubjetiva serão devidamente sancionados, consoante será analisado nos itens subsequentes. A exceção, contudo, fica quanto ao direito probatório.

Nesse diapasão, não obstante as partes possuam o amplo dever de colaboração, é preciso ressaltar que quando se trata de obrigá-las à produção de determinadas provas, o imperativo de conduta não é destinado ao interesse alheio, mas ao interesse próprio. Assim, a exceção fica com relação ao dever de produzir eventuais provas contrárias aos seus interesses – situação que caracteriza, pois, um ônus. O novo Código de Processo Civil parece encaminhar a hipótese exatamente neste sentido, em seu artigo 379, *caput*.

Forçoso, ainda, verificar se o modelo cooperativo do processo impõe aos sujeitos do processo um *ônus de colaboração*, e nesse caso especificamente às partes, pois o juiz não é e nem nunca será sujeito de ônus, mas apenas sujeito às faculdades e aos poderes-deveres.

Ora, se o modelo cooperativo do processo civil tem seu maior fundamento no alcance dos escopos do processo, é imprescindível

---

69. DINAMARCO, Cândido Rangel. *Instituições de direito processual civil*, vol. III, 6ª ed., São Paulo, Malheiros, 2009, pp. 206–207.
70. TEIXEIRA DE SOUZA, Miguel. *Estudos sobre o novo processo civil*, 2ª ed., Lisboa, Lex, 1997, pp. 64 e ss.

entender que aquele que não se desincumbe de tanto deve sofrer determinado prejuízo capaz de mitigar os efeitos acarretados por um processo não cooperativo. Ou seja, prejuízo suficiente para corrigir um processo em que os seus sujeitos não dialogam no sentido de pacificar o sentido, mediante critérios justos. Portanto, presente o primeiro elemento identificador de um ônus processual: a existência de um interesse público como pano de fundo e sustentáculo do próprio ônus – é o interesse público que legitima a existência de um ônus[71].

Além disso, importante ressaltar que, acima de qualquer situação, é de interesse do próprio jurisdicionado que o processo se desenvolva de maneira cooperativa para que sejam alcançados os escopos da jurisdição, cumprindo o processo seu papel fundamental. Pode-se por assim dizer que até existe a possibilidade de se obter uma situação de vantagem dentro do processo – muito embora essa situação vantajosa esteja mais ligada ao próprio interesse público.

Por fim, examinando-se pelo prisma da liberdade, a conclusão a que se chega é a de que ela não é absoluta. Isto é, para certas situações impostas por um processo de cunho colaborativo, o sujeito terá ou não a liberdade de praticar um ou outro ato. Tudo dependerá de uma eventual existência de sanção ou apenas do não proveito de uma situação que poderia ser mais favorável ao onerado.

Baseando-se nessas premissas, é possível entender também que o modelo proposto impõe ônus às condutas das partes no sentido de carregá-las com situações jurídicas que garantam sua aplicação e atendimento dos escopos do processo, haja vista que o seu não cumprimento deverá gerar uma situação de desvantagem à parte renitente frente ao seu adversário.

> Diante do quadro desenhado, é difícil definir com precisão se o modelo cooperativo de estrutura do processo civil impõe ônus ou deveres aos sujeitos do processo. A presença de deveres é bastante clara e muito mais palpável; a do ônus nem tanto. Contudo, pelas próprias consequências derivadas da não observância dos preceitos da colaboração processual pensadas neste trabalho, e por respeito a um raciocínio mais lógico, preferiu-se concluir que o modelo ora proposto impõe alguns ônus processuais.

---

71. Dinamarco, Pedro da Silva. *Ônus processuais: limites à aplicação das consequências previstas para o seu não cumprimento*, tese de doutoramento, Faculdade de Direito da Universidade de São Paulo, São Paulo, 2007, p. 45.

De qualquer forma, é certo falar que, independentemente do *nomem juris* que seja dado, sempre poderão ser aplicadas consequências negativas aos sujeitos (seja em forma de sanção; seja em forma de desvantagem) que não atuem de acordo com o que se espera de sua conduta dentro de um processo cooperativo.

Conclui-se, dessa forma, que o modelo de colaboração intersubjetiva do processo impõe aos seus atores tanto um *dever de colaborar* como um *ônus de colaborar*, razão pela qual se passa a seguir à exposição das principais consequências que podem advir ou não pelo seu descumprimento.

24. CONSEQUÊNCIAS EM RAZÃO DO DESRESPEITO À COLABORAÇÃO INTERSUBJETIVA

É preciso encarar que o modelo cooperativo do processo civil gera para os seus sujeitos alguns *deveres* e *ônus*, os quais são técnicas a que se deve lançar mão para a correta e concreta implementação da visão colaborativa.

Ainda que se pense na criação, ou pelo menos na releitura destes institutos, é de salutar importância não se esquecer que estes devem sempre vir acompanhados de suas correlatas consequências em razão do seu não cumprimento. Afinal, sem prever consequências negativas para aqueles que desrespeitam o modelo, cria-se uma proposta vazia de concretude.

Em face disso, passa-se a analisar, sem objetivo de exaurir todas as possibilidades que possam surgir, algumas principais consequências relacionadas ao desrespeito ao modelo cooperativo do processo civil, imprescindíveis para a sua fiel aplicação, com a análise focada nos sujeitos parciais do processo.

24.1. Multa por litigância de má-fé e medidas coercitivas

Consoante explicado anteriormente, é possível falar em um *dever* de colaboração dos sujeitos do processo. Em razão da existência desse dever surge, por conseguinte, a correlata consequência em caso de seu descumprimento.

Uma das possíveis consequências que pode ser visualizada sempre em que a parte descumpre tal dever é a multa por litigância de má-fé ou ainda a aplicação de outras multas coercitivas.

Inicialmente, é importante entender que litigância de má-fé nada mais é do que um espectro de algum comportamento da parte que não respeita uma cláusula geral de boa-fé que deve nortear a conduta processual do litigante. A *contrario sensu*, litigar de boa-fé, portanto, nada mais é do que atuar com lealdade processual.[72]

O dever de lealdade relaciona-se com o comportamento ético-moral das partes dentro do processo. Suas raízes estão na visão publicística do processo enquanto instrumento destinado a cumprir seus escopos e, por conseguinte, na necessária manutenção de sua dignidade. Como o processo é visto como um meio destinado a viabilizar o acesso à ordem jurídica justa, as condutas dos sujeitos devem ser alinhadas a tal dicção.[73]

BEDAQUE explica que o dever de lealdade e boa-fé implica a necessidade de as partes manterem uma conduta eticamente adequada ao longo do *iter* processual.[74] Quando o sujeito parcial não atuar com base nesses padrões ético-morais será reputado litigante de má-fé.

Consoante com a sistemática atual do ordenamento jurídico brasileiro, há uma intensa correlação entre os deveres de conduta das partes e as hipóteses que a lei determina como litigância de má-fé, sendo possível destacar que a lei sanciona genericamente todo e qualquer comportamento contrário à ideia de colaboração processual (Código de Processo Civil de 1973, artigo 17 e novo Código de Processo Civil, artigo 80).

Toda a estrutura do processo cooperativo é voltada para o franco diálogo das partes e para a isonomia dos sujeitos processuais até o momento do julgamento da causa. Essa estrutura espelha um processo imbuído na necessidade de ser respeitado o dever de veracidade e o *dever de abstenção de criar meios protelatórios à efetivação do processo*. O princípio da boa-fé, que é o contraponto para garantir a verificação da ocorrência de litigância de má-fé, é uma das fontes de um modelo cooperativo do processo civil.[75]

---

72. ABDO, Helena Najjar. *O abuso do processo*, São Paulo, RT, 2007, p. 156.
73. Assim, inclusive já decidiu o Tribunal Pleno do Supremo Tribunal Federal em um julgamento de questão de ordem levantada: "O processo, em sua expressão instrumental, deve ser visto como um importante meio destinado a viabilizar o acesso à ordem jurídica justa, achando-se impregnado, por isso mesmo, de valores básicos que lhe ressaltam os fins eminentes a que se acha vinculado." (STF, Pleno, QO no AgRg na Rcl. n. 1.723/CE, rel. Min. CELSO DE MELLO, p. 6.4.01., v.u.).
74. BEDAQUE, José Roberto dos Santos. Interpretação dos artigos 14 e ss., in MARCATO, Antonio Carlos (coord.). *Código de processo civil interpretado*, 3ª ed., São Paulo, Atlas, 2008, pp. 51 e ss.
75. DIDIER JR. Fredie. *Fundamentos do princípio da cooperação no direito processual civil português*, Coimbra, Wolter Kluwer Portugal – Coimbra Editora, 2011, p. 86.

Exemplo comum disso é aquele do litigante que prolonga a duração do processo sem nenhuma razoabilidade, somente porque quer adiar a sua derrota no litígio. É um claro exemplo de litigância de má-fé, cuja tipicidade e sanção vêm expressamente previstas no ordenamento jurídico (Código de Processo Civil de 1973, artigo 17, incisos IV e VII e Código de Processo Civil, artigo 80): imagine-se o julgamento de um recurso especial monocraticamente, feito com a devida fundamentação; a parte interpõe agravo interno só pelo fato de buscar o julgamento colegiado, sem sequer efetivamente atacar a decisão monocrática. O resultado somente pode ser um: a aplicação de multa por litigância de má-fé.[76]

Outra situação muito importante e que se relaciona com a anterior é a da propositura de demandas infundáveis ou temerárias. Pode-se citar o caso da impetração de inúmeros mandados de segurança, para que em alguns deles haja concessão de liminar em favor de impetrante e, por conseguinte, haja desistência também de sua parte dos demais.[77]

A jurisprudência italiana também revela o exemplo daquele que promove demanda temerária, a qual por assim ser considerada passa a ter uma duração considerada, independentemente do tempo, não razoável – pois, afinal, sequer deveria ter sido proposta.[78]

Ora, se a colaboração intersubjetiva deriva exatamente da ideia que todo o sistema é balizado pelo princípio da boa-fé e se a violação à boa-fé (comportamento em desconformidade com valores ético-morais) durante o processo caracteriza-se por litigância de má-fé, é possível entender que aquele sujeito que não tem sua conduta pautada no dever de cooperação deve ser reputado litigante de má-fé, advindo-lhe as consequentes sanções pela quebra de tal dever.[79]

Além da própria sanção decorrente da litigância de má-fé, as medidas coercitivas são outros bons instrumentos de consecução de

---

76. STJ, 3ª T., AgRg no REsp n. 923.399-RS, rel. Min. Nancy Andrighi, j. 13.5.08, p. 2.6.08, v.u.
77. STJ, 2ª T., REsp n. 705.201-SC, rel. Min. Eliana Calmon, j. 7.3.06, p. 4.5.06, v.u.
78. Tribunale Modena, giudice Masoni, j. 24.4.09: "Lite temeraria – Danno non patrimoniale – Liquidazione –Durata irragionevole. Ai fini della liquidazione del danno non patrimoniale de la lite temeraria puo` essere preso in considerazione il criterio utilizzato dalla giurisprudenza per la riparazione del danno da eccessiva durata del processo di cui alla l. n. 89/2001, la quale, in applicazione dei parametri CEDU, ritiene che siffatto danno possa essere compensato mediante dazione di una somma ricompresa in una forbice tra gli euro 1.000,00/1.500,00 per ogni anno di durata del processo eccedente il termine ragionevole.".
79. Teixeira de Souza, Miguel. Estudos sobre o novo processo civil, 2ª ed., Lisboa, Lex, 1997, pp. 63.

um modelo cooperativo de estrutura do processo civil. As chamadas *astreintes* entram em cena justamente para garantir maior efetividade à prestação da tutela jurisdicional.

Assim como a sanção por litigância de má-fé, as medidas coercitivas têm o seu fundamento no dever geral de abstenção de criar meios protelatórios à efetivação do processo. As *astreintes* não funcionam em si como uma punição, apesar de comumente chamadas de multas ou mesmo de sanções. Elas são medidas de coação, isto é, servem como técnica de obtenção da tutela jurisdicional.

As medidas coercitivas são cumuláveis inclusive com as sanções por litigância de má-fé (Código de Processo Civil de 1973, artigo 601 e novo Código de Processo Civil, artigo 774, parágrafo único) e não podem ser confundidas entre si. Ocorre, no entanto, a possibilidade de uma conduta processual da parte enquadrar-se em ambas as hipóteses, momento no qual ambas as medidas (sanção e coerção) poderão ser cumuladas sem quaisquer problemas (hipótese prevista no inciso IV do artigo 17 e no inciso III do artigo 600, do Código de Processo Civil de 1973 e inciso IV do artigo 80 e inciso III do artigo 774 do novo Código de Processo Civil).[80]

Ainda, na mesma esteira, podem-se citar as multas advindas do *contempt of court*. Tal sanção, assim como as anteriores, é prevista no artigo 14 do Código de Processo Civil de 1973 e artigo 77 do novo Código de Processo Civil e é sempre aplicável contra aquele que não cumprir com exatidão os provimentos mandamentais ou ainda criar embaraços à efetivação dos provimentos judiciais.

A *astreinte* ou o *contempt of court* são medidas que se coadunam perfeitamente com o modelo cooperativo de processo civil. Afinal, em um processo, que é naturalmente dialético, mas que no qual as partes devem colaborar com o órgão jurisdicional para que o processo alcance seus escopos é óbvio que surgirão situações de desrespeito ao próprio modelo. Não há como imaginar um *tipo ideal*. Seria utópico demais pensar em um local onde os litigantes, com interesses tipicamente opostos, seriam amigos e ajudariam um ao outro e até mesmo o juiz. É por isso que as consequências face seu desrespeito devem existir, tais como as propostas. Somente assim, é possível garantir a liberdade

---

80. AMARAL, Guilherme Rizzo. *As astreintes e o Processo Civil Brasileiro*, Porto Alegre, Livraria do Advogado, 2004, p. 155.

de escolha do sujeito parcial entre obedecer o modelo necessário para a consecução dos escopos do processo ou desrespeitá-lo e arcar com as implicações negativas.

Contudo, tais institutos não são os únicos aos quais se pode lançar mão para a efetivação de um modelo colaborativo. Outros são também citados.

24.2. Antecipação dos efeitos da tutela (tutela antecipada sancionatória)

Além dos sujeitos parciais poderem ser sancionados em razão da litigância de má-fé, ou ainda de serem coagidos a não obstar o exercício adequado da jurisdição, é possível verificar outra consequência à parte que não atua de acordo com o modelo de processo baseado na cooperação.

Tal como vem sendo tratado ao longo desse trabalho, o modelo cooperativo do processo civil impõe certas condutas às partes e ao juiz ao longo do arco procedimental. Em verdade, a partir da ideia do intenso diálogo entre as partes originam-se diversos deveres que importam ser observados. Nesse esteio, é oportuno que os sujeitos do processo dialoguem lealmente e esteados na veracidade dos fatos, ou seja, que litiguem imbuídos de boa-fé.

No item anterior, foi possível observar que aquele sujeito que não participa de maneira cooperativa do processo, utilizando-se de subterfúgios relativos a comportamentos eticamente censuráveis, deve ser reputado litigante de má-fé e, portanto, devidamente sancionado.

Ocorre que, é possível visualizar igualmente a possibilidade desse mesmo sujeito atuar de modo contrário à colaboração processual na medida em que possa agir abusando de seu direito de defesa ou, ainda, utilizando-se de meios suficientes para procrastinar o feito. E se assim agir, conforme cristalina passagem do inciso II do artigo 273 do Código de Processo Civil de 1973 e inciso I do artigo 311 do novo Código de Processo Civil, a parte estará sujeita a que sejam antecipados os efeitos da tutela jurisdicional. Explica-se.

O atual momento metodológico da ciência processual, além de ressaltar a preocupação com o alcance de sua efetividade, também procura estabelecer parâmetros relativos à busca da justiça no caso concreto. Afinal, seria impensável dizer que em um processo seja dada uma solução efetiva, mas injusta. Transparece-se, dessa forma, a sua natureza pública e sua concepção de instrumento para o alcance de uma das próprias funções do Estado.[81]

Pelo processo ser realizado principalmente no interesse público, a condução do feito não se pode dar ao arrepio dos valores básicos de um Estado Democrático de Direito. Os sujeitos do processo devem estar subordinados a regras elementares que ditam o *fair play* de suas condutas e limitam a garantia constitucional do contraditório, isto é, que ditam um processo pautado na boa-fé, na lealdade e, principalmente, no franco e aberto diálogo.[82] Essas são as raízes de um processo pautado na cooperação intersubjetiva.

Todas essas situações devidas pelas partes são, em última análise, as situações jurídico-processuais necessárias para o cumprimento de um dever geral de colaboração.

Caso não seja devidamente respeitado esse dever, em última análise, poder-se-á estar diante das duas situações que autorizam ao magistrado sancionar a parte faltosa com o deferimento da antecipação dos efeitos da tutela em face da parte contrária.

A primeira situação que pode ser criada a partir do descumprimento do dever de colaboração é a denominada abuso do direito de defesa (abuso do processo). HELENA NAJJAR ABDO a define como sendo toda e qualquer situação jurídica processual em que a utilização de determinado instrumento de defesa é realizada com intuito distinto do que aquele previsto em lei. Isto é, estar-se-ia sempre diante de um abuso quando não fosse verificada "a relação instrumental apropriada entre um remédio processual e os fins ou efeitos dele extraídos".[83]

O desvio de finalidade é a quebra da relação instrumental apropriada entre o ato processual praticado e os efeitos dele derivados. Para que haja abuso, é necessário que a lei colique determinado fins ou efeitos, tidos por internos, à prática de certos atos, além disso, imperativo que tais fins (internos) possam ser desviados para outros, externos, diversos daqueles previstos pelo sistema processual.

---

81. DINAMARCO, Cândido Rangel. *Instituições de direito processual civil*, vol. I., 6ª ed., São Paulo, Malheiros, 2009, pp. 50–51.
82. BUZAID, Alfredo. *Processo e verdade no direito brasileiro*, Revista de Processo, vol. 12, nº. 47, p. 92–99, jul.-set./1987; CALAMANDREI, Piero. *Il processo come gioco* in Rivista di diritto processuale, Padova, Cedam, pp. 23–51,1950; LOPES, Bruno Vasconcelos Carrilho. *Tutela antecipada sancionatória (art. 273, inc. III, do Código de Processo Civil*, São Paulo, Malheiros, 2006, pp. 30–32.
83. ABDO, Helena Najjar. *O abuso do processo*, São Paulo, RT, 2007, pp. 196–199.

Ora, será possível visualizar a situação de abuso do direito de defesa no modelo cooperativo de processo civil toda vez que a atuação do réu desviar-se, sem escusa razoável, da conduta colaborativa que dele se espera.[84] Pune-se, assim, conforme lição doutrinária anterior, o desvio na conduta cooperativa do réu.

A outra situação também sancionada pela antecipação dos efeitos da tutela é aquela relacionada ao manifesto propósito protelatório do réu, a qual igualmente é visualizável do ponto de vista do modelo cooperativo do processo civil. Isto porque, se nesse modelo de estrutura é esperada uma conduta colaborativa por parte do réu, toda vez que assim não proceder no intuito de prolongar o processo, principalmente quando se tratar da fase de instrução probatória, onde é imprescindível uma atuação cooperativa, restará óbvia a caracterização da hipótese elencada no inciso II do artigo 273 do Código de Processo Civil de 1973 e no inciso I do artigo 311 do novo Código de Processo Civil.

O modelo cooperativo do processo civil é inspirado principalmente no propósito de dele se utilizar para que mais facilmente seja alcançado o escopo social do processo. Para que este seja verificado é imprescindível que a solução dada à causa tenha sido aplicada mediante critérios justos. Todavia, uma solução não pode ser considerada justa se o *iter processual* também não tenha se desenvolvido de maneira justa (processo justo). E a conduta do réu que atua com o objetivo de protelar a prestação da tutela jurisdicional representa cristalina deturpação e desvio do dever de colaboração que dele se espera no modelo de estrutura do processo analisado.

De qualquer forma, concluindo-se pela possibilidade de aplicação de tal sanção em razão do descumprimento do dever de colaboração, que em última análise exige comportamentos dos sujeitos imbuídos de boa-fé, lealdade e veracidade, é imprescindível que esta seja concedida de maneira comedida e após a devida análise entre o confronto das inúmeras garantias constitucionais nela envolvidas.[85]

---

84. Por óbvio, não se visa punir o litigante enquanto estiver atuando dentro das garantias da ampla defesa e do contraditório.
85. LOPES, Bruno Vasconcelos Carrilho. *Tutela antecipada sancionatória (art. 273, inc. III, do Código de Processo Civil*, São Paulo, Malheiros, 2006, p. 126.

24.3. Presunções e o valor probatório da conduta processual das partes

O *codice di procedura civile* italiano, em seu artigo 116, estabelece que "O juiz pode extrair argumentos de prova das respostas das partes ao interrogatório informal, da recusa injustificada em consentir as inspeções ordenadas e, em geral, do comportamento que mantenham no processo.". Ou seja, a legislação italiana positiva a possibilidade de o órgão jurisdicional atribuir valor probatório à conduta processual da parte. [86]

No ordenamento jurídico brasileiro não é possível encontrar nenhuma disposição semelhante, mas há entendimentos no sentido de aplicação desse instituto no direito pátrio. [87]

É sabido que vige no Brasil a regra do livre convencimento motivado, a qual dá ao julgador a prerrogativa de valorar os elementos constantes nos autos do processo segundo sua própria convicção e sensibilidade, sem estar vinculado a critérios estritamente legais, desde que sua decisão (quanto à valoração da prova) seja devidamente e coerentemente motivada (Constituição Federal, artigo 93, inciso IX e Código de Processo Civil de 1973, artigo 131 e novo Código de Processo Civil, artigo 371).

Importante também destacar que, quanto à admissibilidade dos meios de provas no direito brasileiro, vige a regra de que são aceitas provas atípicas, ou seja, provas que não são tipificadas em lei.

Estabelece-se que todos os meios legais, bem como os moralmente legítimos, ainda que não especificados em lei, são hábeis para provar a verdade dos fatos alegados (Código de Processo Civil de 1973, artigo 332 e novo Código de Processo Civil, artigo 369). As provas atípicas

---

86. O texto original, traduzido livremente pelo autor, assim dispõe: "**Art. 116. (Valutazione delle prove).** Il giudice deve valutare le prove secondo il suo prudente apprezzamento, salvo che la legge disponga altrimenti. Il giudice può desumere argomenti di prova dalle risposte che le parti gli danno a norma dell'articolo seguente, dal loro rifiuto ingiustificato a consentire le ispezioni che egli ha ordinate e, in generale, dal contegno delle parti stesse nel processo.". Para fins de colaborar com a maior assimilação da norma, segue também a disposição do "articolo seguente", o artigo 17: "**Art. 117. (Interrogatorio non formale delle parti).** I. Il giudice, in qualunque stato e grado del processo, ha facoltà di ordinare la comparizione personale delle parti in contraddittorio tra loro per interrogarle liberamente sui fatti della causa. Le parti possono farsi assistere dai difensori.".
87. RIGHI, Ivan. *Eficácia probatória do comportamento das partes* in Revista da Faculdade de Direito da Universidade Federal do Paraná, n. 20, p. 1, Curitiba, UFPR, 1982. CAMBI, Eduardo Augusto Salomão; HOFFMANN, Eduardo. *Caráter Probatório Da Conduta (Processual) Das Partes* in Revista de Processo, vol. 201, p. 59, São Paulo, Revista dos Tribunais, nov/11.

dão, assim, a oportunidade de serem conhecidos e valorados fatos relevantes ao julgamento da demanda, ainda que os meios de prova não estejam regulamentados pela lei.[88]

A partir dessas duas premissas, e com base na visão de que o juiz no moderno processo civil não deve mais ser considerado um mero espectador (principalmente quando se entende pela necessidade de estruturação de um modelo cooperativo do processo civil), constrói-se o entendimento de que a conduta da parte também pode ser utilizada pelo órgão jurisdicional como base de sua convicção.

Segundo CAMBI e HOFFMANN, valorar a conduta processual da parte implica na possibilidade de o órgão jurisdicional extrair argumentos ou indícios probatórios do conjunto de comportamentos – ativos ou omissivos – apresentados pelos litigantes, durante o decorrer da causa, especialmente na hipótese das provas produzidas serem insuficientes para adequada reconstrução dos fatos juridicamente relevantes.[89]

O próprio Código de Processo Civil (tanto o de 1973, quanto o novo de 2015), por mais que não trate abertamente de tal instituto, adota-o em determinadas situações por ele levantadas como referenciais, como é o caso da revelia: caso a parte não compareça à demanda para contestar e formar a relação jurídico-processual triangular, reputar-se-ão verdadeiros os fatos alegados pelo autor, ou seja, diante de um comportamento omissivo, a lei valora tal situação e aplica a citada sanção (artigo 319 e artigo 344 do novo Código de Processo Civil). É a situação, também, da negativa quanto à exibição de documento (artigo 359 e artigo 440 do novo Código de Processo Civil) ou da recusa a depor (artigo 343, §2º e artigo 385, §1º do novo Código de Processo Civil).[90]

O comportamento processual que permite ao juiz valorá-lo é aquele que resulta em inferências racionais, de conteúdo probatório,

---

88. É forçoso deixar claro que as provas atípicas são todas aquelas que não sejam repudiadas pelo direito, ou seja, que não violem normas e garantias processuais já previstas na lei, tais como, mas não se resumindo, ao devido processo legal, a ampla defesa e o contraditório. Representam, em verdade, a ratificação da garantia do acesso à justiça (STJ, 6ª Turma, REsp. n. 55.438-SP, rel. Min. LUIZ VICENTE CERNICCHIARO, j. 25.10.94, p. 3.4.95).
89. CAMBI, Eduardo Augusto Salomão; HOFFMANN, Eduardo. *Caráter Probatório Da Conduta (Processual) Das Partes* in Revista de Processo, vol. 201, p. 59, São Paulo, Revista dos Tribunais, nov/11, p. 7.
90. RIGHI, Ivan. *Eficácia probatória do comportamento das partes* in Revista da Faculdade de Direito da Universidade Federal do Paraná, n. 20, p. 1, Curitiba, UFPR, 1982, p. 3.

úteis para o julgamento da demanda. Em outros termos, é a conduta que sirva de indício e propicie, mediante o emprego de critério lógico--dedutivo, uma conclusão.[91]

E quando se diz em comportamento que resulta inferência racional não se busca dizer que a análise deve ser feita obrigatoriamente em conjunto com outros meios probatórios, mas sim em razão do próprio livre-convencimento judicial. Isto é, caso seja necessária a utilização desse *argomento di prova* como único meio possível, ainda assim deve o magistrado utilizá-lo.

Recentemente a Corte de Cassação, órgão de cúpula do Judiciário italiano, já decidiu que o comportamento da parte, processual ou até mesmo extraprocessual, pode e dever ser utilizado como fonte de prova e não somente um elemento valorativo – ainda que seja a única e exclusiva para tanto.[92]

Os comportamentos das partes também podem ser analisados a partir de dois prismas distintos, quais sejam, de um lado condutas que respeitam os deveres das partes relacionados à boa-fé, veracidade e lealdade e de outro lado condutas que violam tais preceitos e são enquadradas no gênero má-fé processual.

Quando os sujeitos parciais alegam fatos contrários ao texto de lei, quando alteraram a verdade dos fatos, quando se valem do processo para obter objetivo ilegal, quando abusam do direito do processo, o juiz pode extrair argumentos de prova.[93]

Caso sintomático e que demonstra com muita clareza a possibilidade e necessidade de aplicação da valoração do comportamento da parte é aquele no qual a parte repetitivamente omite-se quanto à exibição de documentos, declarando que não os possui (quando

---

91. RIGHI, Ivan. *Eficácia probatória do comportamento das partes* in Revista da Faculdade de Direito da Universidade Federal do Paraná, n. 20, p. 1, Curitiba, UFPR, 1982, p. 4.
92. Corte di Cassazione, Sezione III (civile), proc. n. 2071, pres. TRIFONE, est. SCARANO, j. 29.1.13: "Art. 116 c.p.c. – Fonte di prova – Comportamento processuale ed estraprocessuale della parte – Sistema difensivo adottato – Unica ed esclusiva fonte di prova e non solo elemento valutativo – Sussiste. L'art. 116 c.p.c. conferisce al giudice di merito il potere discrezionale di trarre elementi di prova dal comportamento processuale delle parti (v. Cass., 5/12/2011, n. 26088; Cass., 10/8/2006, n. 18128, e già Cass., 26/2/1983, n. 1503), e il comportamento (extraprocessuale e) processuale - nel cui ambito rientra anche il sistema difensivo adottato dal rispettivo procuratore - delle parti può in realtà costituire non solo elemento di valutazione delle risultanze acquisite ma anche unica e sufficiente fonte di prova, idonea a sorreggere la decisione del giudice di merito, che con riguardo a tale valutazione è censurabile nel giudizio di cassazione solo sotto il profilo della logicità della motivazione (v. Cass., 26/6/2007, n. 14748).".
93. CAMBI, Eduardo Augusto Salomão; HOFFMANN, Eduardo. *Caráter Probatório Da Conduta (Processual) Das Partes* in Revista de Processo, vol. 201, p. 59, São Paulo, Revista dos Tribunais, nov/11, p. 69.

na verdade, possui-os) ou que ainda tenta a todo e qualquer modo atrasar ou tumultuar a marcha processual.

Em um caso exatamente assim, o Tribunal de Mondovì, na Itália, decidiu contrariamente àquele que atuava de forma inidônea e contrária à lealdade processual e ao seu dever de colaboração, com base exclusivamente no comportamento da parte recalcitrante.[94]

Em Portugal verifica-se situação bastante semelhante àquela prevista na Itália. De acordo com o artigo 519 do Código de Processo Civil português, ao ser regulamentado o dever de cooperação para a descoberta da verdade, assinala-se no item 2 do dispositivo que aqueles "que recusem a colaboração devida serão condenados em multa, sem prejuízo dos meios coercitivos que forem possíveis", continuando na sequência que "se o recusante for parte, o tribunal apreciará livremente o valor da recusa para efeitos probatórios, sem prejuízo da inversão do ônus da prova decorrente do preceituado no n. 2 do art. 344.º do Código Civil".[95]

A partir desses exemplos e entendimentos, bem como com base na concepção de que o modelo cooperativo do processo civil impõe o dever e o ônus da parte colaborar com o desenvolvimento da causa, pode-se facilmente construir uma ideia de que a conduta cooperativa, e

---

94. Tribunale di Mondovì, Sentenza di 22.3.10: "Processo civile – Dovere di lealtà e probità processuale – Inottemperanza all'ordine di esibizione del giudice – Conseguenze – Comportamento processuale gravemente scorretto – Valore confessorio della condotta – Conseguenze. In virtù dell'interpretazione congiunta degli articoli 88 e 116 codice procedura civile è possibile, nei casi di comportamento processuale gravemente scorretto, sanzionare la parte con il riconoscere alla sua condotta un valore quasi confessorio, di riconoscimento implicito della fondatezza delle domande avversarie. Solo la consapevolezza della propria virtuale soccombenza, infatti, può condurre la parte alla violazione ripetuta e grave di quei doveri di correttezza e leale collaborazione che la legge impone. (Nel caso di specie, la parte ha ripetutamente omesso l'esibizione dei documenti richiesti dal giudice, ha ripetutamente dichiarato, contrariamente al vero, di non essere in grado di reperire la documentazione richiesta, ha ripetutamente depositato fuori udienza memorie non autorizzate, contenenti anche valutazioni in diritto, ha riportato tra virgolette frasi esattamente contenute nella comparsa di costituzione, che invece non esistevano o erano diverse)."
95. Assim dispõe o artigo comento em sua literalidade: "**Artigo 519. Dever de cooperação para a descoberta da verdade.** 1 - Todas as pessoas, sejam ou não partes na causa, têm o dever de prestar a sua colaboração para a descoberta da verdade, respondendo ao que lhes for perguntado, submetendo-se às inspeções necessárias, facultando o que for requisitado e praticando os atos que forem determinados. 2 - Aqueles que recusem a colaboração devida serão condenados em multa, sem prejuízo dos meios coercitivos que forem possíveis; se o recusante for parte, o tribunal apreciará livremente o valor da recusa para efeitos probatórios, sem prejuízo da inversão do ônus da prova decorrente do preceituado no n.º 2 do artigo 344.º do Código Civil. 3 - A recusa é, porém, legítima se a obediência importar: **a)** Violação da integridade física ou moral das pessoas; **b)** Intromissão na vida privada ou familiar, no domicílio, na correspondência ou nas telecomunicações; **c)** Violação do sigilo profissional ou de funcionários públicos, ou do segredo de Estado, sem prejuízo do disposto no n.º 4. **4** - Deduzida escusa com fundamento na alínea c) do número anterior, é aplicável, com as adaptações impostas pela natureza dos interesses em causa, o disposto no processo penal acerca da verificação da legitimidade da escusa e da dispensa do dever de sigilo invocado."

principalmente a não colaborativa, no direito processual civil brasileiro pode gerar no espírito do juiz determinadas situações que o levarão a valorá-la em favor ou desfavor à parte. Ou seja, a conduta cooperativa ou não colaborativa pode ser valorada como qualquer outra prova pelo juiz.

Resta cristalina que a conduta cooperativa ou não cooperativa pode e deve gerar no espírito do magistrado determinadas convicções capazes de servir como prova. Por óbvio que a parte que não colabora com o desenvolvimento do processo, ainda que indiretamente, causará na íntima convicção judicial um aspecto negativo e capaz de prejudicar seus argumentos. A premissa é simples: a parte que não coopera possivelmente tenta esconder a verdade dos fatos, a qual poderia ser contrária aos seus interesses.

Repisa-se, contudo, que tal conduta recalcitrante deve ser analisada em conjunto com os demais meios probatórios e até mesmo de acordo com a conduta da parte contrária. Apenas no caso concreto poder-se-á ter certeza sobre como ela interferirá no espírito do julgador.

Portanto, a colaboração e a não colaboração da parte deve não ser só vista como uma situação que favorece ou prejudica toda a Justiça, como também uma situação que vai beneficiar ou até mesmo prejudicar a própria tese sustentada pelo sujeito parcial, levando-se à possibilidade de o juiz valorar a citada conduta não colaborativa em desfavor do próprio sujeito.

24.4. Responsabilidade por eventuais prejuízos

A responsabilidade civil consiste na obrigação que tem uma pessoa de reparar o prejuízo causado por ato ilícito próprio ou de pessoas ou coisas que dela dependam, implicando na verificação da existência de um comportamento censurável do agente que causou dano à vítima.

Nos termos dos artigos 186 e 927 do Código Civil, três são os elementos que conduzem à obrigação de indenizar: *(i)* culpa ou dolo, *(ii)* nexo de causalidade e *(iii)* dano. Havendo a concorrência deles é possível se falar em obrigação de pagamento de indenização.

Ainda, a legislação processual civil prevê a possibilidade de se condenar o litigante que age de má-fé e causa dano em outrem.

A partir dessas premissas, é possível construir um pensamento acerca da possibilidade da infringência ao dever de colaboração gerar ao violado uma obrigação de indenizar, com base nos preceitos da responsabilidade civil.

A violação do dever de colaboração pode implicar em um efetivo prejuízo a outro sujeito ou até mesmo ao Estado, tendo em vista a possibilidade de existência de uma decisão embasada em critérios totalmente equivocados e injustos.

Imagine-se determinada decisão que condena um réu inocente ao pagamento de vultosa indenização, tendo em vista o autor ter infringido o seu dever de colaborar com o Poder Judiciário com a busca da verdade omitindo fatos e documentos fundamentais para o deslinde da controvérsia. Resta clara que, somente em razão da conduta do autor, o réu foi condenado, sofrendo um gravame em seu patrimônio jurídico.

Outra situação que também pode ser encampada é aquela pela qual o réu atua de forma totalmente contrária ao interesse da Justiça, procrastinando e tumultuando o feito ao invés de colaborar com a sua justa solução, e acaba por induzir o juiz a um julgamento equivocado, principalmente quando se visualiza a situação a partir do descumprimento aos artigos 339 do Código de Processo Civil de 1973 e 378 do novo Código de Processo Civil.

A análise, pois, passa pela reparabilidade da violação ao dever de colaboração, principalmente visualizado a partir dos deveres de conduta de boa-fé e lealdade da parte.

Por outro lado, eventual desrespeito também pode advir do próprio Estado-juiz, o qual não cumpre seu papel em obediência aos poderes-deveres impostos pelo modelo cooperativo.

A justificativa, nesse sentido, é oriunda daquela mesma aplicada aos casos de responsabilidade aquiliana. Isto é, visa-se ao restabelecimento do equilíbrio destruído pelo dano, recolocando aquele que o sofreu na mesma situação que antes se encontrava.[96]

Sabendo-se que uma conduta não cooperativa pode sim causar um dano e estando os outros requisitos para caracterização da responsabilidade civil extracontratual, não haveria problemas em se permitir a reparação mediante demanda indenizatória ou visando a

---

96. ABDO, Helena Najjar. *O abuso do processo*, São Paulo, RT, 2007, p. 229.

uma tutela específica (ou até mesmo no processo, mediante condenação ao pagamento da indenização).[97]

Tudo isso com o objetivo de trazer maior concretude ao modelo cooperativo do processo, sancionando a parte que o desrespeita no mais variados níveis, sem prejuízo da aplicação das outras consequências anteriormente aventadas.

24.5. Extinção do feito sem resolução do mérito

Como delimitado no capítulo introdutório, o presente estudo volta-se particularmente ao processo de cognição ou conhecimento (e mais especialmente aquele que tramita pelo procedimento ordinário, segundo a atual classificação legislativa vigente). Contudo, para que em um processo de conhecimento o juiz possa ao final dizer o direito e proferir sua sentença de mérito é necessária a presença de inúmeros requisitos. Para que o processo alcance o seu final programado devem estar presentes os *pressupostos de admissibilidade do julgamento do mérito*.[98]

A imposição desses requisitos é uma verdadeira limitação à garantia constitucional de entrega de uma tutela jurisdicional. Contudo, são limitações baseadas em valores éticos, econômicos e de justiça de igual ou maior grandeza que a própria necessidade da prestação da tutela jurisdicional. Por isso que quando se diz que todos têm direito a um provimento de mérito, este *todos* deve ser lido conjuntamente com estas limitações.

Esses requisitos possuem uma gradação que podem ir dos mais aos menos graves, a depender daquilo que protegem: como a própria ordem pública do processo em geral ou da própria impossibilidade de exigir no caso concreto uma tutela jurisdicional ao qual o postulante não tem interesse algum em obtê-la. Trata-se esse último exemplo das *condições da ação*.

A atual legislação processual civil brasileira, baseada na doutrina clássica de Liebman[99], divide as condições da ação em três hipóteses,

---

97. Albuquerque, Pedro de. *Responsabilidade processual por litigância de má fé, abuso de direito e responsabilidade civil em virtude de actos praticados no processo*, Coimbra, Almedina, 2006, pp. 67–94 e 143–152; Menezes Cordeiro, António. *Litigância de má-fé, abuso do direito de ação e culpa 'in agendo'*, 2ª ed., Coimbra, Almedina, 2011, pp. 135–192.
98. Dinamarco, Cândido Rangel. *Instituições de direito processual civil*, vol. III, 6ª ed., São Paulo, Malheiros, 2009, pp. 127–129.
99. Liebman, Enrico Tullio. *Manuale di diritto processuale civile*, 1980, trad. port. de Cândido Rangel Dinamarco, vol. I, 3ª ed., São Paulo, Malheiros, 2005, pp. 203 e ss.

quais sejam a legitimidade *ad causam*, o interesse de agir e a possibilidade jurídica do pedido; não obstante a grande discussão a respeito da especificação das condições da ação, do seu reconhecimento como sendo questão de mérito etc., importa a este item a análise do *interesse de agir* como condição da ação.

Segundo DINAMARCO, interesse é utilidade. Ou seja, para a acepção processualística, interesse de agir é o mesmo que *utilidade do provimento jurisdicional ao postulante*. A demanda proposta deve trazer uma situação de vantagem ou melhora na vida comum daquele que provoca o Judiciário.[100]

Para que o processo possa seguir seu curso natural até alcançar a sentença de mérito, esta deve hipoteticamente estar apta a conceder ao autor uma situação de melhora que sem o Poder Judiciário jamais poderia ser alcançada. Caso aquela demanda jamais consiga fornecer isto ao demandante deve ser extinta sem que o juiz diga qual parte realmente tem razão.

Seguindo essa concepção, pode-se dizer que um processo que não é utilizado para obter uma vantagem específica e direta relacionada ao bem da vida pretendido, não deve chegar a uma sentença de mérito. Ou ainda, de modo mais genérico, um processo no qual sua finalidade é desviada daqueles escopos programados para a jurisdição também é um processo que em última análise não é útil e por essa razão deve ser igualmente extinto.

Um processo tem seus objetivos desviados quando o autor[101] atua de forma não colaborativa. Da mesma forma que o demandante procura obter uma definição no mérito para seus pedidos, o réu também tem o total interesse em ser tutelado pelo Estado para resguardar sua esfera de direitos. Contudo, para que o réu possa ter seu pedido de que seja prestada a tutela jurisdicional em seu favor, o autor deve atuar de forma colaborativa com o Estado-juiz, isto é, respeitar os deveres de lealdade, boa-fé e veracidade.

Na hipótese de o autor não respeitar tais deveres, o objetivo do réu de também obter uma sentença favorável a ele fica prejudicado, devendo o autor sofrer a consequência por isso: ter a sua demanda

---

100. DINAMARCO, Cândido Rangel. *Instituições de direito processual civil*, vol. II, 6ª ed., São Paulo, Malheiros, 2009, p. 309.
101. Aqui na acepção ampla da palavra, levando-se em consideração o réu que também apresenta demanda dentro de um mesmo processo

extinta, face a ausência de um real interesse de agir do demandante. Afinal, se interesse é utilidade, a utilidade somente existe se também o modelo processual proposto for devidamente respeitado.

Caso o autor atue de forma não-colaborativa é porque realmente não tem o interesse de que seja prestada a tutela jurisdicional, pois se o tivesse atuaria de todas as formas para conseguir sagrar-se vencedor naquele litígio.

Exemplo de violação ao modelo colaborativo que resultou em extinção da demanda sem resolução do mérito foi decidido recentemente pela Corte de Cassação italiana. Segundo o órgão de cúpula do judiciário italiano, o credor que propusesse uma demanda cobrando apenas parte de seu crédito, em detrimento de sua totalidade – reservada para cobranças posteriores – deveria ter sua demanda extinta. Isso porque, aquele que age na forma descrita abusa de seu direito de demandar, violando as necessárias boa-fé e lealdade processuais.[102]

Vale lembrar, que a colaboração envolve todos aqueles que participam do processo e que dentro dela também está incluído o dever de que tais sujeitos devem cooperar entre si para que o processo realize sua função em um prazo minimamente razoável.[103]

---

102. Corte di Cassazione, Sez. III (civile), proc. n. 10488, pres. ROVELLI, rel. DI VIRGILIO, j. 12.5.11: "(...) È stata già affrontata la questione dell'utilizzo dello strumento processuale con modalità tali da arrecare non solo un danno al debitore senza necessità o anche solo apprezzabile vantaggio per il creditore, ma anche da interferire: con il funzionamento dell'apparato giudiziario: tale condotta è stata ritenuta lesiva sia del canone generale di buona fede oggettiva e correttezza, in quanto contrastante con il dovere di solidarietà di cui all'art. 2 Cost., sia contraria ai principi del giusto processo, in quanto l'inutile moltiplicazione dei giudizi produce un effetto inflattivo confliggente con l'obiettivo costituzionalizzato della ragionevole durata del processo, di cui all'articolo 111 Cost. (vedi la pronuncia delle Sezioni unite, n. 23.726 del 2007). Tali principi possono trovare applicazione anche in fattispecie quale quella in esame, ove l'evento causativo del danno, e quindi giustificativo della pretesa, sia identico, come unico sia il soggetto che ne deve rispondere e plurimi siano solo i danneggiati, che, dopo aver agito unitariamente nel processo presupposto, così dimostrando una carenza di interesse alla diversificazione delle posizioni, ed avere assunto la stessa condotta in fase di richiesta dell'indennizzo, agendo con lo stesso difensore, hanno instaurato singolarmente procedimenti diversi, pur destinati inevitabilmente alla riunione. Una tale condotta, priva di alcuna apprezzabile motivazione ed incongrua rispetto alle rilevate modalità di gestione, sostanzialmente unitaria delle comuni pretese, contrasta con l'inderogabile dovere di solidarietà sociale, che osta all'esercizio di un diritto con modalità tali da arrecare un danno ad altri soggetti, che non sia l'inevitabile conseguenza di un interesse degno di tutela dell'agente, danno che nella fattispecie graverebbe sullo Stato debitore, a causa dell'aumento degli oneri processuali, ma contrasta altresì soprattutto con il principio costituzionalizzato del giusto processo, inteso come processo di ragionevole durata, posto che la proliferazione oggettivamente non necessaria dei procedimenti incide negativamente sull'organizzazione giudiziaria a causa dell'inflazione dell'attività, con il conseguente generale allungamento dei tempi processuali".

103. LEBRE DE FREITAS, José. Introdução do processo civil: conceito e princípios gerais, 2ª ed., Coimbra, Coimbra Editora, 2009, p. 164.

Trata-se de proposição pensada exatamente na concepção de que o processo não deve ser visto somente do ângulo do autor. O réu também tem direito à tutela de seus interesses, ainda que tal proteção advenha de uma sentença de extinção da demanda sem resolução do mérito.[104]

Dessa maneira, propõe-se a adoção de mais essa consequência – totalmente embasada na própria legislação vigente – no caso de descumprimento dos deveres e ônus originados do modelo de colaboração processual subjetiva proposto, sempre no intuito de reforçar sua aplicação e obediência por todos os sujeitos da relação jurídico-processual.

---

104. DINAMARCO, Cândido Rangel. *Instituições de direito processual civil*, vol. II, 6ª ed., São Paulo, Malheiros, 2009, pp. 301–303.

Capítulo VII

A ATUAÇÃO DEFINITIVA DO JUIZ NA BUSCA POR UMA SOLUÇÃO "JUSTA, PARTICIPATIVA E EFETIVA" – A FASE DECISÓRIA

O presente trabalho dividiu-se em sua terceira parte tal como a doutrina costuma dividir as fases de um processo de procedimento comum: postulatória, saneadora, instrutória e, agora, decisória. Nesse sentido, o presente capítulo – e último antes da conclusão – vem para encerrar o caminho lógico iniciado anteriormente, com uma análise sob a ótica cooperativa da fase em que o juiz em regra vem a decidir a causa. Contudo, vale como forma de aviso, que todas as conclusões apresentadas neste capítulo são aplicáveis em qualquer momento cujo qual o juiz venha a proferir alguma decisão (ou seja, seja interlocutória ou uma sentença).

A fase decisória inicia-se com a apresentação das alegações finais pelas partes (sejam orais ou em forma de memoriais, conforme faculta a legislação processual civil) e termina quando a sentença é dada.

No processo civil brasileiro, ao final da fase instrutória, com a finalização da atividade probatória, o feito em regra está pronto (maduro) para seu julgamento. O juiz já tem nos autos todos os elementos necessários para proferir de maneira adequada a sua decisão. E está justamente nessa *maneira adequada* o foco do modelo cooperativo de processo civil.

Conforme trazido durante todo o presente estudo, o ponto fundamental da colaboração processual está no diálogo que deve ser exercido entre os sujeitos do processo, a fim de que seja criada uma comunidade de trabalho cuja principal função será o alcance de uma decisão que traga em si todos os três escopos do processo, principalmente sob o ponto de vista de ser uma decisão justa.

A participação de todos os sujeitos do processo é imprescindível do ponto de vista de formação de uma decisão justa. Por isso, diz-se que o processo deve ser conduzido sem destaques a algum sujeito em específico, cabendo ao juiz distanciar-se das partes somente no momento de proferir sua decisão.

A colaboração entre partes e juiz leva este último a se colocar no mesmo nível das partes no desenvolvimento do diálogo processual. O diálogo se opera no sentido de buscar a verdade dos fatos.[1] A busca da verdade dos fatos, trabalhada por meio do diálogo das partes, formará uma decisão justa.

É nesse sentido que se entende ser de fundamental importância que o Estado-juiz somente assuma sua posição de destaque no momento em que for decidir a causa. O seu papel, a sua atuação deve dar-se em conjunto com todos os outros sujeitos do processo. E isso traduz-se como uma verdadeira mudança de paradigma na própria atuação jurisdicional. Afinal, se na fase instrutória destaca-se a atividade das partes dentro de um modelo cooperativo (dever de veracidade, ética, lealdade), é na fase decisória que os poderes-deveres do juiz (anteriormente traçados) recebem uma posição mais enfática.

25. UMA MUDANÇA DE PARADIGMA DA ATUAÇÃO JURISDICIONAL E A COOPERAÇÃO NA FASE DECISÓRIA

Não é demais lembrar que a tônica do processo guiado pela colaboração das partes traduz-se no imprescindível diálogo a ser desenvolvido entre as partes. Para um diálogo ser útil e realmente visar aos escopos do processo, todos os seus interlocutores devem participar ativamente e respeitando certos limites.

Os limites colocados às partes basicamente referem-se aos deveres de ética, lealdade, boa-fé e veracidade. Sem a obediência de todos eles, é impossível fazer com que o processo ao final atinja seus escopos programados. Por seu turno, vale ressaltar que o Estado-juiz também deve dialogar com as partes, ainda mais quando se prepara para assumir uma posição de assimetria com relação a elas no momento de sua decisão. Caso o magistrado não trabalhe *com* as partes, provavelmente sua decisão será proferida de forma equivocada – e

---

1. GRASSO, Eduardo. *La collaborazione nel processo civile* in Rivista di Diritto Processuale, Padova, Cedam, out.-dez./1966, pp. 587 e 609.

é exatamente essa a crítica feita ao que se encontra atualmente nos tribunais pátrios: muitas decisões podem ser consideradas como aquém dos escopos da jurisdição, pois não advieram de um prévio diálogo com as partes.

Conforme trazido na segunda parte deste livro, o magistrado, assim como as partes, carrega consigo uma série de poderes-deveres que dão sustentáculo ao modelo de estrutura do processo baseado na colaboração dos sujeitos. O principal exemplo que pode ser destacado – e que se relaciona diretamente com essa fase processual – é o dever de consulta, o qual está intimamente ligado à ideia proposta de contraditório no modelo cooperativo.

O princípio do contraditório no modelo de estrutura processual proposto não se satisfaz com a mera audiência bilateral das partes.[2] O *contraditório cooperativo* visa a garantir com que as partes realmente possam atuar em conjunto com o Estado-juiz na condução dos atos processuais, tendo a livre possibilidade de influenciar o órgão jurisdicional na formação de sua convicção.[3]

Por seu turno, o dever de consulta garante que o juiz nunca decida com base em questão de fato ou de direito sem que as partes sejam ouvidas (seja garantida a audiência, em verdade), ainda que tal questão seja conhecível de-ofício.[4]

O dever de consultar as partes, como manifestação do princípio do contraditório, impõe ao órgão judicante que cientifique as partes da orientação jurídica a ser adotada por ele antes de proferir certa decisão, permitindo que os sujeitos parciais do processo tenham a chance de influenciar diretamente sua escolha.

Esse dever assume ainda maior saliência quando do momento de decisão da causa. Assim, impõe-se ao juiz que antes de proferir sua sentença, demonstre ele às partes quais são os pontos controvertidos necessários a serem ainda enfrentados por elas; deve ainda dar oportunidade às partes de se manifestarem sobre cada questão que

---

2. Gouveia, Lúcio Grassi de. *A função legitimadora do princípio da cooperação intersubjetiva no processo civil brasileiro* in Revista de Processo, vol. 172, São Paulo, RT, Jun/2009, p. 32.
3. Dinamarco, Cândido Rangel. *Instrumentalidade do processo*, 14ª ed., São Paulo, Malheiros, 2009, pp. 148–162. Nesse mesmo sentido: Grasso, Eduardo. *La collaborazione nel processo civile* in Rivista di Diritto Processuale, Padova, Cedam, out.-dez./1966, pp. 591–608.
4. Teixeira de Souza, Miguel. *Aspectos do novo processo civil português* in Revista Forense, v. 338, Rio de Janeiro, Forense, abr.-jun./97, p. 151.

levará em conta na sua decisão. Deve também o magistrado enfrentar todas as razões apresentadas pelas partes ao longo do processo quando da fundamentação da sentença, não bastando o acolhimento de uma razão em detrimento das demais (situação muitas vezes encontrada no atual panorama); deve o órgão jurisdicional dizer o porquê da recusa de todas as outras.[5]

A todo e qualquer ponto que possa embasar a decisão do juízo deve ser dada oportunidade às partes de se manifestar. Nem mesmo as questões cognoscíveis de ofício devem ficar de fora do dever de consulta.[6] Isso advém da própria concepção de que o julgamento do processo se desenvolve em um *actus trium personarum*, baseado no diálogo entre as partes e o juiz.[7]

> DINAMARCO é claro ao afirmar que o juiz que chama as partes à manifestação sobre determinada decisão gravosa que poderia proferir de-ofício é um juiz que está próximo ao seu compromisso de fazer justiça.[8]

A análise por parte do órgão jurisdicional de todos os argumentos aduzidos pelas partes tem total relação com o próprio conteúdo do poder-dever de motivação das decisões, que é visto como uma forma de controle da própria prestação da tutela jurisdicional e, por sua vez, uma própria garantia da parte de saber que sua posição no processo foi devidamente valorada. Isso permite, em última análise, com que a parte constate que foi ouvida pelo Poder Judiciário.[9]

Instar às partes a se apresentarem a cada ponto relevante para o julgamento da causa faz também com que a decisão evite surpresas no processo com argumentos inesperados – hoje amplamente vetados pela própria cláusula geral do devido processo legal (princípio da não surpresa).[10]

---

5. MITIDIERO, Daniel. *Colaboração no processo civil: pressupostos sociais, lógicos e éticos*, 2ª ed., col. Temas Atuais de Direito Processual Civil, vol. 14, São Paulo, RT, 2011, pp. 150-151.
6. TROCKER, Nicolò. *Processo civile e costituzione*, Milano, Giuffrè, 1974, p. 657.
7. GRADI, Marco. *Il principio del contraddittorio e le questioni rilevabili d'ufficio* in Revista de Processo, São Paulo, RT, vol. 186, ago/10, p. 109.
8. DINAMARCO, Cândido Rangel. *Fundamentos do processo civil moderno*, 6ª ed., São Paulo, Malheiros, 2010, p. 528.
9. ARRUDA ALVIM WAMBIER, Teresa. *Omissão judicial e embargos de declaração*, São Paulo, RT, 2005, pp. 200-205 e 389.
10. ALBANO, Silvia. *Processo civile e principio della lealtà* in Questione giustizia, n. 6, 2006, p. 1.106.

O dever de consulta transforma o processo em um palco de participação democrática.¹¹ O debate judicial – se realmente efetivo e ético – inarredavelmente faz com que a análise empreendida pelo Estado-juiz seja muito maior, pois o constrange a enfrentar todos os arrazoados das partes. Isso, por sua vez, favorece a desmistificação de eventuais conceitos preconcebidos, permitindo a entrega de uma decisão muito mais aberta e ponderada pelo Judiciário.¹²

Essa participação advinda do dever de consulta também legitima o exercício do poder jurisdicional e garante a efetividade da prestação da tutela jurisdicional, seja porque pacifica mais (aquele que perde tende a aceitar melhor a decisão)¹³, seja porque garante um resultado possivelmente mais justo (pois a partir da análise profunda do ponto de vista de ambos os sujeitos parciais, é possível recriar melhor a ocorrência dos fatos narrados e assim dizer o direito adequadamente).

Diante desse quadro, é de suma importância uma alteração no modo-de-ser do Estado-juiz na condução do processo e, principalmente, no momento de decidir a causa, pois é neste momento que ele assume uma posição díspar com relação aos demais sujeitos do processo e, assim, correr maiores riscos de não promover o diálogo necessário de um modelo cooperativo de estrutura de processo civil. Fazer com que o órgão jurisdicional atue de forma assimétrica, mas também garanta com que as partes participem da formação de sua decisão por meio das ferramentas acima descritas é medida imperiosa. Afinal, não há o que se falar em colaboração sem que os três sujeitos principais do processo atuem em conjunto.

26. VERDADE E COISA JULGADA

O processo tem como necessidade última garantir as pacificações dos conflitos, por meio da atuação concreta do Estado-juiz ao aplicar a lei genérica no caso específico. Para tanto, o instrumento utilizado pelo Estado (em sendo necessária a sua atuação) é a sentença, que

---

11. HOFFMAN, Paulo. *Saneamento compartilhado*, São Paulo, Quartier Latim, 2011, pp. 53–54.
12. TROCKER, Nicolò. *Processo civile e costituzione*, Milano, Giuffrè, 1974, p. 657.
13. Nesse sentido, DINAMARCO esclarece que existe uma "a predisposição a aceitar decisões desfavoráveis na medida em que cada um, tendo a oportunidade de participar na preparação da decisão e influir no seu teor mediante observância do procedimento adequado (princípio do contraditório, legitimação pelo procedimento), confia na idoneidade do sistema em si mesmo". (*in* DINAMARCO, Cândido Rangel, *A instrumentalidade do processo*, 14ª ed., São Paulo, Malheiros, 2009, pp. 190–191).

nada mais é do que um ato do procedimento que substitui a vontade das partes e apresenta um determinado comando ao qual os jurisdicionados envolvidos terão de obedecer.

Ocorre que a sentença produz efeitos concretos, e não somente provisórios, apenas quando alcança o *trânsito em julgado*. O trânsito em julgado é definido pelo fato de não estar mais o citado pronunciamento sujeito a recursos em geral. Ocorrida tal manifestação, torna-se a sentença, e mais especificamente o seu comando, *imutável* e *indiscutível*.[14] Tais características do trânsito em julgado, segundo a clássica doutrina de LIEBMAN, são na verdade *qualidades* da sentença e que se ligam aos efeitos dela e são denominados por *coisa julgada material*.[15]

> A coisa julgada material deve, pois, ser entendida como instrumento que não permite o surgimento de novas decisões em novas demandas sobre aquilo (mérito) que já tenha sido decidido anteriormente.

Contudo, pode-se dizer que *qualquer* sentença transitada em julgado torna-se imutável e indiscutível? A resposta é negativa e até mesmo contra determinadas situações tem-se a ação rescisória, um instrumento por excelência que visa à desconstituição da coisa julgada. Exemplo clássico e que muito se liga às concepções aqui defendidas refere-se à possibilidade de desconstituição da sentença que foi proferida com base em dolo de uma das partes ou em erro de fato (incisos III e IX do artigo 485 do Código de Processo Civil de 1973 e incisos III e VII do artigo 966 do novo Código de Processo Civil).

Ora, a justificativa da existência de tamanha permissão no próprio ordenamento jurídico vigente advém da visão de que o processo deve ser concluído com uma sentença justa.

Segundo adiantado no início deste estudo, uma solução poderá ser considerada justa quando a lei vier a ser corretamente aplicada. Todavia, para que assim ocorra, o Estado-juiz (com o apoio de todos aqueles que participam do processo) deve antes reconstruir verdadeiramente e racionalmente o próprio caso concreto.

> Não se pode experimentar um senso de justiça apenas quanto às questões de direito, até porque para se individualizar e interpretar

---

14. BOTELHO DE MESQUITA, José Ignacio. *Coisa Julgada*, Rio de Janeiro, Forense, 2004, pp. 11 e 12.
15. LIEBMAN, Enrico Tullio. *Eficácia e autoridade da sentença e outros escritos sobre a coisa julgada*, 4ª ed., Rio de Janeiro, Forense, 2006, pp. 38-43.

a norma geral deve-se conhecer adequadamente as questões de fato que circundam a demanda.[16] A justiça, portanto, se mede tanto pelo acerto quanto ao direito aplicado, como pela adequada reconstrução fática.[17]

O objetivo de um processo justo (ou do devido processo legal) é o próprio acertamento dos fatos tendencialmente correspondentes à realidade.[18]

Para que a reconstrução dos fatos ocorra de maneira a proporcionar a busca de uma verdade – considerada assim dentro dos seus próprios limites processuais[19] – é preciso que as partes respeitem todos os deveres ligados ao modelo cooperativo de estrutura do processo civil, em especial o dever de veracidade.

Tornando à situação da ação rescisória, o artigo 485 do Código de Processo Civil de 1973 e o artigo 966 do novo Código de Processo Civil são muito claros ao adotarem uma linha afim àquela defendida no modelo processual baseado na colaboração entre os sujeitos do processo. Nesse diapasão, em duas situações ao menos em que se verifica a quebra do dever de veracidade por parte do um dos sujeitos parciais do processo a lei possibilita que a coisa julgada formada seja desconstituída.

Quanto à primeira situação (dolo da parte vencedora), a coisa julgada rescindenda é aquela formada a partir de uma prática ou omissão dolosa nas quais há clara violação ao dever de lealdade e boa-fé processuais. Hipótese cristalina é aquela trazida por PONTES DE MIRANDA, segundo o qual é cabível a rescisão do julgado quando a parte vencedora obsta a prática de um ato processual – ou até mesmo

---

16. CHIARLONI, Sergio. *Processo civile e verità* in Questione Giustizia, n. 1, Milano, Franco Angeli Edizioni, 1987. p. 504. Nesse mesmo sentido, destaca-se o ensinamento de GIULIA BERTOLINO, para a qual a *decisão justa* é resultado da adequada aplicação da normal geral a um fato quando este é realmente verificado, isto é, se a premissa fática da qual se partiu era verdadeira (*Giusto processo civile e giusta decisione* (IUS/15) – *Riflessioni sul concetto di giustizia procedurale in relazione al valore della accuratezza delle decisioni giudiziarie nel processo civile*, tese de doutoramento, Università di Bologna, XIX Ciclo, Bologna, 2007, p. 79).
17. BEDAQUE, José Roberto dos Santos. *Poderes instrutórios do juiz*, 5ª ed., São Paulo, RT, 2011, pp. 16–18.
18. NARDIN, Maura; PIVETTI,Marco. *Processo civile: primi passi verso l'uscita dal tunnel*, in Questione giustizia, n. 3, 2007, Milano, Franco Angeli Edizioni, p. 522.
19. Isto é, relativa e adequada ao conjunto probatório trazido aos autos. Quanto à verdade que se encontra no processo (estabelecida em razão do contexto probatório apresentado), TARUFFO entende que ela nada mais é do que um sinônimo de probabilidade lógica. Ou seja, a verdade é aquela que estabelece um grau de confirmação lógica de um enunciado com base nas informações que se refere àquele enunciado. A probabilidade no processo corresponde ao grau de confirmação que as provas apresentadas no processo atribuem aos enunciados relativos aos fatos da causa (*in* TARUFFO, Michele. *Verità e probalità nella prova dei fatti*, in Revista de Processo, v. 154, dez/07, São Paulo, RT, pp. 207 e ss).

extraprocessual – para que a parte vencida não produza determinada prova que lhe seria favorável.[20]

Já quanto à segunda situação, a rescisória é cabível quando o magistrado de alguma forma interpretasse algum fato ocorrido (via prova juntada aos autos, ou até mesmo em razão de sua ausência) de modo a chegar numa conclusão que seja dissociada da realidade. Erro é exatamente isso.[21]

Do quanto se observa, em ambas as situações destacadas, é possível perceber que a lei permite ao jurisdicionado que a garantia da coisa julgada seja relevada quando colidir com preceitos máximos do próprio modelo cooperativo de processo civil (lealdade e boa-fé processuais, dever de veracidade).

Diante disso, pode-se *de lege ferenda* propor uma ampliação deste rol ou até mesmo interpretá-lo de forma a coaduná-lo com aquilo que se espera de um processo estruturado em colaboração entre os sujeitos.[22]

Ora, até mesmo a relativização da coisa julgada é admitida em hipóteses especialíssimas na qual se busca a prevalência da verdade e da justiça sobre a garantia da segurança jurídica.[23] Com base nesse mesmo entendimento deve-se permitir com que as hipóteses de cabimento da rescisória sejam analisadas de acordo com o modelo cooperativo de processo civil e, por conseguinte, com vistas a garantir o acesso à ordem jurídica justa – valor máximo dos escopos da jurisdição.

Assim, eventual verificação de violação a algum dos princípios, deveres e poderes deste modelo daria azo à propositura de uma demanda rescisória.

---

20. PONTES DE MIRANDA, Francisco Cavalcanti. *Tratado da ação rescisória*, Campinas, Bookseller, 1998, p. 244.
21. PONTES DE MIRANDA, Francisco Cavalcanti. *Tratado da ação rescisória*, Campinas, Bookseller, 1998, p. 344.
22. DINAMARCO, Cândido Rangel. *Nova era do processo civil*, 4ª ed., São Paulo, Malheiros, 2013, p. 259.
23. DINAMARCO elabora de forma interessante o raciocínio pelo qual se permite seja a garantia da coisa julgada afastada em favor de outra garantia constitucional de maior calibre. Como fio condutor, estabelece ser impossível a produção de efeitos da sentença que em determinado caso concreto especialíssimo viole o valor máximo da justiça. Segundo o doutrinador, nenhum princípio ou garantia constitucional deve ser visto de modo absoluto e isolado. Ao contrário, deve-se interpretá-los de forma sistemática e evolutiva, de modo que os jurisdicionados devem ter acima de tudo o acesso a uma ordem jurídica justa. Todo o sistema deve ter seus instrumentos aptos a aprimorar a busca pelo valor do justo. (*in* DINAMARCO, Cândido Rangel. *Nova era do processo civil*, 4ª ed., São Paulo, Malheiros, 2013, pp. 215–249).

Capítulo VIII

CONCLUSÃO

A problemática apresentada como ponto de partida do presente trabalho, apesar de ser objetiva, não é das mais simples (e não se tem a pretensão de apresentar uma conclusão que possa ser única, nem aquela que deve ser inegavelmente aceita): os atuais modelos de processo civil não são capazes de garantir com êxito a entrega de uma tutela que possa ser realmente chamada de justa, participativa e efetiva.

Toda a sistematização do trabalho partiu do pressuposto que atualmente existem dois grandes modelos de estrutura de processo civil (adversarial/isonômico/simétrico e inquisitorial/hierárquico/assimétrico), os quais não são suficientes para o real alcance dos escopos programados ao processo civil. Assim, o principal objetivo deste trabalho foi a apresentação e organização de um modelo de processo civil cuja estrutura servisse como ferramenta para implementação de soluções mais justas, democráticas e efetivas.

A maior crítica feita a ambos os modelos era que em qualquer um deles havia prevalência demais no papel atribuído a cada um dos sujeitos do processo. Enquanto no modelo adversarial/simétrico a figura do juiz é tida como passiva em contraposição a um papel extremamente forte atribuído às partes na condução do feito, no modelo inquisitivo/assimétrico ocorria exatamente o contrário (o juiz domina o andamento do processo e as partes apresentam-se quase como meras coadjuvantes).

E não importa. Quando existir prevalência de um ou de outro sujeito do processo, certamente as decisões serão originadas a partir de uma visão distorcida do litígio e, portanto, incapaz de trazer justiça, democracia e efetividade ao caso concreto.

O modelo que tende a eliminar o problema encontrado de protagonismo de um ou de outro sujeito processual é aquele baseado na colaboração entre eles. Trata-se do modelo cooperativo de processo civil, que impõe uma verdadeira atuação em forma de diálogo (comunidade de trabalho[1]) entre todos os sujeitos.

Todas as proposições lançadas em cada um dos capítulos anteriores por uma questão de coerência partiram da visão de que o processo civil brasileiro não se realiza somente no interesse das partes, mas também e principalmente no interesse público.[2]

Encarado a partir dessa dimensão, o processo civil passa a favorecer e a impor um constante diálogo entre os sujeitos do processo, exigindo, principalmente, de todos os indivíduos uma conduta que visa aos fins da jurisdição e não apenas ao quanto esperado pela própria parte da demanda.[3]

Por uma questão puramente metodológica e até mesmo necessária, o foco do trabalho foi a análise de como esse modelo estrutural baseado na colaboração entre os sujeitos do processo influencia positivamente na atuação das partes e do juiz no decorrer do processo[4] para o alcance dos escopos do processo. Ou seja, quais bases e instrumentos são necessários para que os sujeitos exerçam um diálogo constante entre eles a fim de permitir a formação de uma decisão que respeite os escopos do processo.

> A visão cooperativa do processo, aplicada às condutas dos sujeitos do processo numa dada relação jurídica processual, efetivamente serve como instrumento para garantir a efetividade, a democratização e a justiça da decisão.

Nesse passo, definiu-se as vigas mestras que sustentam a conduta dos sujeitos do processo ao longo do arco procedimental, desde seu início com o rompimento da inércia da jurisdição até o momento em que é

---

1. LEBRE DE FREITAS, José. *Introdução do processo civil: conceito e princípios gerais*, 2ª ed., Coimbra, Coimbra Editora, 2009, p. 168.
2. LIEBMAN, Enrico Tullio. *Eficácia e autoridade da sentença e outros escritos sobre a coisa julgada*, 4ª ed., 2ª tiragem, trad. port. de ALFREDO BUZAID, BENVINDO AIRES e ADA PELLEGRINI GRINOVER, Rio de Janeiro, Forense, 2007, p. 124.
3. ABDO, Helena Najjar. *O abuso do processo*, São Paulo, RT, 2007, p. 127-134.
4. Foi utilizado como parâmetro o procedimento comum ordinário, o qual possui um maior número de fases procedimentais, bem como maior definição do momento em que cada uma ocorre. Isso, contudo, não significa que a proposta apresentada não possa ser aplicada em outros tipos de procedimento – e até mesmo de processo, haja vista a escolha do processo de conhecimento. O importante é pensar na estrutura de acordo com o que se espera em cada tipo de processo e de procedimento, sem se esquecer das suas bases (os alicerces que sustenta a ideia de colaboração entre os sujeitos).

proferida a sentença. Elas representam o próprio conteúdo axiológico e principiológico do modelo cooperativo de estrutura do processo.

Todas as bases descritas têm um núcleo central: o da ética e lealdade processuais, ambas interpretadas em seu sentido mais amplo.

Como bem ressaltado por ALFREDO BUZAID, o processo é, além de um instrumento técnico, um instrumento ético. Não obstante a dialética ser natural ao processo civil, as partes não devem agir deslealmente, empregar artifícios fraudulentos ou alegar informações falsas ou inexatas.[5]

E não somente as partes devem obedecer tais pilares. O juiz também deve praticar uma ética de responsabilidade, adotando uma postura de exigência deontológica e em um esforço de colaboração com as partes, traduzindo a atuação dele em autoridade, responsabilidade e confiança.[6]

Com base nisso, estipulou-se que o processo cooperativo deveria estar ancorado nos seguintes institutos: *(i)* lealdade e boa-fé processuais; *(ii)* dever de veracidade; *(iii)* dever de esclarecimento; *(iv)* dever de consulta; *(v)* dever de prevenção e *(vi)* dever de auxílio.[7]

A *lealdade e boa-fé processuais* atuam de forma a criar um ambiente propício ao desenvolvimento do processo dentro de limites mínimos que permitam com que as partes atuem de forma respeitosa para com a contraparte e o próprio Estado-juiz, sem fazer com que se perca sua natureza essencialmente dialética[8]. E atuar de forma respeitosa não é o mesmo que *entregar suas armas ao adversário* ou beneficiar a outra parte; significa evitar que a vitória advenha de malícia, fraudes, espertezas, dolo, improbidade, embuste, artifícios, mentiras ou desonestidades.[9-10]

---

5. ALFREDO BUZAID, *Exposição de motivos do Código de Processo Civil*.
6. MATOS, José Igreja. *Um modelo de juiz para o processo civil actual*, Coimbra, Wolter Kluwer Portugal – Coimbra Editora, 2010, pp. 144–145.
7. CABRAL, Antonio do Passo. *O contraditório como dever e a boa-fé processual objetiva* in Revista de Processo, vol. 126, p.59, ago/05, p. 64.
8. Sem duas vontades contrapostas, não surge a necessidade do Estado intervir na relação entre seus sujeitos; aliás, não há confronto, não há mal social sem duas vontades que se encontram. Aliás, quando não há confronto, pode-se dizer até que o processo é simulado (*sham litigation*), situação essa defesa pelo ordenamento jurídico brasileiro.
9. PORTANOVA, Rui. *Princípios do processo civil*, 4ª ed., Porto Alegre, Livraria do Advogado, 2001, p. 157.
10. Situação interessante e concreta do dever geral de colaboração que decorre do próprio comportamento esperado de boa-fé das partes é aquela prevista na atual legislação processual de que a parte é obrigada a manter sempre atualizado o seu endereço, até como forma garantir que eventuais atos

A lealdade está para o processo, assim como o *fair play* está para o jogo.[11] Ser leal e atuar de boa-fé é o mesmo que ser probo, sincero, franco e honesto. Lealdade é sinônimo de verdade e lhaneza.

Pode-se então dizer que *lealdade* e *boa-fé processuais* traduzem-se em um binômio proibição-dever ligadas a normas de conduta que são socialmente aceitas: *(i)* proibição de utilização de instrumentos colocados à disposição das partes com fins diversos daqueles já programados e *(ii)* dever da parte de se abster a perseguir a vitória com meios não consentidos pelo ordenamento jurídico como um todo.[12]

Especificamente, em um processo cooperativo, emerge um aspecto mais restrito ligado à lealdade e boa-fé processuais e indispensável a um processo cooperativo: o *dever de veracidade*.

O dever de veracidade é um dever subjetivo.[13] Uma determinada alegação será considerada verídica quando a parte acreditar nela (e tiver fundamentos para tanto). Ele pode ser traduzido como um *dever de comprovação da parte de sua versão da verdade*.

A análise da obediência ou de uma possível violação ao dever de veracidade passar por consequência pela análise das alegações e atitudes dentro do processo dos sujeitos que dele participam, seja por um ato comissivo (narração de um fato), seja por um ato omissivo (silêncio).

Quanto aos atos comissivos, não deve haver dúvida que o dever de veracidade abarca toda e qualquer manifestação da parte. A lei impõe o dever de falar a verdade.[14] Quanto ao silêncio, a problemática reside na consequência e proporção que tal omissão pode gerar.

---

de intimação pessoal ocorram de forma adequada. Tal comportamento evita que a parte utilize-se do argumento de que não foi localizada para descumprir uma decisão judicial, por exemplo. Nesse sentido, já se decidiu que "a atualização de endereço, que antes era obrigação moral das partes para com o dever de simples colaboração com a Justiça, até para evitar embaraço como o dos autos, agora acarreta ônus processual rigoroso para o desidioso." (TJ-SP, 11ª Câm. Dir. Priv., Apel. n. 4002038-57.2013.8.26.0196, rel. Des. GILBERTO DOS SANTOS, j. 19.5.2015).

11. CALAMANDREI, Piero. *Il processo come gioco* in Rivista di diritto processuale, Padova, Cedam, p. 30, 1950. Em sentindo bem semelhante, contrariando apenas a comparação a um jogo e colocando em seu lugar a ideia de disputa (*gara*) está o entendimento de CARNELUTTI, para o qual também deve haver esse necessário *fair play* entre os antagonistas (CARNELUTTI, Francesco. *Giuoco e processo* in Rivista di diritto processual, Padova, Cedam, pp. 102 e 105, 1951).

12. DELLA PIETRA, Giuseppe. Comentários ao artigo 88 do *codice di procedura civile italiano* in VACCARELLA, Romano e VERDE, Giovanni. *Codice di procedura civile commentato*, Torino, UTET, 1997, pp. 685-687.

13. CRESCI SOBRINHO, Elicio de. *Dever de veracidade das partes no processo civil*, São Paulo, Porto Alegre, Sergio Antonio Fabris Editor, 1988, pp. 99; 107-108.

14. DINAMARCO, Pedro da Silva. *Ônus processuais: limites à aplicação das consequências previstas para o seu não cumprimento*, tese de doutorado, Faculdade de Direito da Universidade de São Paulo, São Paulo, 2007, p. 127.

Por seu turno, o comportamento omissivo é aceito, desde que não se revele em uma inverdade.[15] Não se espera que o litigante deliberadamente entregue à parte contrária as armas que a levarão a vencer a demanda[16], mas também não se permite que a parte esqueça que o processo se realiza igualmente no interesse público e que ele deve alcançar os escopos dele esperados.[17] A omissão não pode levar a um resultado favorável e esperado por aquele que se omite em detrimento da outra parte – ele se omite para vencer –, como nos casos (i) da omissão do pagamento de uma dívida que venha a ser executada ou (ii) da omissão do fato de um determinado sujeito de já receber pensão por invalidez de um determinado ente, requerê-la novamente, pelo mesmo motivo, a outro ente pagador. A omissão permitida é aquela resultante de certa malícia da parte que escolhe dar destaque aos fatos e às provas mais úteis à defesa de seus interesses, atuando com a liberdade garantida pelo contraditório e pela ampla defesa.[18]

O dever de veracidade, portanto, pode ser caracterizado como um dever amplo de colaboração ativa dos sujeitos que participam do processo com a instrução da cognição do juiz, cabendo a exceção nos casos em que a lei de modo geral permitir, como na situação de cumprimento de sigilo profissional ou no caso de incriminação do próprio sujeito ou até mesmo no caso de eventual confronto de tal dever com alguma garantia ou princípio constitucional de igual força (devendo a situação ser resolvida vida ponderação de princípios).[19]

Decorre ainda do dever de veracidade[20] o *dever de esclarecimento* ou *de informação recíproca*. Segundo tal dever, as partes (e terceiros) devem participar ativamente de uma boa instrução probatória e, para tanto, devem esclarecer e informar sobre os fatos que sejam relevantes para a causa – afinal, quanto maiores e mais profundas as informações sobre os

---

15. HELENA NAJJAR ABDO é pontual ao citar como exemplo da situação aventada a hipótese em que o credor, ao executar contrato de mútuo, omite o recebimento de uma ou mais parcelas. (*O abuso do processo*, São Paulo, RT, 2007, p. 140).
16. MENDONÇA LIMA, Alcides de. *O princípio da probidade no Código de Processo Civil brasileiro* in Revista de processo, v. 16, São Paulo, RT, out.–dez./1979, p. 17.
17. LIEBMAN, Enrico Tullio. *Manuale di diritto processuale civile*, 1980, trad. port. de Cândido Rangel Dinamarco, vol. I, 3ª ed., São Paulo, Malheiros, 2005, p. 166.
18. GRADI, Marco. *Sincerità dei litiganti ed etica della narrazione nel processo civile* in Lo Sguardo – Rivista di filosofia, n. 8, Roma, Edizioni di Storia e Letteratura, 2012, pp. 104–110.
19. DINAMARCO, Cândido Rangel. *A reforma da reforma*, 4ª ed., São Paulo, Malheiros, 2002, p. 57.
20. E por isso também está sujeito ao mesmo regramento quanto às exceções previstas para seu afastamento.

fatos mais importantes para o deslinde da controvérsia, mais condições terá o Estado-juiz de julgar melhor e, igualmente, melhor preparada estará a parte contrária até mesmo para fins de realização de acordo.[21]

Importante o destaque, nesse caso, dos artigos 340, inciso I e 342 do Código de Processo Civil. De acordo com a leitura das normas, a parte é chamada a intervir no diálogo instrutório, quando expõe suas razões e sua avaliação jurídica sobre um específico ponto colocado pelo juiz. Ou seja, a própria norma processual parece consagrar o dever de esclarecimento.[22]

A colaboração processual não deve se dar apenas entre os sujeitos parciais do processo. Ela também atinge o órgão jurisdicional, pois como representação do Estado, deve também contribuir para a consecução dos seus próprios fins.

No processo cooperativo, busca-se uma constante e ativa participação não somente das partes do processo, como também do órgão judicante ao conduzir a atividade dialética e colaboradora dos sujeitos do processo.[23]

Pode-se dizer, dessa forma, que assim como as partes possuem o *dever de esclarecimento*, o juiz também deve respeitá-lo – na medida de sua proporção.

O dever de esclarecimento consiste no dever que o órgão judicante tem de esclarecer eventuais dúvidas que tenha sobre as alegações e pedidos das partes antes de proferir qualquer decisão eivada de impressões equivocadas sobre aquela situação jurídico-processual específica.[24]

Por outro lado, é óbvio que surge também para a parte um dever de esclarecer tal dúvida.[25]

Exemplo de tal dever encontra-se na norma que garante ao órgão judicante o poder-dever de determinar o comparecimento

---

21. TROCKER, Nicolò. *La formazione del diritto processuale europeo*, colanna Biblioteca di diritto processuale civile, n. 22, Torino, G. Giapichelli Editore, 2011, p. 325.
22. CARNELUTTI, Francesco. *Diritto e processo*, Napoli, Morano, 1958, p. 188. No direito italiano, a figura do interrogatório judicial tem como instituto irmão o *interrogatorio libero*, no qual não se utiliza o depoimento como verdadeiro meio de prova.
23. DIDIER JR., Fredie. *O princípio da cooperação: uma apresentação* in Revista de Processo, vol. 127, São Paulo, RT, set./2005, p. 75.
24. DIDIER JR., Fredie. *Fundamentos do princípio da cooperação no direito processual civil português*, Coimbra, Wolter Kluwer Portugal – Coimbra Editora, 2011, p. 15.
25. TEIXEIRA DE SOUZA, Miguel. *Aspectos do novo processo civil português* in Revista Forense, Rio de Janeiro, v. 338, p. 149-158, abr.-jun./97, p. 151.

das partes em juízo para prestar depoimento em interrogatório judicial próprio para tanto (Código de Processo Civil, artigo 342).

Seguindo-se na análise mais detida quanto aos poderes-deveres do órgão jurisdicional necessários à implementação de um processo cooperativo, pode-se citar o *dever de consulta*. Por tal dever, o juiz nunca poderá decidir com base em questão de fato ou de direito sem que as partes sejam ouvidas (seja garantida a audiência, em verdade), ainda que tal questão seja conhecível de-ofício.[26]

A concretização do dever de consulta é extremamente relacionada com o próprio princípio do contraditório: poder assegurado aos litigantes de influenciar na solução da controvérsia.[27]

O dever de consultar as partes, como manifestação do princípio do contraditório impõe ao órgão judicante que cientifique as partes da orientação jurídica a ser adotada antes de proferir certa decisão, permitindo que os sujeitos parciais do processo tenham a chance de influenciar diretamente sua escolha. Isso faz com que se evitem eventuais surpresas por argumentos inesperados (princípio da não surpresa).[28]

Seguindo na análise do modelo cooperativo sob a ótica do Estado-juiz, o órgão judicante deve respeitar o *dever de prevenção*.

O dever de prevenção pode ser conceituado como uma postura a ser adotada pelo órgão jurisdicional quanto à necessidade de alertar as partes sobre eventuais falhas ou deficiências de seus pedidos ou manifestações, dando-lhes igualmente a oportunidade para supri-las.[29]

---

26. TEIXEIRA DE SOUZA, Miguel. *Aspectos do novo processo civil português* in Revista Forense, v. 338, Rio de Janeiro, Forense, abr.-jun./97, p. 151.
27. DINAMARCO, Cândido Rangel. *Instrumentalidade do processo*, 14ª ed., São Paulo, Malheiros, 2009, pp. 148–162. Nesse mesmo sentido: GRASSO, Eduardo. *La collaborazione nel processo civile* in Rivista di Diritto Processuale, Padova, Cedam, out.-dez./1966, pp. 591–608; GRADI, Marco. *Il principio del contraddittorio e le questioni rilevabili d'ufficio* in Revista de Processo, São Paulo, RT, vol. 186, ago/10, p. 109.
28. "Il giudice, che ha il dovere di giungere a una decisione 'giusta' secondo il diritto sostanziale, non potrà basare la propria decisione su elementi che non abbia prima offerto al dialogo e al contraddittorio delle parti." (*in* ALBANO, Silvia. Processo civile e principio della lealtà in Questione giustizia, n. 6, 2006, p. 1.106). Nesse mesmo sentido: PARCHEN, Laura Fernandes. *Impacto do princípio da cooperação no juiz*. Texto retirado da Internet – http://www.abdpc.org.br/abdpc/artigos/LAURA%20PARCHEM%20--%20VERS%C3%83O%20FINAL.pdf, em 30 de março de 2012.
29. DIDIER JR., Fredie. *O princípio da cooperação: uma apresentação* in Revista de Processo, vol. 127, São Paulo, RT, set./2005, p. 76. De um modo um pouco diverso, PAULO HOFFMAN acredita que o dever de prevenção soa como uma faceta do dever de verdade, mas aplicado ao órgão jurisdicional. Para o doutrinador, o juiz deve deixar claro para *que lado está pendendo*, facilitando a parte a demover determinadas incertezas do juiz contrárias aos seus interesses (*Saneamento compartilhado*, São Paulo, Quartier Latim, 2011, pp. 51–52).

O dever de prevenção advém da necessidade de se alertar as partes sobre o uso inapropriado da técnica processual, a fim de assegurar a efetividade do processo e não na concepção de que o juiz deve ajudá-las pelo simples fato de assim querer fazer ou por estar tendencioso a alguma tese jurídica de um dos demandantes.

Pôde-se concluir, por fim, que o modelo cooperativo também se sedimenta no *dever de auxílio*. Trata-se de um dever de disponibilização do órgão estatal em favor das partes para que consigam obter provas que contribuam com a descoberta da realidade dos fatos.[30]

A ideia por trás deste dever é justamente a de garantir a maior igualdade entre as partes, impedindo-se julgamentos tidos por injustos pelo simples fato de a parte não ter conseguido superar certa dificuldade encontrada no processo.

Como se viu, de modo geral, as premissas estabelecidas da colaboração parametrizam e orientam as condutas dos seus sujeitos com o fito de alcançar os escopos do processo. E, se alcançada tal situação, poder-se-á falar de uma tutela jurisdicional prestada de modo efetivo e condizente com os escopos da jurisdição (objetivo maior a ser alcançado por meio de tal modelo de estrutura de processo).

Na sequência do trabalho, a partir das bases admitidas como os alicerces do modelo de colaboração de estrutura do processo civil, procurou-se desenhar como seria um procedimento *standard*, principalmente nos pontos mais críticos de cada fase procedimental. Buscou-se trazer maior solidez ao esquematizar como seria o próprio modelo visto de dentro.

A obra dividiu-se em quatro outras partes de acordo com cada fase procedimental.

A *primeira parte* ficou para a *fase postulatória*, isto é, aquela na qual o processo tem seu início com a formulação da demanda por parte do autor em face do réu. Por conseguinte, o réu apresenta também sua demanda – seja por meio de um pedido para que seja negada a tutela pretendida pelo autor, seja por meio de um outro e novo pedido.

Logo neste início, quando se forma a conhecida relação triangular processual, é imprescindível que a estrutura do processo seja desenhada

---

30. Hoffman, Paulo. *Saneamento compartilhado*, São Paulo, Quartier Latim, 2011, p. 55.

de modo a permitir a colaboração entre os três principais sujeitos do processo. Sendo a fase inaugural do procedimento, faz-se mister que o diálogo exercido entre tais sujeito seja verdadeiro, franco e direto, sem com que se permita criar situações de surpresa. Busca-se, desde logo, formar uma *comunidade de trabalho*.[31]

Por força desse diálogo franco, impõe-se às partes que seus arrazoados sejam completos e que retratem fielmente a sua versão dos fatos. Por seu turno, deve o magistrado também atuar com cautela na análise das peças inaugurais das partes, principalmente sob o ponto de vista da utilização de seus poderes-deveres de esclarecimento, consulta, prevenção e auxílio, verificando toda e qualquer situação processual e procedimental que possa ser resolvida para que o processo caminhe naturalmente e sem vícios até o momento da decisão final.

São os casos, por exemplo, de uma possível falta de uma condição da ação ou até mesmo o indeferimento liminar da petição inicial ou a improcedência da demanda. Em todos esses casos, inexoravelmente o Estado-juiz deve dar oportunidade às partes que apresentem suas alegações contra ou em favor da suposta tese aventada, dialogando sobre a situação levantada e até mesmo permitindo a correção dos eventuais vícios sanáveis.[32]

Seguindo na fase postulatória, propôs-se que eventual contumácia do réu também não permitisse uma *ficta confessio*. Ao contrário. Com base no escopo maior de pacificação social com justiça, deve-se dar oportunidade ao juiz para que julgue com base no maior número de informações reais, ao invés de ficções e presunções criadas pela lei.[33]

Por fim, concluiu-se ser melhor que o procedimento fosse mais flexível. Vale sopesar que, a partir do momento que a solução da

---

31. DIDIER JR., Fredie. *Fundamentos do princípio da cooperação no direito processual civil português*, Coimbra, Wolter Kluwer Portugal – Coimbra Editora, 2011, p. 14; TEIXEIRA DE SOUZA, Miguel. *Estudos sobre o novo processo civil*, 2ª ed., Lisboa, Lex, 1997, pp. 62–65.
32. GRADI, Marco. *Il principio del contraddittorio e le questioni rilevabili d'ufficio* in Revista de Processo, vol. 186, ago/10, p. 109; COSTA E SILVA, Ana Paula. *Acto e processo*, Coimbra, Coimbra Editora, 2003, p. 597.
33. MITIDIERO, Daniel. *Colaboração no processo civil: pressupostos sociais, lógicos e éticos*, 2ª ed., col. Temas Atuais de Direito Processual Civil, vol. 14, São Paulo, RT, 2011, p. 126.

demanda não está mais adstrita aos limites da petição inicial e da defesa do réu, pode o magistrado utilizar argumentos e circunstâncias surgidas no decorrer do feito.[34] Um sistema mais flexível permite a maior inclusão de fatos e *pedidos* naquele processo. Com a inclusão de mais fatos e pedidos, a própria solução pode se dar de forma ampla para todo o litígio envolvendo as partes (*full litigation*). Adota-se um sistema muito mais voltado à busca da justiça, escopo fundamental da jurisdição no plano social.[35]

Seguindo, na *fase saneadora*, buscou-se demonstrar que a colaboração processual impõe um forte diálogo entre as partes, permitindo com que partes e juiz eliminem eventuais vícios que impeçam o desenvolvimento natural do processo, bem como com que se delimite de forma bem objetiva qual é objeto do processo e o que deverá ser provado na fase seguinte.[36]

A comparticipação dos sujeitos neste momento processual torna o contraditório muito mais dinâmico, facilitando o alcance de sua própria dupla-função – garantir a bilateralidade de audiência dos sujeitos e permitir com que influenciem na decisão do juiz. Tal comparticipação conduz a uma nova forma de implementação da instrução processual, pois um debate bem feito leva à redução do tempo processual e a formação de decisões melhor construídas, com a decorrente diminuição da utilização dos recursos.[37]

Deve-se ressaltar também o importante papel que a oralidade desempenha dentro da fase saneadora (para não dizer em durante todo o processo). Seja a partir do seu próprio, puro e mais simples conceito (comunicação pela fala), como pela ideia de um conjunto principiológico inerente a ela (concentração dos atos, diálogo entre os sujeitos, imediação das provas, informalidade, identidade física do

---

34. Pinto, Junior Alexandre Moreira. *A causa petendi e o contraditório*, col. Temas Atuais de Direito Processual Civil, vol. 12, RT, São Paulo, 2007, p. 127.
35. Dinamarco, Cândido Rangel. *A instrumentalidade do processo*, 14ª ed., São Paulo, Malheiros, 2009, pp. 188 e ss.
36. Andrews, Neil. *The modern civil process: judicial and alternative forms of dispute resolution in England*, 2008, trad. port. de Teresa Arruda Alvim Wambier, *O moderno processo civil – formas judiciais e alternativas de resolução de conflitos na Inglaterra*, São Paulo, Revista dos Tribunais, 2010, pp. 73–79.
37. Nunes, Dierle José Coelho e Theodoro JUNIOR, Humberto. *Uma dimensão que urge reconhecer ao contraditório no direito brasileiro: sua aplicação como garantia de influência, de não surpresa e de aproveitamento da atividade processual* in Revista de Processo, n. 168, pp. 108–141, São Paulo, RT, fev/09, p. 109.

juiz), a oralidade é colocada como forte instrumento no desenvolvimento do processo cooperativo.[38]

Fala-se em oralidade para designar todo um sistema processual adequado para a prática dos atos orais, sempre com o objetivo de tirar o maior proveito possível desse tipo de comunicação – a simplicidade, o transporte da emoção, o contato mais direto entre todos os sujeitos do processo (imediação, identidade física do juiz e concentração dos atos).[39] A oralidade caracteriza um modelo de "processo participativo, informal, humanizado e socializado, marcado pelo diálogo entre todos os sujeitos (...), que se encontram e cooperam, cada um exercendo adequadamente o seu papel, agindo com ética e interesse de realizar a justiça".[40]

A oralidade é, portanto, mais um elemento essencial para a prática efetiva de um modelo processual baseado na colaboração entre os sujeitos do processo.

Por fim, ainda na fase saneadora, concluiu-se que no modelo cooperativo de estrutura de processo civil o ônus da prova deve ser visto tanto como regra de julgamento – como já o é hodiernamente – como também uma regra de procedimento, de modo a orientar a conduta probatória das partes, para que forneçam aos autos todos os elementos importantes ao deslinde do feito. Por seu turno, ao se assinalar o ônus da prova como meio de garantir o verdadeiro acesso à justiça e o alcance dos escopos da jurisdição, entende-se pela possibilidade de sua dinamização em casos extremos e quando assim for realmente necessário, atribuindo-se o ônus da produção da prova diabólica a uma das partes que tenha a real capacidade de trazer aos autos tal elemento que a outra parte não teria.[41]

Ultrapassada a fase de delimitação do *thema probandum* e da repartição dos ônus da prova no modelo estruturado, a análise seguiu-

---

38. CAPPELLETTI, Mauro. *La testimonianza della parte nel sistema dell'oralità – contributo alla teoria della utilizzazione del sapere delle parti nel processo civil*, parte I, Milano, Giuffrè, 1962, p. 281.
39. LEBRE DE FREITAS, José. *Introdução do processo civil: conceito e princípios gerais*, 2ª ed., Coimbra, Coimbra Editora, 2009, pp. 168-171.
40. CALMON, Petronio. *O modelo oral de processo no século XXI*, in Revista de Processo, vol. 178, São Paulo, RT, dez./2009, p. 48.
41. MITIDIERO, Daniel. *Colaboração no processo civil: pressupostos sociais, lógicos e éticos*, 2ª ed., col. Temas Atuais de Direito Processual Civil, vol. 14, São Paulo, RT, 2011, p. 143.

-se com relação ao próprio direito (e dever) à produção da prova e como ele se impõe durante a *fase instrutória*.

Na fase instrutória, o modelo cooperativo projeta a todos os sujeitos do processo um dever ainda mais forte de colaborar com o desenvolvimento do processo, independentemente de seus interesses pessoais no litígio e da possibilidade de se obter algum benefício direito com ele.

A partir dessa concepção, a atuação dos sujeitos do processo não se dá de modo irrestrito. Mais forte ainda, tais limites se revelam principalmente às partes no campo probatório. Esses limites acabam por mitigar a participação das partes no decorrer do processo.

Dentre as regras que compõem esse microcosmo, dá-se destaque ao *dever de veracidade*, o qual impõe às partes não somente o dever de dizer a verdade, como também determina que o sujeito do processo *colabore*, na medida do possível, com a busca dela, não criando empecilhos para sua consecução.

> O dever de veracidade faz com que os sujeitos do processo atuem dialogando e colaborando com a consecução dos fins da jurisdição.

Refutou-se o entendimento[42] de que as partes não devem colaborar com a busca da verdade pelo simples fato de no processo estar elas em polos distintos e antagônicos.

Sedimentou-se a visão de que também o órgão jurisdicional também está sujeito ao modelo imposto pelo dever de veracidade. Impõe-se ao juiz a utilização dos seus poderes instrutórios e o respeito aos seus deveres de auxílio e consulta.[43]

Todavia, ainda que a adoção de um modelo cooperativo seja imperiosa para o real alcance dos escopos do processo, ela não pode violar garantias e direitos fundamentais, igualmente tutelados por normas de ordem pública. A contextualização da aplicação de deveres e outros comportamentos necessários para a implementação de um modelo cooperativo do processo é importante, pois nem sempre

---

42. STRECK, Lenio. *Verdade e consenso*. 3ª ed. Rio de Janeiro, Lumen Juris, 2009; AROCA, Juan Montero. *Los princípios políticos de la nueva Ley de Enjuiciamiento Civil*, Valência, Tirant lo blanch, 2001, pp. 106–108.
43. MITIDIERO, Daniel. *Colaboração no processo civil: pressupostos sociais, lógicos e éticos*, 2ª ed., col. Temas Atuais de Direito Processual Civil, vol. 14, São Paulo, RT, 2011, p. 110.

uma boa instrução probatória poderá se sobrepor a todo e qualquer interesse individual.

Existe, portanto, uma *escusa genérica* da parte em colaborar com a busca da verdade, baseada na sobreposição e balanceamento de princípios.

Caso a escusa não possa ser levada em consideração no caso concreto, definiu-se também eventuais consequências negativas que alcançarão o sujeito que desrespeite o dever geral de colaboração processual (principalmente quando se pensa durante a fase instrutória).

Para tanto, por uma questão metodológica, entendeu-se que modelo de colaboração intersubjetiva do processo impõe aos seus atores tanto um *dever de colaborar* como um *ônus de colaborar*. E no caso do desrespeito deste dever/ônus, os sujeitos do processo por sofrer como consequências: *(i)* a imposição de multa por litigância de má-fé, bem como de outras medidas coercitivas; *(ii)* a antecipação dos efeitos da tutela (tutela antecipada sancionatória no caso do réu que não colabora); *(iii)* presunções e valoração da conduta processual da parte; *(iv)* responsabilidade por eventuais prejuízos advindas da atuação da parte na demanda e *(v)* extinção do feito sem resolução do mérito (no caso do autor que não colabora).

Na última parte do procedimento (*fase decisória*), o foco do trabalho foi dado ao juiz e em como ele deve desenvolver seu trabalho de julgar a partir de uma estrutura de cooperação.

A pedra de toque do modelo proposto está no diálogo que deve ser exercido entre os sujeitos do processo. Assim, a participação de todos os sujeitos do processo é imprescindível do ponto de vista da formação de uma decisão justa. Por isso, diz-se que o processo deve ser conduzido sem destaques a algum sujeito em específico, cabendo ao juiz distanciar-se das partes somente no momento de proferir sua decisão.

Os limites colocados às partes basicamente referem-se aos deveres de ética, lealdade, boa-fé e veracidade. Sem a obediência de todos eles, é impossível fazer com que o processo ao final atinja seus escopos programados. De qualquer forma, impende destacar que o Estado-juiz também deve dialogar com as partes. Caso o magistrado não trabalhe *com* as partes, provavelmente sua decisão será proferida de forma equivocada.

Assim, impõe-se ao juiz que antes de proferir a sentença (ou até mesmo qualquer outra decisão), demonstre às partes os pontos controvertidos que ainda devem ser enfrentados por elas; deve dar oportunidade às partes de se manifestarem sobre cada questão que levará em conta na sua decisão. O magistrado também precisa enfrentar todas as razões apresentadas pelas partes ao longo do processo quando da fundamentação de sua decisão, não bastando o acolhimento de uma razão em detrimento das demais (situação muitas vezes encontrada no atual panorama); deve o órgão jurisdicional dizer o porquê da recusa de todas as outras.[44]

> É de suma importância que o Estado-juiz ao longo do procedimento *atue em conjunto* com todos os outros sujeitos do processo; ele deve assumir uma posição de destaque apenas no momento em que for decidir a causa, mas sempre respeitando os elementos básicos de um modelo cooperativo.

Estas foram as conclusões enfeixadas ao longo de cada capítulo e item deste trabalho, as quais de um modo geram demonstram que o modelo cooperativo de estrutura de processo civil é aquele mais apto a proporcionar a possibilidade do processo servir como instrumento de concretização dos escopos da jurisdição – modelo este que, em poucas palavras, impõem aos sujeitos do processo que atuem em conjunto, na medida do possível. Ou seja, conclui-se de um modo geral que para que os escopos da jurisdição sejam alcançados, as partes e o Estado-juiz devem atuar em constante diálogo, aberto e franco, até quando tal diálogo não se sobrepuser a algum direito ou garantia fundamental; situação esta que deverá levar o órgão judicante sempre a uma análise de proporcionalidade e razoabilidade sobre os direitos que estarão em jogo para melhor atender aos jurisdicionados.

E do quanto já se observa do novo Código de Processo Civil, o modelo cooperativo é agora definido expressamente pela legislação (eventualmente poder-se-ia haver discussões sobre a existência dele sob a égide do Código de Processo Civil de 1973) e, portanto, sua aplicação deve se dar de imediato e por todos os sujeitos do processo.

---

44. MITIDIERO, Daniel. *Colaboração no processo civil: pressupostos sociais, lógicos e éticos*, 2ª ed., col. Temas Atuais de Direito Processual Civil, vol. 14, São Paulo, RT, 2011, pp. 150-151.

Capítulo IX

BIBLIOGRAFIA

ABDO, Helena Najjar. *O abuso do processo*, São Paulo, RT, 2007.

ALBANO, Silvia. *Processo civile e principio della lealtà* in Questione giustizia, n. 6, Milano, Franco Angeli Edizioni, 2006, pp. 1.102–1.107.

ALBUQUERQUE, Pedro de. *Responsabilidade processual por litigância de má fé, abuso de direito e responsabilidade civil em virtude de actos praticados no processo*, Coimbra, Almedina, 2006.

ALCALÁ-ZAMORA Y CASTILLO, Niceto. "Evolución de la doctrina procesal" in *Estudios de teoría general y historia del proceso (1945–1972)*, vol. 2, Cidade do México, Instituto de Investigaciones Jurídicas, 1974.

ALVARO DE OLIVEIRA, Carlos Alberto Alvaro. *Efetividade e processo de conhecimento*. Texto retirado da Internet – www.ufrgs.br, em 27 de abril de 2013.

_____. *Poderes do juiz e visão cooperativa do processo I*. Texto retirado da Internet – http://www.abdpc.org.br, em 7 de maio de 2012.

_____. *Do formalismo no processo civil*, 2ª ed., São Paulo, Saraiva, 2003.

_____. *A garantia do contraditório* in Garantias constitucionais do processo civil, Coordenador José Rogério Cruz e Tucci. São Paulo, RT, 1999.

_____. *A garantia do contraditório* in Revista da Faculdade de Direito da UFGRS, v. 15, p.7- 20, 1998.

AMARAL, Guilherme Rizzo. *As astreintes e o Processo Civil Brasileiro*, Porto Alegre, Livraria do Advogado, 2004.

ANDREWS, Neil. *The modern civil process: judicial and alternative forms of dispute resolution in England*, 2008, trad. port. de Teresa Arruda Alvim

Wambier, *O moderno processo civil – formas judiciais e alternativas de resolução de conflitos na Inglaterra*, São Paulo, RT, 2010.

_____. *English civil procedure: fundamentals of the new civil justice system*, New York, Oxford University Press, 2003.

APRIGLIANO, Ricardo de Carvalho. *Ordem pública e processo: o tratamento das questões de ordem pública no direito processual civil*, col. Atlas de Processo Civil, São Paulo, Atlas, 2011

AROCA, Juan Montero. *Los princípios políticos de la nueva Ley de Enjuiciamiento Civil*, Valência, Tirant lo blanch, 2001.

ARRUDA ALVIM, José Manoel de. *Tratado de direito processual civil*, vol. II, 2ª ed., São Paulo, Revista dos Tribunais, 1996.

_____. *Deveres das partes e dos procuradores no direito processual civil brasileiro (a lealdade no processo)* in Revista do Processo, v. 69, São Paulo, RT, pp. 7–20, jan.–mar./1993.

ARRUDA ALVIM WAMBIER, Teresa. *A influência do contraditório na convicção do juiz: fundamentação de sentença e de acórdão* in Revista do Processo, ano 34, n. 168, São Paulo, RT, fev/2009, pp. 73 e ss.

_____. *Omissão judicial e embargos de declaração*, São Paulo, RT, 2005.

_____; MEDINA, José Miguel e WAMBIER Luiz Rodrigues. *Breves comentários à nova sistemática processual civil*, 3ª ed., São Paulo, Revista dos Tribunais, 2003.

ASSIS, Araken de. *Dever de veracidade das partes no processo civil* in Revista Jurídica, vol. 58. n. 391, Sapucaia do Sul, mai/10, p.11-25.

BARBOSA MOREIRA, José Carlos. *Reflexões sobre a imparcialidade do juiz* in Temas de direito processual civil, sétima série, São Paulo, Saraiva, 2001.

_____. *Abuso dos direitos processuais*, Rio de Janeiro, Forense, 2000.

_____. *O problema da "divisão do trabalho" entre juiz e partes: aspectos terminológicos* in Revista de processo, vol. 41, São Paulo, RT, Jan/1986, p. 7.

_____. *Saneamento do processo e audiência preliminar* in Revista de Processo, n. 40, ano 10, Out./Dez. 1985, pp. 109–135

_____. *A função social do processo civil moderno e o papel do juiz e das partes na direção e na instrução do processo* in Temas de direito processual civil; terceira série, São Paulo, Saraiva, 1984.

_____. *Os Códigos de Processo Civil de 1973 e de 1939: contrastes e confrontos*, in Estudos sobre o novo Código de Processo Civil, Rio de Janeiro, Liber Juris, 1974.

BATISTA LOPES, João. *O depoimento pessoal e o interrogatório livre no processo civil brasileiro e estrangeiro* in Revista de processo, vol. 13, São Paulo, RT, jan/1979, p. 86, Porto Alegre, Sergio Antonio Fabris Editor, 1988, p. 99.

BEDAQUE, José Roberto dos Santos. *Direito e processo – influência do direito material sobre o processo*, 6ª ed., São Paulo, Malheiros, 2011.

_____. *Poderes instrutórios do juiz*, 5ª ed., São Paulo, RT, 2011.

_____. *Interpretação dos artigos 14 e ss.*, in *Código de processo civil interpretado*, Coordenador Antonio Carlos Marcato, 3ª ed., São Paulo, Atlas, 2008, pp. 51 e ss.

_____. *Efetividade do processo e técnica processual*, 2ª ed., São Paulo, Malheiros, 2007.

_____. *Os elementos objetivos da demanda examinados à luz do contraditório* in BEDAQUE, José Roberto dos Santos Bedaque; CRUZ E TUCCI, José Rogério (coord.). *Causa de pedir e pedido no processo civil*, São Paulo, RT, 2002, pp.20-21

_____. *Garantia de amplitude da produção probatória* in CRUZ E TUCCI (org.), José Rogério, *Garantias constitucionais do processo civil*, São Paulo, RT, 1999, pp. 151-189.

BERALDO, Maria Carolina Silveira. *O dever de cooperação no processo civil* in Revista de Processo, vol.36, n. 198, São Paulo, RT, ago/2011, pp.455–462.

BERTOLINO, Giulia. *Giusto processo civile e giusta decisione – Riflessioni sul concetto di giustizia procedurale in relazione al valore della accuratezza delle decisioni nel processo civile*. Tese de Doutorado em *Alma Mater Studiorum – Universidade di Bologna* (XIX Ciclo), 2007.

BONAVIDES, Paulo. *Teoria constitucional na democracia participativa: por um direito constitucional de luta e resistência, por uma nova hermenêutica, por uma repolitização da legitimidade*, 3ª ed., São Paulo, Malheiros, 2008

BOTELHO DE MESQUITA, José Ignacio. *Coisa Julgada*, Rio de Janeiro, Forense, 2004.

BUZAID, Alfredo. *Estudos e pareceres de direito processual civil*, São Paulo, RT, 2002.

_____. *Processo e verdade no direito brasileiro*, Revista de Processo, vol. 12, nº. 47, São Paulo, RT, jul.-set./1987, pp. 92–99.

CALAMANDREI, Piero. *Il processo come gioco* in Rivista del diritto processuale, Padova, Cedam,1950, pp. 23–51.

_____. *Istituzioni di diritto processuale civile – secondo il nuovo codice*, Padova, Cedam, 1941.

CALMON, Petronio. *O modelo oral de processo no século XXI*, in Revista de Processo, vol. 178, São Paulo, RT, dez./2009, pp. 47 e ss.

CALOGERO, Guido. *Probità, lealtà, veridicitá nel processo civile* in Rivista di diritto processuale, Padova, Cedam, Parte I, 1939, pp. 129–153.

CAMBI, Eduardo; HOFFMANN, Eduardo. *Caráter Probatório Da Conduta (Processual) Das Partes* in Revista de Processo, vol. 201, pp. 59 e ss., São Paulo, Revista dos Tribunais, nov/11.

CÂMARA, Alexandre Freitas. *Lições de direito processual civil*, vol. 1, 16ª ed., Rio de Janeiro, Lumen Juris, 2007.

CAPONI, Remo. *Note in tema di poteri probatori delle parti e del giudice nel processo civile tedesco dopo la riforma del 2001* in Rivista di diritto civile, vol. 4, Padova, Cedam, 2006, pp. 523–548.

CAPPELLETTI, Mauro. *Processo, ideologias e sociedade*, vol. I, trad. para port. Por Elicio de Cresci Sobrinho, Porto Alegre, Sergio Antonio Fabris Editor, 2008.

_____. *La testimonianza della parte nel sistema dell'oralità – contributo alla teoria della utilizzazione del sapere delle parti nel processo civil*, parte I, Milano, Giuffrè, 1962.

CARNACINI, Tito. *Tutela giurisdizionale e tecnica del processo* in Studi in onere di Enrico Redenti, v. II, Milano, Giuffrè, 1951.

CARNEIRO, Athos Gusmão. *Audiência de instrução e julgamento e audiências preliminares*, 10ª ed., Rio de Janeiro, Forense, 2002.

CARNELUTTI, Francesco. *Teoria generale del diritto*, Roma, Foro Italiano, 1940.

_____. *Diritto e processo*, Napoli, Morano, 1958.

CINTRA, Antonio Carlos de Araújo, DINAMARCO, Cândido Rangel e GRINOVER, Ada Pelegrini. *Teoria Geral do Processo*, 23ª ed., São Paulo, Malheiros, 2007.

CHIARLONI, Sergio. *Processo civile e verità* in Questione Giustizia, sommario n. 1, Milano, Franco Angeli Edizioni, 1987. pp. 504–517.

CHIOVENDA, Giuseppe. *Istituzioni di diritto processuale civile*, Napoli, 1934, trad. port. de J. Guimarães Menegale, *Instituições de direito processual civil*, vol. III, São Paulo, Saraiva, 1945.

_____. *Sul rapporto fra le forme del procedimento* in Saggi di diritto processuale, vol. II, Roma, Foro Italiano, 1931, pp. 197 e ss.

COMOGLIO, Luigi Paolo. *Etica e tecnica del "giusto processo"*, colanna Biblioteca di diritto processuale civile, n. 28, Torino, G. Giapichelli Editore, 2004.

COOTER, Robert; ULEN, Thomas. *Direito & economia*, 5ª ed., Porto Alegre, Bookman, 2010.

CRESCI SOBRINHO, Elicio de. *Dever de veracidade das partes no novo Código de Processo Civil*, Porto Alegre, Sergio Antonio Fabris Editor, 1988.

_____. *Dever de esclarecimento e complementação no processo civil*, Porto Alegre, Sergio Antonio Fabris Editor, 1988.

CRUZ e TUCCI, José Rogério. *Repressão ao dolo processual: o novo art. 14 do CPC* in Revista Jurídica, Porto Alegre, Notadez, ano 50, n. 292, pp. 15–27, fev. 2002.

_____. *Tempo e processo*, São Paulo, RT, 1997.

DAMAŠKA, Mirjan. *The faces of justice and state authority*, New Heaven, Yale University Press, 1986.

DELLA PIETRA, Giuseppe. Comentários ao artigo 88 do *codice di procedura civile italiano* in VACCARELLA, Romano e VERDE, Giovanni, *Codice di procedura civile commentato*, Torino, UTET, 1997, pp. 685

DIDIER JR., Fredie. *Os três modelos de direito processual* in Revista de Processo, vol. 198, São Paulo, RT, ago./2011, pp. 213 e ss.

_____. *Fundamentos do princípio da cooperação no direito processual civil português*, Coimbra, Coimbra editora, 2010.

_____. *O princípio da cooperação: uma apresentação* in Revista de Processo, vol. 127, p. 75, São Paulo, RT, set./2005.

DINAMARCO, Cândido Rangel. *Nova era do processo civil*, 4ª ed., São Paulo, Malheiros, 2013.

_____. *Fundamentos do Processo Civil Moderno*, tomo II, 6ª ed., São Paulo, Malheiros, 2010.

_____. *Instituições de Direito Processual Civil*, vols. I, II e III, 6ª ed., São Paulo, Malheiros, 2009.

_____. *A instrumentalidade do processo*, 14ª ed., São Paulo, Malheiros, 2009.

_____; CINTRA, Antonio Carlos de Araújo e GRINOVER, Ada Pelegrini. *Teoria Geral do Processo*, 23ª ed., São Paulo, Malheiros, 2007.

_____ *A reforma da reforma*, 4ª ed., São Paulo, Malheiros, 2002.

FARIA, José Eduardo (org.). *Direitos humanos, direitos sociais e justiça*, 1ª ed., 5ª tiragem, São Paulo, Malheiros, 2010.

FRANCO, André Ricardo. *Audiência preliminar do rito ordinário processual civil brasileiro*, Porto Alegre, Sergio Antonio Fabris Editor, 2003.

FRIEDMAN, Lawrence Meir. *The legal system: a social science perspective*, 1975, trad. it. por Giovanni Tarello, *Il sistema giuridico nella prospettiva delle scienze sociali*, Il Mulino, Bologna, 1978.

GAJADORNI. Fernando da Fonseca. *A flexibilização do procedimento processual no âmbito da common law* in Revista de Processo, vol. 163, pp. 161–178, set/2008.

GLANNON, Joseph W. *Civil procedure*, 6ª ed., New York, Wolters Kluwer, 2008

GLASER, William A., *Pretrial discovery and the adversary system*, Connecticut Printers, Connecticut, 1968.

GOLDSCHMIDT, James. *Direito processual civil*, trad. port. Ricardo Rodrigues Gama, Curitiba, Juruá, 2003.

_____. *Derecho procesal civil*, trad. esp. Leonardo Prieto Castro. Barcelona, Labor, 1936

GOUVEA, Lúcio Grassi de. *A função legitimadora do princípio da cooperação intersubjetiva no processo civil brasileiro* in Revista de Processo, vol. 172, p. 32, Jun/2009.

_____. *Cognição processual civil: atividade dialética e cooperação intersubjetiva na busca da verdade real* in Leituras Complementares de Processo Civil, Salvador, JusPodivm, 2005, p. 283-300.

GRADI, Marco. *Sincerità dei litiganti ed etica della narrazione nel processo civile* in Lo Sguardo – Rivista di filosofia, n. 8, Roma, Edizioni di Storia e Letteratura, 2012, pp. 95–117.

_____. *Il principio del contraddittorio e le questioni rilevabili d'ufficio* in Revista de Processo, vol. 186, São Paulo, RT, ago/10, pp. 109 e ss.

GRASSO, Eduardo. *La collaborazione nel processo civile* in Rivista di Diritto Processuale, Padova, Cedam, out.-dez./1966.

GRINOVER, Ada Pelegrini; CINTRA, Antonio Carlos de Araújo e DINAMARCO, Cândido Rangel. *Teoria Geral do Processo*, 23ª ed., São Paulo, Malheiros, 2007.

GROSSMANN, Kaethe. *O dever de veracidade das partes litigantes no processo civil (aspecto doutrinário)* in Revista Forense, v. 102, Rio de Janeiro, Forense, pp. 476–483, abr./1945.

HAYDOCK, Roger S.; HERR, David F. *Discovery practice*, 4ª ed., New York, Wolters-Kluwer, 2008.

HAZARD JR., Geoffrey C. *Abuse of procedural right: report for the United States* in Abuse of procedural rights: comparative standards of procedural fairness, The Hague, London, Boston, Kluwer Law International, 1999.

_____; TARUFFO, Michele, *American civil procedure: an introduction*, col. Contemporary Law Series, New Haven, Yale University Press, 1993.

HERR, David F.; HAYDOCK, Roger S. *Discovery practice*, 4ª ed., New York, Wolters-Kluwer, 2008.

HOFFMANN, Eduardo; CAMBI, Eduardo. *Caráter Probatório Da Conduta (Processual) Das Partes* in Revista de Processo, vol. 201, pp. 59 e ss., São Paulo, Revista dos Tribunais, nov/11.

JOBIM, Marco Félix. *Cultura, escolas e fases metodológicas do processo*, Porto Alegre, Livraria do advogado, 2011.

LEONARDO, Rodrigo Xavier. *Os deveres das partes, dos advogados e dos terceiros na reforma do Código de Processo Civil*, in MARINONI, Luiz Guilherme; DIDIER JR., Fredie (org.). *A segunda etapa da reforma processual civil*. São Paulo, Malheiros, 2000, pp. 403-426.

LEBRE DE FREITAS, José. *Introdução do processo civil: conceito e princípios gerais*, 2ª ed., Coimbra, Coimbra Editora, 2009.

LIEBMAN, Enrico Tullio. *Eficácia e autoridade da sentença e outros escritos sobre a coisa julgada*, 4ª ed., Rio de Janeiro, Forense, 2006.

_____. *Manuale di diritto processuale civile*, 1980, trad. port. de Cândido Rangel Dinamarco, vol. I, 3ª ed., São Paulo, Malheiros, 2005.

LOPES, Bruno Vasconcelos Carrilho. *Honorários advocatícios no processo civil*, col. Theotonio Negrão, São Paulo, Saraiva, 2008.

_____. *Tutela antecipada sancionatória (art. 273, inc. III, do Código de Processo Civil*, São Paulo, Malheiros, 2006.

MACIONE, Fabio. *La lealtà, una filosofia del comportamento processuale*, Giappichelli, Torino, 2005

MALEK, Hodge M; MATTHEWS, Paul. *Disclosure*, col. Litigation Library, London, Sweet & Maxell, 2000

MARINONI, Luis Guilherme. *Manual do Processo de Conhecimento*, São Paulo, RT, 2003.

MARINONI, Luiz Guilherme; ARENHART, Sérgio Cruz. *Prova*, 2ª ed., São Paulo, RT, 2011.

MATTHEWS, Paul; MALEK, Hodge M.. *Disclosure*, col. Litigation Library, London, Sweet & Maxell, 2000

MEDINA, José Miguel; WAMBIER, Luiz Rodrigues e ARRUDA ALVIM WAMBIER, Teresa. *Breves comentários à nova sistemática processual civil*, 3ª ed., São Paulo, Revista dos Tribunais, 2003.

MENDONÇA LIMA, Alcides de. *Abuso do direito de demandar* in Revista do processo, v. 19, São Paulo, RT, jul.-set./1980, pp. 57-66.

_____. *O princípio da probidade no Código de Processo Civil brasileiro* in Revista do processo, v. 16, São Paulo, RT, out.-dez./1979, pp. 15-42.

_____. *Probidade processual e finalidade do processo*, Uberaba, Vitória, 1978.

_____. *O dever de verdade no Código de Processo Civil brasileiro*, Rio de Janeiro, Forense, 1972.

MENEZES CORDEIRO, António. *Litigância de má-fé, abuso do direito de ação e culpa 'in agendo'*, 2ª ed., Coimbra, Almedina, 2011.

MITIDIERO, Daniel. *Colaboração no processo civil brasileiro: pressupostos sociais, lógicos e éticos*, col. Temas Atuais de Direito Processual Civil – v. 14, São Paulo, RT, 2009.

MONTELEONE, Girolamo. *Intorno al concetto di verità "materiale" o "oggettiva" nel proceso civile* in Rivista di Diritto Processuale, vol. LXIV, Padova, Cedam, 2009.

NARDIN, Maura; PIVETTI, Marco. *Processo civile: primi passi verso l'uscita dal tunnel*, in Questione giustizia, n. 3, 2007, Milano, Franco Angeli Edizioni, pp. 512-526.

NERY JR., Nelson, NERY, Rosa Maria de Andrade. *Código de Processo Civil Comentado e legislação extravagante*, 10ª ed., São Paulo, Revista dos Tribunais, 2007.

PESSOA, Fábio Guidi Tabosa. *Interpretação dos artigos 332 e ss.*, in *Código de processo civil interpretado*, Coordenador Antonio Carlos Marcato, 3ª ed., São Paulo, Atlas, 2008.

PICÓ Y JUNOY, Joan. *La buona fede processuale: una manifestazione dell'autoritarismo giurisdizionale?* in Rivista di Diritto Processuale, n. 2, 2013.

_____. *El principio de la buena fe procesal*, 2ª ed., Barcelona, Bosch, 2003.

PIVETTI, Marco; NARDIN, Maura. *Processo civile: primi passi verso l'uscita dal tunnel*, in Questione giustizia, n. 3, 2007, Milano, Franco Angeli Edizioni, pp. 512-526.

PONTES DE MIRANDA, Francisco Cavalcanti. *Tratado da ação rescisória*, Campinas, Bookseller, 1998.

PORTANOVA, Rui. *Princípio igualizador* in Revista da Ajuris, n. 62, pp. 278-290, Porto Alegre, nov/1994.

PRETEL, Mariana Pretel e. *A boa-fé objetiva e a lealdade no processo civil brasileiro*, Porto Alegre, Nuria Fabris Editora, 2009.

RAVEN-HANSEN, Peter; SHREVE, Gene R.. *Understanding civil procedure*, 3ª ed., col. The Understanding Series, San Francisco, LexisNexis, 2002.

RICE, Paul R. *Attorney-client privilege in the United States*, vol. (chapter) 2, 2ª ed., Danvers, West Group, 1999.

RIGHI, Ivan. *Eficácia probatória do comportamento das partes* in Revista da Faculdade de Direito da Universidade Federal do Paraná, n. 20, p. 1, Curitiba, UFPR, 1982.

ROSENBERG, Leo. *Die Beweislast*, 1956, trad. esp. de Ernesto Krotoschin, *La carga de la prueba*, Buenos Aires, Ejea, 1956

SANTOS, Amanda Ribeiro dos. *A aplicabilidade do princípio da cooperação no processo civil brasileiro e a busca da tutela jurisdicional efetiva*, trabalho de conclusão de curso apresentado à Universidade Católica de Brasília, orientador João Paulo das Neves, 2007. Texto retirado da internet – http://frediedidier.com.br.

SCARPINELLA BUENO, Cassio. *Curso sistematizado de direito processual civil*, v. 1, 7ª ed., São Paulo, Saraiva, 2013.

_____. *Curso sistematizado de direito processual civil*, v. 2, t. I, São Paulo, Saraiva, 2007.

SHREVE, Gene R.; RAVEN-HANSEN, Peter. *Understanding civil procedure*, 3ª ed., col. The Understanding Series, San Francisco, LexisNexis, 2002.

SOUZA, Miguel Teixeira de. *Estudos sobre o novo processo civil*, 2ª ed., Lisboa, Lex, 1997.

_____. *Aspectos do novo processo civil português* in Revista Forense, v. 338, Rio de Janeiro, Forense, abr./jun. 1997, pp. 149-158.

STRECK, Lenio. *Verdade e consenso*. 3ª ed. Rio de Janeiro, Lumen Juris, 2009.

STÜRNER, Rolf. *Oralidade e escritura no processo civil europeu*, trad. port. de Ronaldo Kochen, in Revista de Processo, vol. 223, São Paulo, RT, set./2013, pp. 111 e ss.

_____. *Die Aufklärungspflicht der Parteien des Zivilprozesses*, Tübingen, Mohr Siebeck, 1976.

TALAMINI, Eduardo. *Saneamento do processo* in Revista de Processo, São Paulo, v. 22, n. 86, abr.-jun./97, pp .78-111.

TARUFFO, Michele. *Cultura e processo*. Rivista Trimestrale di Diritto e Procedura Civile, anno LXIII, n. 1. Milano, Giuffrè, mar. 2009.

_____. *Verità e probalità nella prova dei fatti* in Revista de Processo, v. 154, dez/07, São Paulo, RT, pp. 207 e ss.

_____. *Poteri probatori delle parti e del giudice in Europa* in Rivista Trimestrale di Diritto e Procedura Civile, vol. 60, n. 2, Milano, Giuffrè, 2006, pp. 431-482.

_____. *La ricerca della verità nel adversary system angloamericano*, v. 3, Padova, Cedam, 1998.

_____. *Idee per una teoria della decisione giusta* in Rivista Trimestrale di Diritto e Procedura Civile, vol. 51, n. 2, Milano, Giuffrè, 1997, pp. 315-328.

_____; HAZZARD JR., Geoffrey C., *American civil procedure: an introduction*, col. Contemporary Law Series, New Haven, Yale University Press, 1993.

_____. *Il processo civile "adversary" nell'esperienza americana*, Padova, Cedam, 1979.

THEODORO JÚNIOR, Humberto. *Abuso de direito processual no ordenamento jurídico brasileiro* in Abuso dos direitos processuais, Rio de Janeiro, Forense, 2000.

TROCKER, Nicolò. *La formazione del diritto processuale europeo*, colanna Biblioteca di diritto processuale civile, n. 22, G. Giapichelli Editore, Torino, 2011.

_____. *Il contenzioso transnazionale e il diritto delle prove* in Rivista Trimestrale di Diritto e Procedura Civile, Milano, Giuffrè, 1992, pp. 475-507.

_____. *Processo civile e costituzione*, Milano, Giuffrè, 1974.

VON BÜLOW, Oskar. *Teoria das exceções e dos pressupostos processuais*, trad. port. Ricardo Rodrigues Gama, Campinas, LZN, 2005.

YARSHELL, Flávio Luiz. *Antecipação da prova sem o requisito da urgência e direito autônomo à prova*, São Paulo, Malheiros, 2009.

ZANETTI JR., Hermes. *O problema da verdade no processo civil: modelos de prova e de procedimento probatório* in Revista de Processo, vol. 116, São Paulo, jul/2004, pp. 334 e ss.

WAMBIER, Luiz Rodrigues; MEDINA, José Miguel e ARRUDA ALVIM WAMBIER, Teresa. *Breves comentários à nova sistemática processual civil*, 3ª ed., São Paulo, Revista dos Tribunais, 2003.

WEGEN, Gerhard; GACK, Christine. *Mediation in pending civil proceedings in Germany: practical experiences to strengthen mediatory elements in pending court proceedings*, IBA Mediation Committee Newsletter, 2006.

www.editorajuspodivm.com.br

Impressão e Acabamento